Stephan Füssel

Gutenberg
und seine Wirkung

Büchergilde Gutenberg

Lizenzausgabe für die Büchergilde Gutenberg, Frankfurt am Main und Wien,
mit freundlicher Genehmigung des Insel Verlages Frankfurt am Main und Leipzig

Textteil: Satz in Monotype-Bleisatz und Druck im Gutenbergschen
Buchdruckverfahren bei der Offizin Haag-Drugulin in Leipzig.
Bildteil: Druck im Offsetverfahren bei der MZ-Verlagsdruckerei, Memmingen.
Einband: Buchbinderei G. Lachenmaier, Reutlingen.
Printed in Germany 1999 ISBN 3 7632 4946 X

Inhalt

Gutenberg
und seine Wirkung

Vorwort

Johannes Gutenberg wurde soeben von einem amerikanischen Forscherteam zum »Mann des Jahrtausends« gewählt. In der Begründung wird betont, daß Gutenberg mit seinen Erfindungen erst die Voraussetzung für alle anderen geistigen, politischen oder religiösen Veränderungen der nachfolgenden Jahrhunderte geschaffen habe. Die besondere Wirkungsgeschichte Gutenbergs wird in den Mittelpunkt der Entscheidung gerückt, also nicht eine einzelne punktuelle Erfindung, sondern ihre grundlegende Bedeutung für die Weltgeschichte der menschlichen Kommunikation.

Kennen wir auch im ostasiatischen Raum seit dem 8. Jahrhundert frühe Vervielfältigungsmöglichkeiten von Texten durch den Holzschnitt, seit 1100 durch Tonlettern und nach 1400 im Sandgußverfahren, so schufen erst die gebündelten technischen Erfindungen Gutenbergs mit dem Guß und Satz von metallenen Einzeltypen und dem Druck in einer Presse die einzigartige Möglichkeit, Schriften in einer der hohen Kunst der Handschriften vergleichbaren Schönheit und zugleich in einer bis dahin unbekannten Vielzahl zu verbreiten. Die Möglichkeiten des neuen Buchdrucks stützten die Bildungsbewegungen des Spätmittelalters, die im 14. und 15. Jahrhundert aufstrebenden Universitäten in Europa, förderten die Verbreitung der Ideen des Renaissance-Humanismus mit ihrem Glauben an die allgemeine Bildungsfähigkeit des Menschen und schufen gleichzeitig die Voraussetzungen für die Reformation der Kirche und die Popularisierung der Glaubensinhalte in der Volkssprache. Es war ebenfalls die Geburtsstunde der durch Zeitungen und Zeitschriften publizierten öffentlichen Meinung, die sowohl Sachinformationen als auch Agitation und Propaganda in Flugblättern und »neuen Zeitungen« bereitstellte.

Die Wechselwirkung zwischen Technikgeschichte und Geistesgeschichte macht das Faszinosum der Beschäftigung mit der frühen Druckgeschichte aus. Es zeigt sich dabei, daß das neue Medium das vorhergehende nicht schlagartig ablöst, sondern daß zunächst die alten Inhalte in vertrauten äußeren Formen weiter tradiert werden. So schlossen sich die frühen Drucke in der Seitenaufteilung, in der Wahl der Schriften und im Format direkt an die Handschriften an, und es wurden die gleichen Grammatiken und Lehrbücher zur Verbreitung durch den Druck gewählt, die sich bereits seit Jahrhunderten bewährt hatten. Erst nach und nach wurden die neuen, genuinen Möglichkeiten des Mediums erkannt: Ein Titelblatt wurde vorgeschaltet, handlichere Formate wurden entwickelt, die Volkssprachen fanden neben der Gelehrtensprache Latein eine größere Geltung, was auch die individuelle Lektüre förderte. Die Epen in Versform, dem äußeren Zeichen des öffentlichen Vortrages, wurden nicht mehr aufgelegt, dafür entstand eine Romanliteratur in Prosaform zur privaten Lektüre in »Taschenbüchern«; erste Sachbücher mit medizinischen und naturwissenschaftlichen Erkenntnissen, Drucke von Europa- und Weltkarten, Kalender und Almanache wurden verbreitet. Nur fünfzig Jahre nach der Erfindung arbeiteten über tausend Druckoffizinen in etwa 350 Städten quer durch Europa mit der neuen Technik und veröffentlichten zwischen 1450 und 1500 etwa 30 000 Titel mit einer geschätzten Gesamtauflage von 9 Millionen Bänden. Die Zeitgenossen jubelten, daß es nun auch »jedem Minderbemittelten« möglich sei, »höhere Bildung zu erwerben«.

Die technischen Grundprinzipien von Gutenbergs Erfindungen blieben 350 Jahre lang unverändert. Durch die dampfgetriebenen Schnellpressen, Satzautomaten und Rollenpapiere fanden im 19. Jahrhundert erste Modifizierungen statt, aber noch bis zur Mitte des 20. Jahrhunderts hielt man am Bleisatz und am Hochdruckverfahren fest. Erst die Durchsetzung des Fotosatzes und des Offsetdrucks in der zweiten Hälfte unseres Jahrhunderts und die Möglichkeiten elektronischen Publizierens der Gegenwart schufen grundlegend neue technische Voraussetzungen. Die mit dem Namen Gutenberg verbundene Kommunikationsrevolution aber wirkt weiter fort.

Gutenberg – Leben und Werk

Im Mai 1451 nahm der päpstliche Gesandte Nikolaus von Kues, genannt Cusanus, am 14. Generalkapitel der Benediktiner in Mainz teil, wo es um die Annahme der Klosterreform ging, die auch den Bestand der Klosterbibliotheken und ihre zentrale Bedeutung für die klösterliche Gemeinschaft betraf. Bereits in seiner Schrift *De concordantia catholica* (1434), während seines Aufenthaltes beim Basler Konzil (1431–1448) verfaßt, hatte er sich für verbindliche, korrekte Textausgaben der Meßbücher im Gesamtgebiet der katholischen Kirche ausgesprochen, da nur ein verläßlicher Text die Grundlage für die überall gleiche und einheitliche Durchführung der Gottesdienste bot. Auf seiner Visitationsreise im Jahr 1450 hatte Cusanus erfahren müssen, daß die Grundgebete des Glaubens – sowohl im Volke als auch bei den Pfarrern – nicht genügend bekannt waren. Daher ließ er zur religiösen Volksbelehrung in den Kirchen Tafeln aus Holz oder Stein errichten, in die das Vaterunser, das Glaubensbekenntnis, das Gegrüßet-seist-du-Maria und die Zehn Gebote eingemeißelt bzw. eingeschnitten wurden. Während Cusanus die dringend notwendige Reform der Kirche noch dadurch möglich schien, daß – wie seit Jahrhunderten – religiöses Wissen durch Glasfenster, Bilderschmuck in den Kirchen oder durch einzelne Inschriften vermittelt werden sollte, saß Johannes Gensfleisch nur wenige Meter vom Mainzer Domplatz entfernt in seiner Werkstatt im Haus zum Humprecht und schnitt die Stempel für den künftigen Guß der metallenen Typen.

Die Lebensstationen Gutenbergs

Das 15. Jahrhundert ist eine Zeit politischer und kirchenpolitischer Stagnation; dem Kaiser standen die Reichsstände gegenüber, unter denen die Kurfürsten besonders exponiert waren. Unregelmäßig einberufene Reichstage zeigten die Abhängigkeit des Kaisers von den Fürsten, etwa in den Hussiten- oder in den späteren Türkenkriegen. Die Territorialherren gewannen eine immer stärkere Stellung, auch die Städte nahmen häufig eine rechtliche Sonderstellung ein. Das Aufblühen der

Wissenschaften erforderte eine veränderte Hochschulausbildung und führte zur Gründung der Universitäten in Köln und Erfurt 1389, in Würzburg 1402, in Leipzig 1409, in Löwen 1425; die Jurisprudenz und die mathematischen Wissenschaften wurden besonders gefördert. Die entscheidende geistige Strömung der Zeit war der Humanismus, mit seinem Glauben an die allgemeine Bildungsfähigkeit des Menschen und einer neuen geistigen Offenheit, die versuchte, Platonismus und Christentum miteinander zu verbinden. Obwohl nur etwa sechs Prozent der Bevölkerung in Städten lebten, gewannen diese immer mehr an Bedeutung, auch durch das Aufkommen einfacher Industrien, wie Tuch- und Leinenproduktion, während die Agrarwirtschaft langsam zurückging. Die alten Hanse-Privilegien gingen verloren, und neue Handelswege entstanden, was unter anderem der neuen Messestadt Leipzig zugute kam und den Handels- und Bankhäusern nutzte, namentlich in Süddeutschland, in Augsburg oder Nürnberg.

Die Stadt Mainz hatte zu Beginn des 15. Jahrhunderts etwa 6000 Einwohner. Sie gab sich in dieser schwierigen Umbruchsituation eine neue Ratsverfassung, die gegenüber den alten Patriziergeschlechtern nun das Informations- und Mitbestimmungsrecht der Zünfte stärker gewichtete. In der Auseinandersetzung zwischen Patriziat und Zünften mußten die Angehörigen der »Geschlechter« mehrfach die Stadt verlassen, verließen sie zum Teil auch selbst aus Protest. In den vierziger Jahren entwickelte sich die finanzielle Lage der Stadt so katastrophal, daß sie sich bei den umliegenden Städten, vor allem bei Frankfurt, hoch verschulden mußte. 1456 war die Stadt faktisch zahlungsunfähig und mehr oder weniger ein Pfand Frankfurts. In dieser Zeit blieb aber Mainz in seiner Rechtsstellung eine freie Stadt, während es nach der Stiftsfehde von 1462 eine abhängige bischöfliche und kurfürstliche Stadt wurde. Die wirtschaftliche Lage der im 14. Jahrhundert noch prosperierenden Stadt Mainz wurde immer dramatischer und brachte um 1450 eine Rezession und einen drastischen Bevölkerungsrückgang mit sich. Aus dem Grunde wurde die Zuwanderung begrüßt, 1436 wurde regelrecht um Neubürger geworben, die für zehn Jahre von allen Steuern und Abgaben befreit wurden. In Handwerk und Handel waren Holzhandel und Holzverarbeitung, Schiffstransport, Weinbau und Ackerbau, aber auch Tuchweberei, Eisen- und Buntmetallgewerbe sowie die Goldschmiede führend.

Ein sicheres Geburtsdatum Gutenbergs ist nicht überliefert. Im Zusammenhang mit Erbauseinandersetzungen im Jahre 1420 wird er als volljährig bezeichnet, und daher wurden in der Forschung – mit unterschiedlichen Argumenten – die Jahre zwischen 1393 und 1403 errechnet. Da im Jahr 1900 mit internationalem Zuspruch die Jahrhundertwende als symbolisches Datum akzeptiert wurde, kann mit diesem traditionellen Argument im Jahr 2000 der 600. Geburtstag Gutenbergs gefeiert werden. Und da es zeitgenössisch nicht unüblich war, den Namenspatron des Geburtstages als Namen zu wählen, wird immer wieder der 24. Juni als Geburtstag genannt; dafür spricht eine gewisse Wahrscheinlichkeit, auch wenn der Name Johannes (auch Johann oder in Mainz Henchen, Hennig oder Henne) so beliebt und weit verbreitet war, daß die Namenstagsbindung nicht unbedingt überzeugend ist. Sein Vater, Friele Gensfleisch zur Laden, etwa 1350 geboren und seit 1372 Mainzer Bürger, war seit 1386 in zweiter Ehe mit Else Wirich verheiratet. Als Mainzer Patrizier war er kaufmännisch tätig, wohl im Tuchgeschäft, gehörte der Münzerhausgenossenschaft an und war auch zeitweise Rechenmeister der Stadt Mainz. Zeitlebens führte er den Beinamen »zum Gutenberg« nicht, dieser Namenszusatz wurde von den Familienmitgliedern erst seit den zwanziger Jahren des 15. Jahrhunderts verwendet. Seit dem frühen 14. Jahrhundert gehörte der Familie der Hof zum Gutenberg, der an der Ecke der Schustergasse und der Christophstraße lag, heute aber nicht mehr existiert. Das gotische Gebäude mit zwei Stockwerken bot Platz für mehrere Familien und mit ziemlicher Wahrscheinlichkeit auch für eine Setzer- und Druckerwerkstatt.

Über die Jugendjahre Gutenbergs können wir nur spekulieren, zumeist wird wegen seiner guten Lateinkenntnisse und seines technischen Wissens eine gute Ausbildung in einer Klosterschule und ein mögliches Universitätsstudium angenommen. Nicht ohne Argument vermutet man, daß er das Stift St. Viktor im Süden der Stadt, nahe Weisenau, besuchte und dort Latein und die Anfangsgründe der Wissenschaft lernte, da er noch im hohen Alter nachweislich der St.-Viktor-Bruderschaft angehörte. Schon sehr jung mußte Henchen Gutenberg wohl mit seinem Vater und den Geschwistern Mainz verlassen, da sich im August 1411 wieder einmal die Auseinandersetzung zwischen den Patriziern und den Zünften zuspitzte, die zu einem Auszug von 117 Patriziern aus

Mainz führte, die auf diese Weise ihre Privilegien der Steuer- und Zollfreiheit sichern wollten. Mit großer Wahrscheinlichkeit zog man kurzfristig nach Eltville, wo man aus mütterlichem Erbe ein Haus an der Ringmauer (in der Burghofstraße) besaß. Bereits 1413 mußte der Vater erneut nach Hungerkrawallen kurzfristig Mainz verlassen und wird wiederum von den Familienangehörigen begleitet worden sein. Eine gute Schulausbildung war aber auch in Eltville gewährleistet, Grammatik und Rhetorik nach dem Lehrbuch des Aelius Donatus und die Lektüre der führenden lateinischen Schriftsteller wurden in der »Gemeinschul« der Peterskirche gelehrt. Da ein »Johannes de Alta Villa« im Sommersemester 1418 und im Wintersemester 1419 an der zum Erzbistum Mainz gehörenden Universität Erfurt immatrikuliert worden war, gibt es einen möglichen Anhaltspunkt, in diesem »Johannes aus Eltville« Johannes Gutenberg zu vermuten. Ebensowenig, wie wir diesen Studienaufenthalt nachweisen können, sind wir über eine mögliche Ausbildung in den zwanziger Jahren informiert. Die wenigen urkundlichen Belege enthalten Hinweise auf Erbauseinandersetzungen und auf den Bezug von Leibrenten. Sein direkter Nachbar im Gutenberghof war Heinz Reyse, ebenfalls Mitglied der Münzerhausgenossenschaft und wahrscheinlich aktiver Münzmacher. Heinz Reyse und »Henchin zu Gudenberg« gehörten zu den Patriziern, die 1428 wiederum die Stadt verlassen mußten, als ein Bankrott der städtischen Finanzen drohte und die Zünfte das Regiment übernahmen. Sicher wissen wir nur aus einem weiteren Dokument, daß sich Gutenberg am 16. Januar 1430 nicht mehr in Mainz aufhielt.

Erst vier Jahre später, 1434, finden wir seine Spur im Straßburger Vorort St. Arbogast wieder. Er hatte dort den durchreisenden Mainzer Stadtschreiber Niklaus Wörstadt in Schuldhaft nehmen lassen, da ihm von der Stadt Mainz 310 Rheinische Gulden aus einer Rente bei der Erbteilung nach dem Tode seiner Mutter noch nicht ausbezahlt worden waren. Wichtiger als knappe persönliche Hinweise auf eine Verlobung und Entlobung in Straßburg sind für uns die Quellen, die Gutenberg als einen unternehmenden Kaufmann, als einen gewieften Erfinder und einen handwerklichen Meister zeigen. Seit 1437 hat er einem Straßburger Bürger, Andreas Dritzehn, das »Polieren und Schleifen von Edelsteinen« beigebracht, d. h. eine Art Lehre im Münz- oder Goldschmiedehandwerk erteilt. Wie mehrfach in seinem weiteren Leben, gründete er mit verschiedenen anderen Teilhabern eine Finanzierungsgesellschaft, die ein technisches Verfahren und die Produktion von Waren vorfinanzieren sollte. Bei der nächsten großen Heiltumsfahrt (Reliquienschau) in Aachen wollte man Wallfahrtsspiegel als Andenken verkaufen, die in der Volksfrömmigkeit weit verbreitet waren, weil man mit Hilfe dieser Spiegel etwas vom Segensschein der Reliquien einfangen und mit nach Hause zu bringen hoffte. Diese beliebten Spiegel aus einer Blei-Zinnlegierung, über deren genaue Herstellung wir nur spekulieren können, wurden in großer Zahl in einem Gußverfahren hergestellt. Das Konsortium drohte zu zerbrechen, da man sich bei der Herstellung für 1439 um ein Jahr verrechnet hatte und erst im Jahr darauf, 1440, eine Absatzmöglichkeit bei der Heiltumsfahrt in Aachen bestand. Wir wissen dies durch die Klage eines der Brüder des verstorbenen Gesellschafters, seines ehemaligen Lehrlings Andreas Dritzehn. Aus diesem Rechtsstreit ging hervor, daß Gutenberg als Lehrmeister in der Goldschmiedekunst aufgetreten war, daß man gemeinsam an der Herstellung der Spiegel arbeitete und daß noch ein weiteres, drittes Projekt geplant war.

Über die in den Dokumenten mehrfach auftretende, geheimnisvoll klingende Wendung »Aventiur und Kunst« ist vielfältig spekuliert worden. Ein Blick auf den zeitgenössischen Verwendungszusammenhang dieser Worte zeigt jedoch, daß es sich bei der »Aventiur« nicht etwa um ein schillerndes Abenteuer aus der Ritterromantik handelt, sondern vielmehr um einen Fachbegriff für ein wagemutiges kaufmännisches Unternehmen. Und der Begriff »Kunst« steht für geschicktes handwerkliches Können. Wir erleben Gutenberg hier und in den Folgejahren als einen einfallsreichen Unternehmer und Techniker.

Die anderen bedeutungsschweren Worte aus den Archivalien der Straßburger Zeit sind das »Pressen«, die »Form« und das »Gezeug«. Es könnte sich dabei um Beschreibung eines Prägedruckes oder um Experimente für den Buchdruck gehandelt haben, zumal ein Autor Mitbesitzer einer Papiermühle war. Straßburg war eine Welthandelsstadt mit Beziehungen nach Südfrankreich und Italien, aber auch über Nürnberg und Prag nach Osten. In Straßburg wurde zum Beispiel mit Hochdruckstempeln bei Bucheinbänden experimentiert, auch war die Stadt im Glockenguß führend. Interessant ist, daß Geldscheine, die in einem Druckverfahren im ostasiatischen Raum hergestellt wurden, zu Gutenbergs Zeiten dort bekannt geworden sind. Seit dem frühen siebten Jahrhundert sind in China, Korea und dann in Japan konfuzianische und buddhistische Texte auf Holzmodel geschrieben und verbreitet worden. Bei diesen *Sutren* (Lehrsätzen) ging es zunächst um die Bewahrung der Texte, die durch das Einschneiden in den Holzblock gewährleistet war und erst in zweiter Linie um die Vervielfältigung durch Abreibungen auf Papier. Die Auflagen haben in manchen Fällen nur zwei bis fünf Exemplare betragen, dagegen wurden aber die Original-Holzstöcke aufbewahrt, die man zum Beispiel in Korea bis heute erhalten hat. In China wurde seit dem 11. Jahrhundert mit Tonstempeln experimentiert, in Korea seit dem 14. Jahrhundert mit dem Guß von Metallegierungen. War zunächst die große Menge von über zehntausend notwendigen Schriftzeichen noch ein Hinderungsgrund für die praktische Anwendung des Gusses und Satzes von Texten, so wurde durch die Einführung des Hangul-Alphabetes um 1444 in Korea die Möglichkeit gegeben, praktikablere Gußverfahren zu entwickeln. Gegossen wurde in Sandformen, die nicht die Randschärfe der Typen aufzeigen konnten wie späterhin Gutenbergs Entwicklungen. Auch konnte sich dieses Alphabet in Korea zunächst nicht für breitere Schichten durchsetzen. Experimente mit dem Satz von Einzeltypen sind im ostasiatischen Raum eindeutig bezeugt, doch fehlt trotz vieler Überlegungen noch die Brücke, auf der die Kenntnis davon um 1440 nach Straßburg gelangt sein könnte.

Das im zweiten Jahrhundert in China entwickelte Papier gelangte dagegen auf der Seidenstraße im 10. Jahrhundert nach Bagdad und Kairo und erreichte mit der Ausbreitung des Islam über Nordafrika, Sizilien und Gibraltar im 12. Jahrhundert Europa. Im deutschen Reich wurde im Jahre 1390 die erste Papiermühle durch Ulman Stromer in Nürnberg eingerichtet und damit eine wichtige Vorbedingung für die Gutenbergischen Erfindungen und eine Massenproduktion geschaffen.
Der ebenfalls aus dem ostasiatischen Raum stammende Holzschnitt läßt sich in Mitteleuropa seit dem frühen 15. Jahrhundert nachweisen. Mit den ersten Holzschnitten wurden Spielkarten und Heiligenbilder hergestellt. Sie enthalten neben Bildern auch bereits kurze, ebenfalls in Holz geschnittene Texte und berichten über wunderbare Ereignisse

oder besondere Wallfahrten. Die Möglichkeit, Informationen auf papiernen Einzelblättern in größerer Zahl bereitzustellen, war um 1440 daher bereits bekannt, nur war es sehr unpraktisch, da ein Holzblock nach dem Einschneiden von Texten oder Abbildungen nicht noch ein zweites Mal verwendet werden konnte.

Wir wissen nicht, was Gutenberg zwischen 1444 und 1448 getan hat; erst am 17. Oktober 1448 läßt er sich wieder in Mainz nachweisen. An diesem Tag nahm er eine Anleihe von 150 Gulden bei seinem Vetter Arnold Gelthus auf, mit einer Verzinsung von fünf Prozent. Wie in Straßburg suchte Gutenberg Geschäftsbeziehungen zu Bankiers und Kaufleuten, um mit ihrer finanziellen Unterstützung seine neuen technischen Entwicklungen in die Praxis umsetzen zu können. Um 1450 waren seine Experimente soweit gediehen, daß er an den Satz und Druck von Einblattdrucken und umfangreichen Büchern gehen konnte.

Die Bündelung der technischen Erfindungen

Gutenbergs Erfindung ist ebenso einfach wie genial: Die Texte werden in ihre kleinsten Bestandteile aufgelöst, d.h. in die 26 Buchstaben des lateinischen Alphabetes, und durch die Neuordnung der Einzellettern entsteht ein jeweils neuer, sinnvoller Text. Waren jahrhundertelang Texte vervielfältigt worden, indem sie vollständig und fortlaufend abgeschrieben oder ebenso vollständig in Holz geschnitten wurden (in zeitgleichen »Blockbüchern« wurden Illustrationen und Texte in Holz geschnitten, so Gebete, Sterbelehren oder Predigthilfen), so mußten jetzt nur die Buchstaben des Alphabets geschnitten und gegossen werden und standen dann für beliebige Texte immer wieder neu zur Verfügung. Im Kern war auch der zweite Gedanke ebenso einfach wie technisch revolutionär: Statt wie in Ostasien seit 700 Jahren die Farbe durch Abreiben der Papiere aufzutragen, nutzte Gutenberg die physikalischen Gesetze der Papier- oder Weinpresse, um mit einem hohen und gleichmäßigen Druck die Farbe vom eingefärbten Typenmaterial auf die angefeuchteten Papiere zu übertragen (vgl. Abb. 2, der erste zeitgenössische Holzschnitt einer Presse aus dem Jahre 1499).

Sehr viele Entwicklungsschritte waren natürlich notwendig, um das scheinbar so einfache und einleuchtende Verfahren zu entwickeln. Einzelstempel von Buchstaben, von einem Goldschmied kunstvoll graviert, hatte es schon länger gegeben, und die Gravur z. B. von sakralen Gegenständen, wie Kelche oder Monstranzen, waren eine verbreitete Technik. Gußverfahren kannte man sowohl aus dem Glockenguß wie aus der Münzherstellung. Es galt nun, die Idee mit den Einzelbuchstaben, die Gußtechnik und die Exaktheit des Typenmaterials zu erproben. Im Mittelpunkt der Gutenbergischen Entdeckungen steht die Entwicklung eines Gießinstruments, das es ermöglicht, die Gußform genau zu justieren und jeder Type eine exakt gleiche Form zu geben. Das Originalinstrument des 15. Jahrhunderts hat sich nicht erhalten, das heute in den Lehrbüchern gezeigte sogenannte Handgießinstrument ist erst Jahrhunderte später in genau dieser Form überliefert, doch bieten die erhaltenen Typen und die Qualität der Abdrucke eindeutige Hinweise, daß ein vergleichbares Gießinstrument zu den Grunderfindungen gehört haben muß.

Zunächst wurde auf der Spitze eines länglichen Stahlstabs eine Letter eingraviert. Dieser Stab enthielt reliefförmig den Einzelbuchstaben in Spiegelschrift; er wurde dann mit einem Hammer in weicheres Kupfer eingeschlagen, und so entstand ein seitenrichtiger, vertiefter Abdruck des Buchstabens. Dies war nun die Matrize, die in das Gießinstrument einjustiert werden mußte. Das Gußmaterial wurde eingefüllt, und es entstand eine Bleiletter, auf der spiegelverkehrt und erhöht der Buchstabe aufgebracht war. Da die Gußmatrize immer wieder verwendet werden konnte, erhielt man eine theoretisch unbegrenzte Anzahl an völlig gleichmäßigen und gleichförmigen Druckmaterialien. Die genaue Zusammensetzung der Legierung kennen wir nicht, wir können sie aber aus späteren Funden rekonstruieren: Das Material in den ersten Jahren bestand etwa zu 83 Prozent aus Blei, 9 Prozent aus Zinn, 6 Prozent aus Antimon und je 1 Prozent aus Kupfer und Eisen; bei einem Mainzer Fund aus der Mitte des 17. Jahrhunderts lag der Bleigehalt mit 73 Prozent deutlich niedriger, Antimon und Zinn waren mit zusammen 25 Prozent beteiligt. Diese Zusammensetzung hatte den Vorteil, daß sie sehr schnell erkaltete und somit auch eine rasche Herstellungsfolge ermöglichte.

Die einzeln gegossenen Buchstaben wurden dann nebeneinander in

Setzkästen abgelegt, wobei das Prinzip der Praktikabilität vorherrscht, d.h., die am häufigsten gebrauchten Lettern liegen in der Mitte, genau vor dem Setzer. Die Einzellettern wurden zunächst in einem Winkelhaken zusammengetragen, in dem die einzelne Zeile »ausgeschlossen« werden konnte. Dazu verwendet man neben dem Typenmaterial sogenanntes Blindmaterial, das die Abstände zwischen den Worten ausgleicht. Dieser Winkelhaken war zunächst aus Holz und wurde erst später durch Metall ersetzt. Die einzelnen Zeilen wurden dann in einem Setzschiff, einem stabilen Holzbrett, zu einer Spalte (Kolumne) oder zu einer Seite zusammengefügt. Die ganze Seite wurde dann in einer Form ausgeschlossen, d.h. der genaue Satzspiegel justiert und gegebenenfalls der Durchschuß, d.h. der Abstand zwischen den einzelnen Zeilen, noch einmal durch weiteres Blindmaterial reguliert.

Der Satz wurde dann mit einem halbkugelförmigen Lederballen eingefärbt (die von Gutenberg entwickelte Druckerschwärze bestand aus Lampenruß, Firnis und Eiweiß). Das zu bedruckende Papier wurde angefeuchtet, damit es sich besser um das Typenmaterial legen kann, und in einem klappbaren Preßdeckel mit mehreren Nadeln fixiert. Es wurde ein Rahmen darübergeklappt, der genau in der Größe des Satzspiegels eine Aussparung hatte, damit die Blattränder auf keinen Fall beim Drucken beschmiert werden. Der Wagen mit dem Satz und dem Deckel mit dem Papier wurden dann unter die Druckplatte, den Tiegel, geschoben und der Tiegel mit einem kräftigen Ruck auf das Papier gedrückt. Diesem sogenannten Schöndruck folgt dann der Widerdruck der Rückseite, wobei es die Punkturen (die Nadelspuren) ermöglichen, das Blatt punktgenau einzupassen, damit der Satzspiegel auf beiden Seiten korrekt übereinandersteht. Bedruckt wurden Bogen unterschiedlicher Größe, in der Anfangszeit jeweils nur eine Seite, später dann zwei, vier oder acht Seiten gleichzeitig, nach dem Trocknen wird die Rückseite bedruckt und dann der Bogen gefalzt. Durch geschickten »Umbruch« werden die sechzehn Seiten so angeordnet, daß sie nach dem Falzen in der richtigen Reihenfolge liegen.

Bei den ersten Drucken wurde nur der Schwarzdruck erstellt, alle Auszeichnungen, wie etwa prächtige Initialen, farbige Kolumnentitel, Illustrationen, aber auch Rubrikationen (Rotzeichnungen), erst später von Hand nachgetragen. Viele frühe Drucke erinnern daher beim ersten Ansehen unmittelbar an Handschriften, da sie immer noch manuell ausgestaltet wurden. Keine der erhaltenen 49 Gutenberg-Bibeln sieht daher wie die andere aus, jede ist anders ausgestattet und ausgemalt. Holzschnitte wurden zunächst nicht in Kombination mit Letternmaterial gedruckt, da es anfänglich große Schwierigkeiten machte, den richtigen Anpreßdruck zu ermitteln, um Metall und Holz gemeinsam zu drucken. In den ersten Jahren – gut zu sehen bei der 1461 von Albrecht Pfister in Bamberg gedruckten Fabelsammlung *Der Edelstein* von Ulrich Boner (vgl. Abb. 42) – wurden die Illustrationen und der Satz in zwei Arbeitsgängen gedruckt, was wiederum erhebliche Anforderungen an die Exaktheit des Druckens stellte.

Wäre es auch theoretisch möglich gewesen, mit zweimal 26 Buchstaben, Groß- und Kleinbuchstaben, auszukommen, so ging es Gutenberg aber offensichtlich darum, die Handschriften möglichst getreu nachzuahmen, indem er den Spaltensatz übernahm und sich um den gleichmäßigen Randausgleich, einem Blocksatz vergleichbar, bemühte. Aus diesem Grunde schnitt und goß er insgesamt 290 unterschiedliche Schriftzeichen, 47 Großbuchstaben, 63 Kleinbuchstaben, 92 Lettern mit Abkürzungszeichen (Abbreviaturen), 83 Buchstabenkombinationen (Ligaturen) und fünf Kommata (vgl. Abb. 3). Die Ligaturen, z. B. ſſ, ſl, ll, ſt, können sehr viel Platz einsparen, da sie auf einen Schriftkegel gegossen werden. Ebenfalls sehr platzsparend sind die aus den lateinischen Handschriften überkommenen Abkürzungen, die für Vorsilben (pro, prae, per), Kasusendungen (um, am, as) oder bei Buchstabendoppelungen (mm, nn) verwendet wurden. Zusammen mit den unterschiedlichen Kleinbuchstaben konnte ein geschickter Setzer eine gut ausgeschlossene Zeile und eine hervorragend ausgeschlossene Kolumne setzen. Gleichzeitig wird sichtbar, welche hohen Anforderungen an die lateinische Sprachkenntnis der Setzer gestellt wurden. Zur Setzarbeit der Gutenberg-Bibel mußten etwa 100 000 Typen gegossen werden. Dadurch war es möglich, die Handschrift in allen Einzelheiten nachzuahmen und sie sogar an Exaktheit zu übertreffen. Die ersten Experimente und Druckversuche haben sich rein auf lateinische Texte bezogen, da viele der gebräuchlichen Abkürzungen nur im Lateinischen einen Sinn ergeben.

Das »Werk der Bücher«: Die B 42

Die frühen Drucke, die wir Gutenberg mit hoher Wahrscheinlichkeit selbst zusprechen können, teilen sich in zwei Hauptgruppen, einmal Kleindrucke, wie Ablaßbriefe, Kalender und Wörterbücher, und zum anderen das Meisterstück mit 1282 Druckseiten, die lateinische Bibel. Gutenberg wählte dazu die *Vulgata* des heiligen Hieronymus, die entscheidende Textgrundlage für jede theologische Arbeit und religiöse Unterweisung im gesamten Mittelalter. Mit hoher Wahrscheinlichkeit hatte er sich eine in Mainz vorhandene handschriftliche Bibel zur Vorlage genommen und sie nachgesetzt. Die genaue Vorlage ist nicht wiedergefunden worden, sie ist vermutlich auch bei der Setzarbeit regelrecht aufgebraucht worden. Diesen Vorgang erleben wir in den kommenden Jahren häufiger, daß die Handschriften nach dem Druck einer höheren Auflage als nicht mehr wertvoll genug betrachtet wurden, um aufbewahrt zu werden. In der Library of Congress in Washington hat sich eine handschriftliche Bibel erhalten, die just um das Jahr 1450 in Mainz geschrieben wurde und Gutenbergs Vorlage formal sehr nahe kommt (vgl. Abb. 4). Als Besonderheit ist zu registrieren, daß sie bei einigen Buchmalereien die gleiche Hand aufweist wie eine gedruckte Gutenberg-Bibel, die sich heute in der Universitätsbibliothek Göttingen befindet.

Gutenberg imitierte die Handschrift in allen Aspekten, so übernahm er die Kolumnenaufteilung, auch den Blocksatz, den er im Druck noch verbessern konnte, und auch die Anordnung der Kolumnen auf der Seite, die ein ideales Modul ergaben. Die von ihm verwendete Missal-Type war eine Textura, die ein sehr geschlossenes Satzbild ermöglicht, da die einzelnen Buchstaben die Senkrechte betonen und optisch wie ein Gitter wirken, so daß die fertige Seite wie ein Gewebe (lateinisch: *textura*) zu sein scheint.

In einer kölnischen Chronik von Johann Koelhoff aus dem Jahr 1499 wird über die Bibel berichtet: »In den Jahren unseres Herrn, da man schrieb MCCCCL, war ein goldenes Jahr: da begann man zu drucken, und das erste Buch, das man druckte, die Bibel in Latein, ward gedruckt in einer groben Schrift, mit der man nun Meßbücher druckt.« Die Chronik hat damit den Beginn der Buchdruckerkunst nicht nur in den hehren

Zusammenhang mit einem heiligen Jahr, sondern auch in die Tradition liturgischer Texte gestellt. Die verwendeten Missal-Buchstaben waren in den Handschriften (und nachfolgend in den Drucken) verhältnismäßig groß, damit sie beim Gottesdienst in den dunklen Kirchenräumen gut lesbar waren. Die Gutenberg-Bibel ist in einer Choraltype von 4,2 mm (Mittelhöhe) gesetzt worden, der umfangreiche Bibeltext benötigte bei dieser verhältnismäßig großen Type daher ein Groß-Folio-Papierformat und 1282 bedruckte Seiten. Um das Papier so gut wie möglich auszunutzen, experimentierte Gutenberg mit der Zahl der Zeilen pro Kolumne. In einem ersten Satzversuch begann er mit 40 Zeilen je Kolumne (Blatt 1–5 und Blatt 129–132), stieg auf Blatt 5 (verso) auf 41 Zeilen an, um dann von Blatt 6 an durchgehend bei 42 Zeilen zu bleiben. Bei einem nachweisbaren Neusatz begann er sofort mit 42 Zeilen. Exemplare beider Satzvarianten sind erhalten geblieben.

Bei den ersten Seiten hat Gutenberg auch damit experimentiert, die Arbeit der Rubrikatoren zu übernehmen und hat auf den Blättern 1, 4, 5, sowie 129 und 130 die Auszeichnungszeilen mit Typensatz in rot gedruckt. Danach hat er aber den Rot-Druck aufgegeben und es auch bei den entsprechenden Blättern des zweiten Satzes nicht noch einmal versucht. Da es offensichtlich wegen des zweifachen Einfärbens und des nicht paßgenauen Abdruckes zur erheblichen Arbeitsverzögerung und zu keinem befriedigenden optischen Ergebnis kam, überließ er wie in der Handschriftenära die weitere Rubrizierung dem Berufsstand der Rubrikatoren. Die Exemplare der B 42 in Wien und München enthalten noch die vollständige *Tabula Rubricarum* mit den genauen Hinweisen, an welcher Stelle die Auszeichnungen in Rot vorzunehmen sind.

In dem Papierexemplar der Bibliothèque Nationale in Paris findet sich auf dem jeweils letzten Blatt beider Bände der handschriftliche Vermerk, daß ein Heinrich Cremer, Kleriker am Kollegiatstift St. Stephan in Mainz, diese Exemplare am 15. bzw. am 24. August 1456 rubriziert, illuminiert und eingebunden hat. Damit haben wir ein sicheres Datum, an dem die Bücher vollständig vorgelegen haben müssen.

Durch eine genaue Textanalyse und die Beobachtung von unterschiedlichen, individuellen Abkürzungsgepflogenheiten konnte erschlossen werden, daß am Anfang vier und im weiteren Verlauf der Satzarbeiten sechs unterschiedliche Setzer mit der Herstellung des Textes beschäftigt waren. Eine elektronenspektrographische Untersuchung der Tinten hat diese Zahlen bestätigt. Der Guß von etwa 100000 benötigten Typen wird mindestens ein halbes Jahr in Anspruch genommen haben, die Satzarbeit selbst etwa zwei Jahre. Zur Herstellung waren neben den Setzern mindestens zwölf Drucker an sechs Pressen notwendig, daneben noch Hilfskräfte zum Einfärben, Bogenanlegen etc. Für den Druck der 1282 Seiten von 180 Exemplaren waren 230760 Arbeitsgänge an der Presse notwendig, was mindestens 330 Arbeitstage erforderte. Da wegen der hohen Zahl an mittelalterlichen Feiertagen nur etwa 200 Arbeitstage pro Jahr zur Verfügung standen und anfänglich nur mit vier Pressen gedruckt wurde, zudem noch Anfangsschwierigkeiten einzurechnen sind, hat die Satz- und Druckzeit sicherlich mehr als zwei Jahre erfordert. In drei Jahren hatte bisher ein Schreiber eine einzige Vollbibel abgeschrieben, nun konnten in derselben Zeit 180 Exemplare hergestellt werden, 40 auf Pergament und 140 auf Papier. Für das aus Italien eingeführte Papier mußten etwa 600 Gulden bezahlt werden, für das Pergament (Häute von etwa 3200 Tieren) 400 Gulden.

Diese hohen Kosten, die Entwicklungskosten nicht einmal eingerechnet, konnte Gutenberg auf keinen Fall allein aufbringen. Wie wir es schon in Straßburg gesehen haben, suchte er auch gleich nach der Rückkehr 1448 in Mainz kapitalkräftige Partner für sein technisch innovatives und kaufmännisch mutiges Unternehmen. Er nahm sofort einen Kredit von 150 Gulden bei seinem Vetter Arnold Gelthus auf und jeweils 1449 und 1452 ein Darlehen bei Johann Fust (um 1400–1466). Fust stellte Gutenberg die ersten 800 Gulden frei zur Verfügung und erhielt dafür als Pfand die von dem Geld angeschafften Geräte. Die zweite Zahlung war nun präzise für das gemeinsame »Werk der Bücher« als Geschäftseinlage gedacht. Wir sehen daher beide als Finanzpartner innerhalb eines Entwicklungsprozesses ihrer geschäftlichen Zusammenarbeit. Aus ihrem Rechtsstreit im Jahre 1455, von dem leider nur ein Teil der Stellungnahmen erhalten blieb (im sogenannten Notariatsinstrument des Rechtsanwaltes Helmasperger, vgl. Abb. 10), erfahren wir, daß Fust Gutenberg vorwirft, keine Zinsen bezahlt zu haben (dagegen steht Gutenbergs Meinung, Fust habe ihm zugesagt, keine Zinsen zu berechnen), und vom weiteren Vorwurf Fusts der Veruntreuung, daß nämlich das Geld nicht für das gemeinsame Vorhaben verwendet worden sei.

Mit Zins und Zinseszins hätte Gutenberg 2026 Gulden zurückzahlen müssen, was einem Gegenwert von etwa vier Häusern entsprach. Besonders verärgert war Fust offensichtlich, daß Gutenberg ohne Rücksprache das Kapital nicht nur für das gemeinsame Projekt, sondern auch für weitere Druckvorhaben verwendete. Da Fust nun aber die Wechsel fällig stellte, fielen vertraglich die Werkzeuge, das technische Wissen und auch der gesamte Lagerbestand der B 42 an ihn. Er führte dann eine Druckerei in Mainz weiter, gemeinsam mit einem früheren Gesellen Gutenbergs, Peter Schöffer.

Wir wissen, daß Gutenberg nur wenige Monate gefehlt haben, um seine Schulden bei seinem Geschäftspartner Fust begleichen zu können. Aus einem wertvollen Briefdokument des Jahres 1455 von Enea Silvio Piccolomini, dem späteren Papst Pius II., damals noch Sekretär Kaiser Friedrichs III., erfahren wir nämlich, daß die Bibeln im Herbst 1454 bereits fertiggestellt waren und schon Käufer gefunden hatten. Piccolomini schrieb an den spanischen Kardinal Juan de Carvajal am 12. März 1455 aus Wiener Neustadt nach Rom und berichtet ihm über ein interessantes Erlebnis in Frankfurt (wohl auf den Reichstag im Oktober 1454 zu beziehen). Dort habe man einen »bewundernswerten Mann« *(vir mirabilis)* gesehen, der Quinternionen (Lagen mit 5 Blatt) einer lateinischen Bibel in »höchst sauberer und korrekter Schrift ausgeführt« vorgelegt hätte, die mühelos und »ohne Brille« zu lesen gewesen seien. Einige Bogen seien sogar dem Kaiser zugesandt worden. Piccolomini hat in Erfahrung bringen können, daß noch vor Vollendung des Drucks bereits alle Bände (158 oder 180 Exemplare) verkauft worden seien. Dies ließe eigentlich auf einen günstigen Geschäftsverlauf schließen, hätten wir nicht die anderslautenden Argumente im Helmaspergischen Notariatsinstrument. Wir können nur mutmaßen, daß wegen der üblichen Zahlungsmodalitäten, nach denen das Geld erst bei der nächsten Messe fällig wurde, oder durch eine weitere Verzögerung bei den Abschlußarbeiten Gutenberg im Herbst 1455 nicht in der Lage war, Fust auszubezahlen. Möglich ist auch, daß Gutenberg die eingehenden Gelder bereits für neue Projekte wieder ausgegeben hatte.

49 Exemplare der Bibel haben sich bis heute erhalten, von denen einige offensichtlich auf Vermittlung von Fust und Schöffer ausgemalt wurden. Jedes dieser Exemplare ist ein Unikat, da sie – wie gesagt – jeweils individuell rubriziert und illuminiert wurden. Die Tätigkeit der Rubrikatoren bestand in erster Linie darin, durch feine rote Striche *Nomina Sacra* hervorzuheben oder einzelne Großbuchstaben zu betonen, um durch die so erfolgte Kennzeichnung von Satzanfängen eine Leseerleichterung zu bieten. Die Illuminatoren versahen die gedruckten Texte dann mit Initialschmuck und gegebenenfalls mit weiterem Rankenwerk. Je nach der Bedeutung eines Abschnittes wurden für die Initialen Platz über zwei, drei, vier oder gar zehn Zeilen freigeschlagen. Daher wurde es möglich, daß sich die Käufer je nach persönlichem, zeittypischen oder regionalen Geschmack ihre Exemplare selbst ausgestalten lassen konnten. Wie auch bei der Buchmalerei des hohen und späten Mittelalters, so lassen sich auch in der noch dreißig bis vierzig Jahre anhaltenden Praxis des Ausmalens gedruckter Bücher Malerschulen mit regionalen und zeitgebundenen Eigentümlichkeiten ermitteln. Zwei herausragend illuminierte Bibeln, die sich heute in der Staats- und Universitätsbibliothek in Göttingen und in der Bibliotheca Pública del Estado in Burgos/Spanien befinden, sollen näher betrachtet werden.

Das Exemplar aus Burgos

Die erste Seite des zweiten Bandes des Exemplars aus Burgos (vgl. Abb. 5) zeigt drei mit der Hand geschriebene Überschriften in Rot, eine große, vor die linke Kolumne gerückte Initiale »I« und in der rechten Kolumne die über sechs Zeilen gehende Zierinitiale »P« für das Anfangswort *Parabolae [Salomonis]*, die Sprüche Salomons. Die bedeutendere Initiale »P« fügt sich mit ihren schmal auslaufenden Enden harmonisch in den Mittelsteg ein, während die zum Falz hin orientierte Initiale »I« die Anknüpfung für ein phantasievolles Blattwerk bietet, das reich mit Goldplättchen verziert ist. Die nicht nach der Natur, sondern der Phantasie des Buchmalers geschaffenen floralen Elemente umfließen spielerisch beide Kolumnen. Die Farben sind, wie im gesamten Band, gut aufeinander abgestimmt; helle, lichte Farben, oft mit Weiß abgetönt, ergänzen sich trefflich. Helles Grün, Hellblau und unterschiedliche rote und beige Farben ergeben ein stimmiges Gesamtbild. Auffällig sind die beiden gekreuzten Knotenstöcke am unteren Bildrand in der Mitte, aus denen Blattranken herauswachsen. Diese merkwürdigen Aststücke finden wir noch in anderen Büchern wieder, u. a. im ersten Band einer fragmentarisch erhaltenen Gutenberg-Bibel, die sich heute in der Pierpont Morgan Library in New York befindet. Zwar sind die Blätter im New Yorker Exemplar anders gedreht und auch mit anderen Farben ausgemalt, jedoch ist dieselbe Malerhand unverkennbar, gerade auch wegen des Hauptmotivs der gekreuzten Aststücke. Dieselbe Hand finden wir auch in einem Exemplar der 48zeiligen Bibel (1462) von Fust und Schöffer wieder, in einer Cicero-Ausgabe von 1465, bei den *Constitutiones* Clemens' V. (1460), bei allen illuminierten Exemplaren des *Rationale divinorum officiorum* des Guillelmus Durandus (1459) und den *Dekretalen* Bonifaz' VIII. (1465). Da alle diese Werke in der Mainzer Offizin von Fust und Schöffer erschienen und der latinisierte Nachname *fustis* auf deutsch »Knotenstock« bedeutet, ist früh die Vermutung aufgetaucht, daß dieses Aststück als Übersetzung des Namens Fust anzusehen ist. Ein entscheidender Beleg ist das im Buchdruck wiedergefundene Allianzsignet der Druckpartner Fust und Schöffer, die ihre Wappen an einem solchen Knotenstock aufhängen (vgl. Abb. 18). Der Berliner Kunsthistoriker Eberhard König konnte die Hand dieses Buchmalers bereits in der Handschriftenära in Oberösterreich nachweisen; in der Mitte der fünfziger bis etwa Mitte der sechziger Jahre (bis zum Tod von Fust 1466) wird er sich wohl als Auftragskünstler in Mainz aufgehalten und zahlreiche Drucke aus der Werkstatt von Fust und Schöffer illuminiert haben. Diese Werkstatt hat sich offensichtlich darauf spezialisiert, nach dem reinen Schwarzdruck Gutenbergs besonders anspruchsvolle, zweifarbige und mit Metallschnitten versehene Werke, wie den Mainzer *Psalter*, herauszugeben und auch bereits von Verlagsseite illuminierte Bücher zu verkaufen.

Das Göttinger Bibelexemplar

Die Illuminierung eines der höchst seltenen vollständigen Pergament-Exemplare, das sich heute in der Staats- und Universitätsbibliothek Göttingen befindet, führt zu einer anderen Malerschule in Mainz und zeigt, daß sich dieser Illuminator strikt an die Regeln eines Musterbuches hielt. Weitere von ihm ausgemalte Handschriften finden wir heute in der Stadt- und Universitätsbibliothek Frankfurt, mit der *Giant-Bible* in der Library of Congress in Washington (vgl. Abb. 4) und auch in der

Gutenberg-Bibel der Bibliothèque Mazarine, die sich heute in der Bibliothèque Nationale in Paris befindet.

Das Göttinger Exemplar gehört zu den weltweit nur vier vollständigen Pergament-Exemplaren, und es ist auf allen 1282 Seiten gleichmäßig rubriziert und hochwertig illuminiert worden. Die übrigen vollständigen Pergament-Drucke befinden sich in der British Library in London (vermutlich aus der Kartause in Mainz), der Library of Congress in Washington (aus dem Benediktinerkloster St. Blasien im Schwarzwald) und in der Bibliothèque Nationale in Paris (aus dem Benediktinerkloster St. Jakob in Mainz).

Das Göttinger Exemplar besitzt Kolumnentitel in roter Missalschrift, Kapitelzahlen und Kapitelanfänge wurden abwechselnd in Rot und Blau geschrieben, was den Seiten einen feierlichen Charakter verleiht. Alle Initialen wurden ausgeführt, zum Teil mit feinen Flechtzeichnungen ergänzt, die großen Initialen sind reich mit Gold und Farben und anschließendem Rankenwerk gemalt. Der Bibelanfang sowie die Anfangsseiten der Bücher der Heiligen Schrift sind mit Ranken in Akanthus-, Farn- oder farbigem Dornblatt gestaltet (vgl. Abb. 6 und 7).
Die Ausgestaltung erfolgte konsequent nach den Vorlagen eines Musterbuches aus der Mitte des 15. Jahrhunderts, das sich heute durch den Zufall der Überlieferung ebenfalls in der Göttinger Bibliothek befindet. Das Musterbuch ist für uns von großem Interesse, da es neben der Farbwahl und den Maltechniken auch die Zusammensetzung der Farben im Detail beschreibt. Zunächst werden farbige Muster für Blattranken und dann für die quadrierten und gerauteten Gründe, hier als »Feldungen« bezeichnet, beschrieben, danach einige Initialen und Zierblumen. Die einzelnen Stadien des Aufbaus der Ranken bzw. der Feldungen werden ausführlich erläutert. Es wird die stets gleiche Rankenform empfohlen, mit einem milden Himbeerrot auf der Oberseite und tiefem Laubgrün der Blätter auf der Unterseite, dem »umslag«, schließlich wird ein Hellblau und ein sattes Mennigerot beschrieben, ebenso eine etwas pulverig aussehende Goldfarbe (vgl. Abb. 8). Das satte Rot wird aus Brasilholz unter Zuführung von Lauge, Kreide und Alaun gewonnen. Es ist viel lichter als das in der hochmittelalterlichen Buchmalerei verwendete Karmin, das eine schwerere Körperhaftigkeit auszeichnet. Bei den

Grüntönen wird Berggrün oder Schiffergrün, das heißt Malachitgrün, als Grundlage genommen und zum Schattieren ein Saftgrün darübergezogen mit einem Pflanzenlack, dessen Substanz heute nicht mehr genau ermittelbar ist. Der Goldfarbton wird aus einer Mischung von Quecksilber, Zinn, Salmiak und Schwefel erreicht. Diese Goldfarbe ist zurückhaltender als das auch verwendete echte Pulver- und Blattgold, das betonend und kontrastierend verwendet wird. Mit Bleiweiß-Tupfern oder -Strichelungen werden zusätzliche Tiefenstrukturen und Oberflächenwirkungen erreicht.
Nicht nur die Herstellung der Farben wird beschrieben, sondern auch ihre Verwendung und der Aufbau der Malereien. Bei der »Dritten Feldung« (vgl. Abb. 9, Blatt 9 recto) wird gezeigt, daß man die Felder zunächst linierte und dann mit einer Feder die Farben Blau, Rot und Grün auftrug, danach Schwarz und den Goldton, schließlich füllte man die blauen, roten und grünen Felder. Mit Bleiweiß überhöhte man dann das Blau; das Rot und Grün überhöhte man mit Bleigelb und setzte schließlich gelbe und weiße Tupfen darauf. Sowohl ein Vergleich der Farben wie der Malformen zeigt eindeutig, daß dieses Musterbuch zur Vorlage der Illuminierung der Göttinger B 42 gedient hat. Eine mikrofotografische Analyse zeigt nämlich, daß auch die Zusammensetzung der Farben und der schichtweise Aufbau getreu dem Musterbuch erfolgten.

Dieses herausragende Exemplar gehörte ursprünglich in ein Kloster, wie aus handschriftlichen Randbemerkungen hervorgeht. 1587 kam es in die Wolfenbütteler Bibliothek, die es 1614 der Universitätsbibliothek Helmstedt zur Verfügung stellte. Nach der Auflösung der Universität Helmstedt kam das Exemplar 1812 nach Göttingen.

Da wir in der handgeschriebenen Mainzer Bibel aus dem Jahre 1450 eine vergleichbare Maltechnik und Feldung vorfinden, kann zumindestens vermutet werden, daß beide Illuminierungen in Mainz erfolgten. Es sei aber betont, daß es in der Frühdruckzeit eher die Ausnahme war, daß ein Verleger sich bereits selbst um die Ausgestaltung kümmerte. Daher war es möglich, in Skandinavien und in Großbritannien, in Italien wie in Polen auf regionale und lokale Traditionen einzugehen und auf diese Weise Unikate zu schaffen.

Kleinschriften in hoher Auflage

Ablaßbriefe und Propagandaschriften gegen die Türken

Fust hatte sich 1455 darüber beklagt, daß Gutenberg seine Investitionen nicht nur in das gemeinsame »Werk der Bücher« steckte, sondern mit anderen Projekten beschäftigt gewesen sei. Nun findet sich eine ganze Reihe von kleineren Drucken, Einblattdrucken, Ablaßbriefen, Kurzgrammatiken und Kalender, die wir parallel zur Entstehungszeit der Gutenberg-Bibel datieren können. Interessanterweise sind diese Texte mit einer anderen Schrift gesetzt worden, bei der es sich eingebürgert hat, sie nach ihrem Verwendungszweck als »Donat-Kalender-Type« oder als Gutenbergs »Urtype« zu bezeichnen; es handelt sich wiederum um eine Textura, allerdings um eine gröbere und in größeren Schriftgraden als die B-42-Type. Auch von ihr wurden eine Vielzahl von Abbreviaturen, Ligaturen und Varianten gegossen, so daß sich 202 Einzeltypen rekonstruieren lassen. Nach zahlreichen Verbesserungen diente sie zum Druck der 36zeiligen Bibel (circa 1458–1460, eventuell in Bamberg; vgl. Abb. 19).

Zu den sicherlich lukrativsten Unternehmungen von Kleindrucken gehört der Auftrag der Kirche, eine hohe Auflage von Ablaßbriefen zu drucken. Diese Ablaßbriefe, die späterhin zu einem Hauptkritikpunkt der Reformatoren wurden, spielten in der religiösen Praxis des 15. Jahrhunderts eine wesentliche Rolle und waren handschriftlich weit verbreitet. Nach einer individuell festgelegten Spende wurden solche Ablaßbestätigungen herausgegeben, die dann bei der nächsten Beichte vorgelegt werden konnten, um einen vollkommenen Ablaß der zeitlichen Sündenstrafen zu erreichen. Der Text war formelhaft festgelegt, und es bedurfte auf dem einseitig bedruckten Blatt nur des Einsetzens des Namens, des Datums und der Unterschrift. Insoweit war die neue Vervielfältigungsmöglichkeit durch den Buchdruck hervorragend dafür geeignet, es brauchte nur der Satz für eine Seite erstellt und in einer hohen Auflage abgedruckt werden. Von den beiden frühesten Ablaßbriefen sind uns jeweils mehrere Auflagen bekannt. Aus den folgenden Jahren wissen wir von Auflagenhöhen von mehreren tausend bis – in einem Einzelfall – von einer Auflage von 190000 Exemplaren. Welche Bedeutung diesen Ablaßbriefen von den Empfängern beigemessen wurde, ist daran zu ersehen, daß die ersten erhaltenen Ablaßbriefe alle auf Pergament gedruckt wurden.

Der Anlaß für die Ausschreibung dieses Ablasses lag in der das 15. Jahrhundert bestimmenden Furcht vor dem weiteren Vorrücken des Osmanischen Reiches. Als Sultan Mehmed II. am 29. Mai 1453 Konstantinopel eroberte, rückte die bis dahin diffus empfundene Gefahr in eine bedrohliche Nähe. Die Angst vor dem »Türken«, womit verallgemeinernd die Eroberungen der Osmanen und die Ausbreitung des Islam gemeint war, war weit verbreitet. Bereits am 12. August 1451 hatte Papst Nikolaus V. dem König von Cypern einen allgemeinen Ablaß für den Zeitraum vom 1. Mai 1452 bis 30. April 1455 bewilligt. Der cyprische Beauftragte Paulinus Chappe ließ seit dem Spätsommer 1454 diese Ablaßbriefe in Mainz drucken. Das älteste Exemplar, das sich bis heute erhalten hat, ist handschriftlich auf den 22. Oktober 1454 datiert worden.
Möglicherweise waren bereits zwei Jahre zuvor in Mainz Ablaßbriefe hergestellt worden, denn Nikolaus von Kues hatte am 2. Mai 1452 den Prior von St. Jakob ermächtigt, zweitausend Ablaßbriefe an Frankfurter Bürger zu verkaufen. Da Kues in dieser Bewilligung für die Herstellung den ungewöhnlichen Begriff *expressio* verwendete, kann mit einiger Berechtigung vermutet werden, daß damit bereits das Druckverfahren gemeint war (zeitgenössisch finden wir sonst eher *imprimere* statt *exprimere* für »drucken«). Da sich aber von dieser Auflage bisher kein Exemplar hat finden lassen, wenden wir uns wieder den sicher belegten Ablaßbriefen der Jahre 1454/55 zu. Das abgebildete Exemplar aus dem Besitz der Göttinger Universitätsbibliothek (vgl. Abb. 11) verwendet als Textschrift eine Druckbastarda, eine Schrifttype, mit der in der Handschriftenzeit Urkunden geschrieben wurden. Als Auszeichnungsschrift wurde die Donat-Kalender-Type verwendet. Das abgebildete Exemplar stammt aus der 4. Auflage dieses Druckes von 1455, es ist handschriftlich auf den 26. Januar 1455 datiert und auf Pergament gedruckt worden.
Die Parallelausgabe mit 30 Zeilen hatte als Auszeichnungsschrift die Type der 42zeiligen Bibel. Man kann daher vermuten, daß die eine Ausgabe in derselben Druckerei wie die Bibel erschien, die 31zeilige in der Offizin für die Kleindrucke.

Einer der aktivsten Verfechter eines Türken-Kreuzzuges war der kaiserliche Sekretär Enea Silvio Piccolomini, der am 15. Oktober 1454 auf der Reichsversammlung in Frankfurt am Main sprach (und offensichtlich Druckbogen der Gutenberg-Bibel einsehen konnte). Bei dieser Gelegenheit sprach auch einer der wortgewaltigsten Agitatoren gegen die »Türken«, der Kreuzzugsprediger Johannes Capistrano. Es verwundert bei dieser zeitlichen und lokalen Nähe daher nicht, das sich die erste Flugschrift aus Gutenbergs Offizin mit der Türkenbedrohung beschäftigte. Es handelt sich um einen Kalender für das Jahr 1455 mit dem Titel *Eine Mahnung der Christenheit wider die Türken*. Von dieser Schrift mit sechs Blättern hat sich ein einziges, allerdings vollständiges Exemplar in der Bayerischen Staatsbibliothek in München erhalten (vgl. Abb. 12), das in der Donat-Kalender-Type gesetzt wurde. Der nachweisbare Typenbestand besteht aus 93 Minuskeln, Abkürzungs- und Interpunktionszeichen und aus fünfzehn Majuskeln. Da die Buchstaben K, W, X, Y und Z fehlen, kann vermutet werden, daß diese Typen zunächst für den Satz lateinischer Texte hergestellt wurden. Im deutschsprachigen *Türkenkalender* behalf man sich durch die Verwendung von Kleinbuchstaben anstelle der fehlenden Majuskeln. Das Typenmaterial scheint schon längere Zeit in Gebrauch gewesen zu sein, wie Abnutzungsspuren zeigen. In Form eines Kalenders für das Jahr 1455, der als einzige kalendertypische Angabe die Daten der zwölf Neumonde enthält, wird eine rhetorisch beeindruckende Propagandaschrift publiziert:

»Allmächtiger König auf des Himmels Thron [...]
hilf uns fuerbaz in allen Stunden
wider unsere Feinde Türken und Heiden,
laß' sie für ihre bösen Gewalttaten leiden,
die sie zu Konstantinopel in Griechenland
an manchen Christenmenschen begangen haben ...«

In den folgenden zwölf Monaten werden zunächst der Papst, dann der Kaiser, dann die europäischen Könige, das deutsche Reich, die Reichsstädte und schließlich die ganze Christenheit aufgefordert, sich gegen die Türken zu erheben.

»Germania, du edle deutsche Nation,
da du hast den König der römischen Kron,
zu wählen durch die sieben Kurfürsten gut,
so soll deine treffliche Macht wohlgemut

willig helfen streiten mit Heereskraft,
mit allen deinen Grafen, Herren und Ritterschaft
um christlichen Glauben und ewiges Heil.«

Da am Ende eine erst am 6. Dezember 1454 in Frankfurt bekanntgegebene Nachricht über den Türkenkrieg aufgenommen wurde und das Kalendarium mit dem 1. Januar von 1455 beginnt, kann man erschließen, daß der Druck in der zweiten Hälfte des Dezembers 1454 in Mainz erfolgt ist.

Die Zeilen sind fortlaufend gesetzt, obwohl es sich um paarweise gereimte Verse handelt. Man hat daher auf den ersten Blick den Eindruck, es handele sich um eine Prosafassung. Dies geschah offensichtlich, um Platz zu sparen; auch wurden die Zeilen nicht ausgeschlossen, sondern es blieb der Rauhsatz stehen. Der Verfasser des *Türkenkalenders* ist unbekannt, in der Sprache mischen sich mittelrheinische und alemannische Dialektformen. Es ist daher durchaus möglich, daß es sich um einen ursprünglichen straßburgischen oder elsässischen Text handelt, der von einem Mainzer Setzer erstellt wurde. Autorenzuweisungen konnten aber bisher nicht überzeugen.

Zu einem Kreuzzug gegen die Türken rief auch der Nachfolger von Papst Nikolaus V., Papst Calixtus III., in einer am 29. Juni 1455 feierlich verkündeten Bulle die gesamte Christenheit auf. Jeder war aufgerufen, an diesem Kreuzzug, der am 1. Mai 1456 beginnen sollte, persönlich teilzunehmen oder ihn mit Gebeten und Geldspenden zu unterstützen. Der Druck der in die deutsche Sprache übersetzten Bulle wird daher zwischen Juni 1455 und April 1456 erfolgt sein. Für die Propaganda im deutschen Reich war der in Koblenz geborene Bischof Heinrich Kalteisen aus Drontheim zuständig, der die Bulle auch übersetzt hatte: »Dis ist die bulla vnd der ablas zu dutsche, die uns unser aller heiligster vater und herre babst kalistus gesant und geben hat widder die bosen und virfluchten tyrannen die turcken Anno MCCCC lvj et cetera.« Diese Flugschrift mit vierzehn Blättern bei 25 bedruckten Seiten hat sich in einem Exemplar der Staatsbibliothek zu Berlin vollständig erhalten und ist bereits zu Beginn des Jahrhunderts faksimiliert worden. Eine zeitgleiche lateinische Ausgabe wird heute in Princeton/USA (Scheide-Bibliothek) aufbewahrt.

Nach dem Zustand der Typen zu urteilen, stammt aus dem Jahr 1457 das *Provinciale Romanum*, das in lateinischer Sprache alle Erzbistümer und Bistümer verzeichnet. Von dem ursprünglich wohl zehn Blätter umfassenden Druck hat sich in der Bibliothek der Akademie der Wissenschaften in Kiew ein Großfragment der Blätter 2 bis 9 erhalten.

Von einem weiteren frühen Druck ist ebenfalls nur ein Fragment (Januar bis Juni) in Paris erhalten, es handelt sich um einen »Aderlaß- und Laxierkalender« auf das Jahr 1457 (GW 1286). Die nicht sehr exakten Neumonddaten sind offensichtlich von demselben Autor wie beim *Türkenkalender* berechnet worden. Der zeittypischen medizinischen Ratgeberliteratur folgend (handschriftlich seit 1439 bezeugt), werden Hinweise gegeben, an welchen Tagen man am besten zur Ader gelassen werden sollte und an welchen Tagen das Einnehmen von Abführmitteln besonders günstig sei.

Aus dem gleichen Zeitraum stammt ein Einblattdruck (GW 7054), von dem sich ebenfalls nur ein Fragment in der Universitätsbibliothek in Cambridge erhalten hat, ein sogenannter Cisioanus in deutscher Sprache, der zum Auswendiglernen des Festkalenders diente (nach den ersten Worten der lateinischen Vorlage »*Cisio-Janus*« [*circumcisio Januarius:* 1. Januar] benannt). Da sich das seit dem 14. Jahrhundert in deutscher Sprache bekannte Merkversgedicht nicht auf ein konkretes Jahr bezieht, ist dieses Fragment nicht eindeutig zu datieren. Die abgenutzten Typen verweisen auf die zweite Hälfte der fünfziger Jahre.

Schulbücher

Neben den Schriften im kirchlichen Gebrauchszusammenhang, der Bibel, den Ablaßbriefen und den Türkenschriften mit kirchlicher und weltlicher Propaganda sind vor allem die Schulbücher als attraktive Texte für den frühen Buchdruck zu benennen. Besonders die lateinische Grammatik des spätrömischen Grammatikers Aelius Donatus (ca. 310 bis 380), des Lehrers des heiligen Hieronymus, fand in Handschriften und im Buchdruck weite Verbreitung. Seine *Ars minor* für Anfänger galt durch das ganze Mittelalter als das wichtigste einführende Lehrbuch und wurde im 15. Jahrhundert etwa 350mal gedruckt, darunter lassen sich auch Exemplare als Blockbuch nachweisen, d. h., der gesamte Text wurde in Holz geschnitten und vom Holzstock abgezogen. Dieses überaus populäre Lehrbuch war daher bereits in der frühesten Werkstatt Gutenbergs ein sogenannter »Brotartikel«. Zu Gutenbergs Lebzeiten wurden in Mainz mindestens 24 Auflagen davon gedruckt, zumeist in seiner Urtype, der nach diesem Schulbuch benannten Donat-Kalender-Type. Trotz dieser hohen Zahl von heute noch nachweisbaren Drucken läßt sich kein vollständiges Exemplar aus Gutenbergs und seiner direkten Nachfolgeoffizinen nachweisen, lediglich Fragmente haben sich in Bucheinbänden etc. erhalten. Die Schulbücher wurden offensichtlich regelrecht aufgearbeitet. Mit ihrem relativ geringen Umfang von nur 28 Seiten konnten sie rasch gesetzt und gedruckt werden.

Um den Schülern die fünf Deklinationen und die vier Konjugationen zu lehren, wurden allerdings keine didaktisch motivierten übersichtlichen Tabellen oder Formenkataloge aufgenommen, sondern die Beispiele fortlaufend gesetzt. Gegliedert wurden nur die jeweiligen Kapitelanfänge mit handschriftlich nachgetragenen Initialen über zwei Zeilen. Die Beispielworte der Konjugationen sind – wie bis in die Gegenwart – die Verben *legere* und *docere*. Unsere Beispielseite (ein Fragment aus dem Besitz des Gutenberg-Museums in Mainz, hier mit den Typen der B 36 gesetzt, vgl. Abb. 13) lehrt die Partizipien am Beispiel von *legere*. Alle aufgefundenen Fragmente sind auf Pergament gedruckt, d. h., sie konnten durch die Hände vieler Schüler gehen. Die aufgefundenen 24 Auflagen in der Donat-Kalender-Type gliedert man in die 26-, die 27-, die 28- und die 30zeiligen Donate. Als älteste gelten die 27zeiligen Donat-Fragmente, evtl. aus den frühen fünfziger Jahren. Die 26zeiligen wurden in den sechziger Jahren gedruckt. Wir kennen darüber hinaus Ausgaben mit der ausgefeilten Donat-Kalender-Type, die in der B 36 Verwendung fand, also vermutlich in Bamberg zu Beginn der sechziger Jahre gedruckt wurden.

Die Donate hatten das ganze Mittelalter hindurch als Unterrichtswerk gedient; gerade der Buchdruck mit dem Wiederaufleben der philologischen Wissenschaften und der Rückbesinnung der Humanisten auf das klassische ciceronianische Latein sorgte dann im 16. Jahrhundert für ihre Ablösung; stärker differenzierte und umfangreichere Grammatiken folgten.

1901 fand man in Wiesbaden ein Fragment eines astronomischen Kalenders, der den Stand der Planeten für das Jahr 1448 und dann wieder für das Jahr 1467 (etc.) zeigt. Der Zustand der Donat-Kalender-Type beweist deutlich, daß dieser Druck nach dem der Türkenbulle von 1456 liegen muß. Ein später in der Jagiellonischen Bibliothek in Krakau gefundener Probeabzug bestätigt diesen typographischen Befund, zumal sich auf der Rückseite der Probedruck einer vierzigzeiligen Bibel findet, mit den Typen der späteren B 36. Es scheint sich also um ein Probeblatt aus der Vorgeschichte der vermutlich ab 1458 gedruckten Bibel zu handeln. Die beiden Fragmente lassen darauf schließen, daß sechs Blätter mit den astronomischen Angaben hätten zusammengeklebt werden müssen, was etwa einen Satzspiegel von 65 × 75 cm ergab. Es handelte sich offensichtlich um ein frühes Plakat zum Erstellen oder Deuten von Horoskopen.

Aus dem gleichen Typenmaterial stammt ein Einblattdruck mit einem Gebet in lateinischer Sprache: *Respice, domine sancte pater* aus der Feder von Ekbert von Schönau aus dem 12. Jahrhundert. Der Einblattdruck von 20,5 × 29,5 cm hat sich in einem einzigen Exemplar in der Universitätsbibliothek in München erhalten.

Schwierigkeiten bei der Datierung macht ein kleines Fragment aus dem *Sibyllen-Buch*. Das beidseitig bedruckte Bruchstück zeigt tanzende Linien, einen ungleichmäßigen Abdruck der einzelnen Buchstaben und einen unzureichenden Ausschluß der Zeilen. Da die Ränder der Typen unscharf sind, könnte man einen unzureichenden Typenguß oder sogar Experimente mit dem Gießinstrument vermuten. Da die Typen zugleich unterschiedlich stark in das Papier gepreßt sind, kann man auf einen ungleichmäßigen Guß der Lettern schließen. Da das Fragment beidseitig und mit fortlaufendem Text bedruckt ist, hat man aber mit großer Wahrscheinlichkeit keinen Probeabzug vor sich. Weiterreichende Spekulationen scheitern an dem geringen Umfang des Fragmentes von gerade einmal elf Zeilen. Der Text geht auf das *Corpus der Oracula Sibyllina* aus dem fünften nachchristlichen Jahrhundert zurück, das 1361 in Thüringen in die deutsche Sprache übersetzt wurde. Am Ende des 15. Jahrhunderts und zu Beginn des 16. wurde der Text mehrfach wiederaufgelegt und erfreute sich größerer Beliebtheit. Da die Donat-Kalender-Type – wie wir gesehen haben – zunächst für den Gebrauch von lateinischen Texten geschnitten und gegossen wurde, kann es sich bei dem *Sibyllen-Buch* nicht um den ältesten erhaltenen Druck handeln, wie verschiedentlich spekuliert wurde. Sofern der schlechte Erhaltungszustand des Fragments eine Einschätzung überhaupt ermöglicht, gehört der Druck in die zweite Hälfte der fünfziger Jahre.

Neben der großen Arbeit am »Werk der Bücher« wurden zahlreiche »Brottitel« gesetzt und gedruckt, die als Schulbücher, Kalender oder Ablaßbriefe einen genau kalkulierbaren Absatz fanden und neben der langwierigen Herstellung der Bibel zu kurzfristigen Einnahmen führten. Gleichzeitig wird neben dem Qualitätsaspekt, der Absicht, mit der Gutenberg-Bibel die Handschriften zu übertreffen, auch der Quantitätsaspekt der neuen Erfindung deutlich; gerade häufig gebrauchte Schulbücher oder Ablaßbriefe ließen sich nun bei geringem Satzvolumen in sehr hohen Auflagen und in kurzer Zeit herstellen.

B 36

Bei dem Krakauer Probedruck des *Astronomischen Kalenders* fanden wir auf der Rückseite einen Andruck einer 40zeiligen Bibel mit einer weiterentwickelten Donat-Kalender-Type. Da hierbei ein größerer Schriftgrad verwendet wurde, konnten jedoch schließlich nur 36 Zeilen je Kolumne ausgedruckt werden (B 36, vgl. Abb. 14). Dies erhöhte den Umfang der Bibel deutlich, die nun mit 1768 Seiten fast 500 Seiten mehr umfaßte als die B 42. Da in dieser Type nur 186 Einzellettern zur Verfügung standen, konnten die Abbreviaturen und Ligaturen nicht so fein eingesetzt werden wie bei der B 42, daher wurde der Randausgleich bei weitem nicht so exakt eingehalten. Durch einen Rubrikatorenvermerk eines Einzelblattes aus der Bibliothèque Nationale erfahren wir, daß die Arbeit des Rubrizierens 1461 beendet war. Der Druck wird daher etwa zwischen 1458 und 1460 erfolgt sein. Eine philologische Untersuchung zeigt, daß der Text auf den ersten zwölf Seiten einer unbekannten Handschrift folgte, danach aber kontinuierlich den Druck der B 42 nachsetzte. Die B 36 ist erheblich seltener als die B 42, nur dreizehn Exemplare und dazu einige Fragmente haben sich erhalten. Über die Auflagenhöhe gibt es keinerlei Hinweise. Die Bibel besitzt auch keinen Druckvermerk, daher kann über den Druckort und den Drucker nur spekuliert werden. Da es sich auch bei der B 36 bei Satz und Druck um ein Meisterwerk handelt, ist ein erfahrener Setzer und Drucker anzunehmen.

Der Bamberger Drucker Albrecht Pfister druckte spätestens seit 1461 mit eben dieser B-36-Type, daher wird er häufig als Drucker der B 36 bezeichnet. Da allerdings Pfisters erster datierter Druck, Boners *Der Edelstein* von 1461, allerdings nicht die gleiche Satzkunst aufweist, ist die Vermutung nicht unbedingt stichhaltig. Überzeugender ist der Hinweis, daß bei allen zehn verwendeten Papiersorten ausschließlich Papiere aus Mühlen in der Umgebung Bambergs Verwendung fanden und die meisten erhaltenen Exemplare aus dem Besitz von Klöstern in der Nähe Bambergs stammen. Es wäre daher zu fragen, ob möglicherweise um 1558 Mitarbeiter Gutenbergs das vollständige Typenmaterial mit auf ihre Wanderschaft genommen haben und in Bamberg eine neue Druckerei einrichteten, zu der sich dann um 1460 Albrecht Pfister hinzugesellte. Da sich der im Helmaspergischen Notariatsinstrument als Mitarbeiter Gutenbergs genannte Heinrich Keffer ein Jahrzehnt später in Nürnberg niederließ, ist immer wieder spekuliert worden, ob Keffer nicht der Drucker der B 36, möglicherweise in Bamberg, gewesen sein könnte. Albrecht Pfister war ehemaliger Sekretär Georgs I. von Schaumburg, der 1459 zum Bischof von Bamberg gewählt wurde. Nachweisbar hat Pfister in den folgenden zehn Jahren vor allem deutschsprachige Texte, wie die genannte Fabelsammlung *Der Edelstein* oder den frühhumanistischen Traktat *Der Ackermann aus Böhmen* des Johannes von Tepl, jeweils reich mit Holzschnitten illustriert, herausgegeben.
Eine elektronenspektrographische Untersuchung und ein Vergleich der Drucktinte des unikat überlieferten *Der Edelstein* mit der Tinte der B 36 könnte hier Aufschluß bieten, was aus konservatorischen Gründen von der besitzenden Bibliothek zur Zeit aber abgelehnt wird.

Catholicon

Während alle bisher betrachteten Bücher entweder in der Type der B 42 oder in der Donat-Kalender-Type (der Vorform der B 36) gesetzt wurden, findet sich im *Catholicon* von 1460 eine neue Schrift in einem kleineren Schriftgrad. Es hat sich eingebürgert, sie als Gotico-Antiqua zu bezeichnen, da sie auf italienische, humanistisch beeinflußte Vorbilder zurückgeht, aber gleichzeitig deutsche historisierende Formen damit verbindet. Die sich vor allem in Italien rasch entwickelnde, sehr gut lesbare Antiqua hatte sich aus der humanistischen Minuskel entwickelt, die in der Handschrift auf die karolingische Minuskel des 8. Jahrhunderts zurückzuführen ist. In dieser Schriftart wurden die meisten Schriften der Antike überliefert, so daß die inhaltliche Anlehnung an den Geist und die Ideen der Antike ihre äußere Parallelität in der Anknüpfung an die humanistische Schreibschrift fand (Beispiele finden sich bei den Buchdruckern in Italien, vgl. Abb. 21 und 22). In der Werkstatt von Fust und Schöffer wurde eine andere Gotico-Antiqua verwendet, beim *Rationale* des Durandus von 1459 und bei der Bibel mit 48 Zeilen von 1462. Gerade weil aber Fust und Schöffer eine andere Gotico-Antiqua verwendeten, wird der Druck des *Catholicons* um 1460 durch Gutenberg wahrscheinlich. Er hatte sich erneut in eine Geschäftspartnerschaft, dieses Mal mit dem Mainzer Patrizier und Gelehrten Konrad Humery, begeben.

Das *Catholicon* war in der Handschriftenära bereits weit verbreitet gewesen; es war 1286 von dem Dominikaner Johannes Balbus de Janua (von Genua) als ein Hilfsmittel für Geistliche verfaßt worden, um das Verständnis der lateinischen Bibel zu fördern. Es enthält eine lateinische Grammatik und ein Wörterbuch, das über die reine Worterklärung hinaus enzyklopädische Informationen bietet. Der Titel weist bereits darauf hin, daß es sich um ein »umfassendes Werk« *(»Catholicon«)* handelt. Trotz des kleinen Schriftgrades und des zweispaltigen Satzes benötigte es 726 Druckseiten. Es stellte daher erneut erhebliche Ansprüche an die Bildung und an das Können der Setzer und an das Geschick der Drucker und Verleger. In einer Schlußschrift wird selbstbewußt ein hohes Lob auf die Buchdruckerkunst und auf die Stadt Mainz ausgebracht, das in deutscher Übersetzung lautet:

> »Unter dem Schutz des Höchsten, auf dessen Wink die Zungen der Unmündigen beredt werden und der oft den Kleinen enthüllt, was er den Weisen verbirgt, wurde dieses hervorragende Buch, das Catholicon, in der erhabenen Stadt Mainz, die der berühmten deutschen Nation zugehört, und die Gottes Güte mit so hoher Klarheit

des Geistes und durch solches Gnadengeschenk vor allen anderen Nationen der Erde in ganz besonderer Weise auszuzeichnen gewürdigt hat, im Jahre 1460 der Menschwerdung des Herrn gedruckt und fertiggestellt – ohne Hilfe eines Schreibrohrs, eines Griffels oder einer Feder, vielmehr dank einem wunderbaren Zusammenspiel, Verhältnis und Ebenmaß von Druckstempeln und Typen.
Preis und Ehre darob sei gebracht dir, hochheiliger Vater, samt dem Sohn und dem Heiligen Geist in dreifaltiger Einheit. Künde das Lob der Kirche, Catholicon, durch dein Erscheinen. Höre nicht auf, zu preisen allzeit die fromme Maria. Gott sei Dank gesagt.«

Leider verrät dieser Kolophon nicht den Namen des Druckers, sondern nur den Druckort. Der theologisch versierte Verfasser könnte daher auch der Herausgeber oder Überarbeiter gewesen sein, der die zitierten Bibelstellen aus dem Buch der Weisheit und aus den Evangelien von Matthäus und Lukas selbstverständlich anklingen ließ. Die Druckgeschichte des *Catholicons* ist weiterhin in der Diskussion, da drei unterschiedliche Varianten auf unterschiedlichem Papier ermittelt wurden. Spricht die Wasserzeichenforschung auch für eine spätere Datierung, so ist der Schlußvermerk mit der Jahreszahl 1460 (in römischen Ziffern) jedoch eindeutig. Nach einem Kaufvermerk wurde ein *Catholicon* dem Marienkloster Altenberg jedenfalls im Jahre 1465 verkauft.

Gutenbergs letzte Jahre

Die Lebensspuren von Gutenberg nach seiner partiellen Geschäftsübergabe an Fust sind sehr gering; 1458 erscheint sein Name als Schuldner in den Rechnungsbüchern des St.-Thomas-Stiftes in Straßburg. Er hat die bereits 1442 aufgenommene Summe auch später nicht zurückgezahlt, da die Schulden erst 1474 (nach seinem Tod) in den Rechnungsbüchern des St.-Thomas-Stiftes abgeschrieben wurden.
Die für die Mainzer Geschichte belastende Stiftsfehde des Jahres 1462 zwischen Adolf von Nassau und Diether von Isenburg blieb auch für Gutenberg nicht folgenlos. Nach der Eroberung der Stadt am 28. Oktober ließ Adolf von Nassau viele Mainzer Bürger, darunter Bäcker, Metzger und die meisten Handwerker, vertreiben. Mit hoher Wahrschein-

lichkeit gehörte Gutenberg zu den vertriebenen Bürgern. Es ist denkbar, daß er sich in dieser Zeit wieder nach Eltville wandte. 1465 wird Gutenberg allerdings von Adolf von Nassau zum Hofmann ernannt, er erhält jedes Jahr Kleidung, zwanzig Malter Korn und zwei Fuder Wein, die ihm in seine Mainzer Wohnung geliefert werden. Er wird ferner von Steuer- und Frondiensten befreit, und der Bischof dankt ihm ausdrücklich für seine Dienste. Durch die Auslieferung der Sachunterstützung wissen wir, daß Gutenberg nicht am Hofe in Eltville, sondern in Mainz weiterhin lebte und arbeitete. Gerade die Bereitstellung von Lebensmitteln scheint ein Ausgleich für den sonst in Eltville gewährten Freitisch zu sein. Inwieweit Gutenberg Adolf von Nassau in Mainz oder in Eltville mit Druckaufträgen zu Diensten war, läßt sich nicht genau rekonstruieren. Da sich einiges aus seinem Typenmaterial in der ersten Druckerei der Brüder Heinrich und Nikolaus Bechtermünze 1467 in Eltville wiederfindet, wird eine Werkstattgemeinschaft vermutet. In Mainz konnte Gutenberg offensichtlich auch nicht selbständig wirtschaftlich handeln, da nach seinem Tod Konrad Humery aus der Werkstatt Gerätschaften zurückerhielt, die er Gutenberg leihweise überlassen hatte.

Am 3. Februar 1468 starb Gutenberg in Mainz und wurde in der Franziskanerkirche bestattet. Durch die zweifache Umgestaltung bzw. Zerstörung der Kirche im 16. und im 18. Jahrhundert haben sich keinerlei Grabinschriften oder direkte Belege für die Bestattung erhalten.

Die nachfolgende Werkstatt von Fust und Schöffer

In einem Schlußgedicht der bei Peter Schöffer 1486 gedruckten Ausgabe von Justinians *Institutiones* wird geschrieben, Petrus habe als Experte des Metallschneidens *(sculpendi lege sagetius)* die »beiden Johannes« übertroffen. Damit wird nach dem Tode von Johannes Fust (1466) und Johannes Gutenberg (1468) Schöffer die hohe Ehre des Meisterdruckers zuerkannt. Vergleichbar äußert sich der Abt Johannes Trithemius in seinen *Annales Hiersaugiensis* (1515), daß nämlich Schöffer derjenige sei, der den Typenguß verfeinert habe. Peter Schöffer aus Gernsheim am Rhein ist 1449 als Kleriker und Kalligraph an der Pariser Universität bezeugt, im Helmaspergischen Notariatsinstrument wird er als »Peter Girnss-

1 *Fiktives Gutenberg-Porträt. Kupferstich nach André Thevet (1584), hier von Nicolas l'armessin, ca. 1660.*

2 *La dance macabre. »Lyoner Totentanz«. Lyon bei Matthias Huß 1499. Erste bekannte Darstellung von Buchdruck (Setzkasten, Druckballen, Presse u.a.) und Buchhandel. Französische Buchkursive (lettre bastarde).*

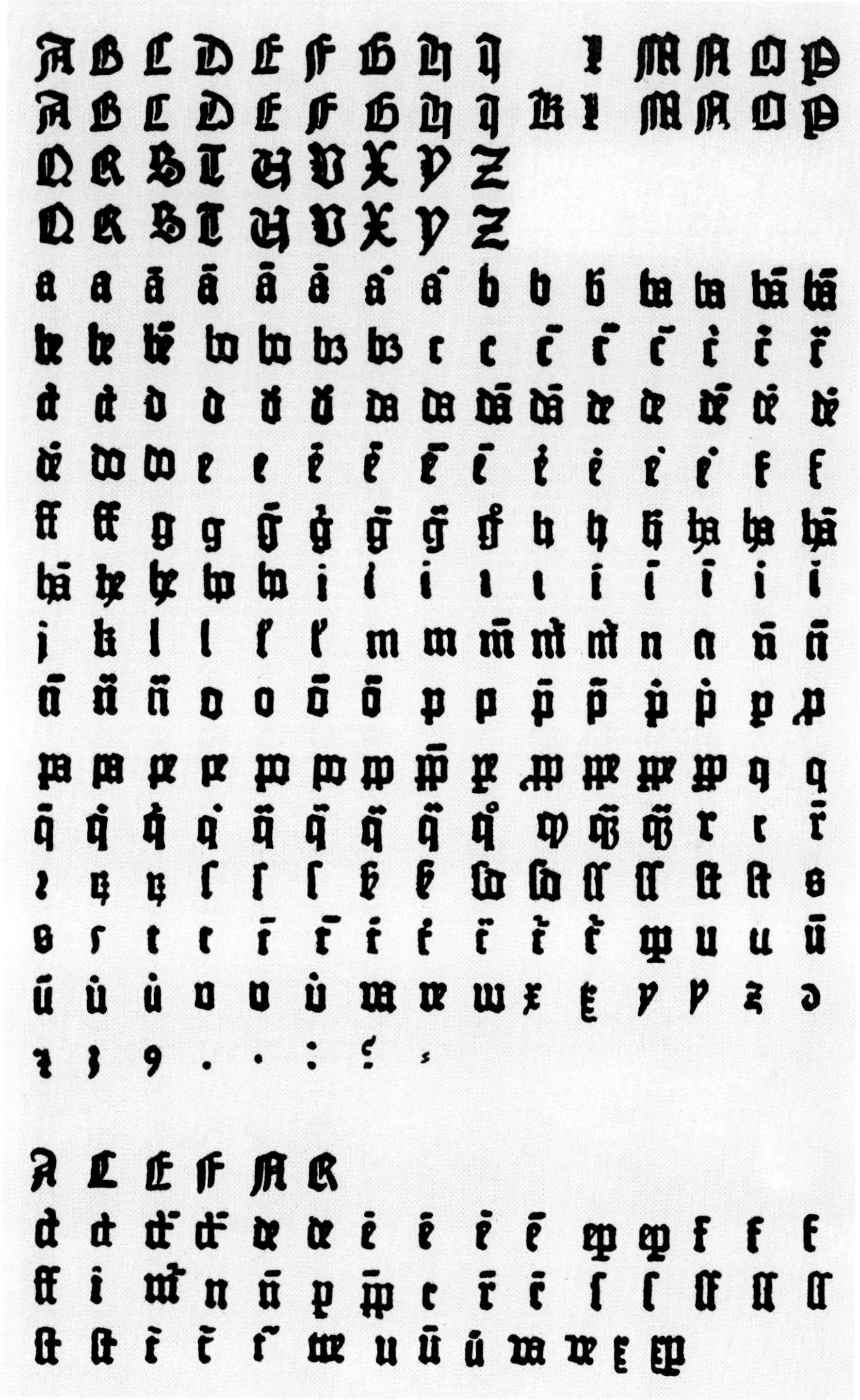

3 Zusammenstellung der 292 Drucktypen der B 42.

4 Lateinische Bibel-Handschrift, Mainz um 1450. Washington: Library of Congress, sog. »Giant Bible«, Folio 2 verso.

Epl'a sci ieronimi pbri ad chromaciū
7 eliodoz epos de libris salomonis
Iungat epistola quos iūgit sacerdoti-
um: immo carta non diuidat: quos
xpi nectit amor. Cōmētarios in osee.
amos. 7 zachariā malachiā. quoq;
poscitis. Scripsissē: si licuisset pre vali-
tudine. Mittitis solacia sumptuum
notarios nr̄os et librarios sustenta-
ns: ut vobis potissimū nr̄m desudet
ingeniū. Et ecce ex latere frequēs turba
diūsa poscētiū: quasi aut equū sit me
vobis esurientib3 alijs laborare: aut
in racione dati et accepti. cuiq; preter
vos obnoxi9 sim. Itaq; lōga egrota-
tione fractus. ne penitus hoc anno re-
ticerē. 7 apud vos mutus essem. tridui
opus nomini vr̄o consecraui. interp̄-
tacionē videlicet triū salomonis vo-
luminū: masloth qd̄ hebrei parabolas.
vulgata editio prouerbia vocat: coeleth.
quē grece ecclesiasten. latine concionatorē
possum9 dicere: sirasirim. qd̄ i lingua
nr̄am vertit canticū cāticoz. Fertur et
panaretos. ihū filij sirach liber: 7 ali9
pseudographus. qui sapientia salomonis inscribit. Quoz priorē hebra-
icum reperi. nō ecclasticū ut apud latinos: sed parabolas p̄notatū. Cui iūcti
erāt ecclesiastes. et canticū canticoz: ut
similitudinē salomonis. nō solū nu-
mero librorū: sed etiā materiaz genere coequaret. Secūdus apud hebreos
nusq; est: quia et ipse stilus grecam
eloquētiā redolet: et nōnulli scriptoz
veterū hūc esse iudei filonis affirmāt.
Sicud ergo iudith 7 thobie 7 macha-
beoz libros. legit quidē eos ecclia. sed
inter canonicas scripturas nō recipit:
sic 7 hec duo volumina legat ad edi-
ficationē plebis: nō ad auctoritatem
ecclesiasticoz dogmatū confirmandam.

Si cui sane septuaginta interpretum
magis editio placet: habet eā a nobis
olim emēdatā. Neq; eni noua sic cu-
dim9: ut vetera destruam9. Et tamē cū
diligētissime legerit. sciat magis nr̄a
scripta intelligi: que nō in tercium vas
transfusa coacuerit: sed statim de prelo
purissime cōmēdata teste: suū saporē seruauerit. Expl' epl'a. Incip' lib' p̄uerbioz.
Parabole salomonis A
filij dauid regis isrl:
ad sciendā sapienti-
am 7 disciplinā: ad
intelligenda verba
prudentie et suscipi-
endā eruditationē doctrine: iusticiā
et iudiciū 7 equitatē: ut detur paruulis
astutia: et adolescenti sciencia et intel-
lectus. Audiēs sapiēs sapiētior erit: 7
intelligēs gubernacula possidebit. Ani-
maduertet parabolam et interpretatio-
nem: verba sapientiū 7 enigmata eoz.
Timor dn̄i principiū sapiētie. Sapien-
tiam atq; doctrinam stulti despiciūt.
Audi fili mi disciplinā pr̄is tui et ne
dimittas legem mr̄is tue: ut addatur
gracia capiti tuo: 7 torques collo tuo.
Fili mi si te lactauerint peccatores: ne ac-
quiescas eis. Si dixerit veni nobiscū. B
insidiemur sāguini. abscōdam9 tedi-
culas contra insontem frustra. degluciam-
mus eū sicud infernus viuentē 7 inte-
grum. quasi descēdentē in lacū: omnē
preciosā substanciā reperiem9. implebim9
domus nr̄as spolijs. sortem mitte no-
biscum. marsupiū sit unum omniū
nr̄m: fili mi ne ambules cū eis. Pro-
hibe pedem tuū a semitis eoz. Pedes
eni illoz ad malū currūt: 7 festināt ut
effundant sāguinem. Frustra autem
iacit rete ante oculos pēnatoz. Ipsi q;
contra sanguinē suū insidiantur et

5 B 42 »Gutenberg-Bibel«. Ca. 1454. Exemplar der Biblioteca Pública in Burgos/Spanien.

Epla

Incipit epla sancti ieronimi ad paulinum presbiterum de omnibus divine historie libris. Capitulum primum.

Frater ambrosius tua michi munuscula perferens · detulit simul et suavissimas litteras: que a principio amicicias fidē probate iam fidei et veteris amicicie p̄ferebant. Vera enī illa necessitudo ē. et xpī glutino copulata: quā nō utilitas rei familiaris · non p̄sentia tantū corporū · nō subdola et palpās adulacō: sed dei timor · et divinarū scripturarū studia conciliant. Legim⁹ in veteribz historijs · quosdā lustrasse provincias · novos adiisse ppl̄os · maria trāsisse: ut eos quos ex libris noverāt: coram q̄ viderent. Sic pitagoras memphiticos vates · sic plato egiptum · et architam tarentinū · eamq3 orā ytalie · que quondā magna grecia dicebat̄: laboriosissime peragravit: ut qui athenis mḡr erat · et potens · cuiusq3 doctrinas achademie gignasia p̄sonabāt · fieret peregrinus atq3 discipulus: malens aliena verecunde discere: q̄ sua impudenter ingerere. Deniq3 cum litteras quasi toto orbe fugientes persequitur · captus a piratis et venūdatus · tyranno crudelissimo paruit · ductus captivus vinct⁹ et servus: tamen quia philosophus: maior emente se fuit. Ad tytum livium · lacteo eloquentie fonte manantem · de ultimis hispanie galliarūq3 finibus quosdam venisse nobiles legimus: et quos ad cōtemplacōnem sui roma non traxerat: unius hominis fama perduxit. Habuit illa etas inauditum omnibus seculis · celebrādumq3 miraculum: ut urbem tātam ingressi: aliud extra urbem quererent. Apolloni⁹ sive ille mag⁹ ut vulgus loquitur · sive phūs ut pitagorici tradunt · intravit p̄sas · ptrāsivit caucasū · albanos · scithas · massagetas · opulentissima indie regna penetravit: et ad extremum latissimo phison amne trāsmisso pervenit ad bragmanas: ut hyarcām in throno sedentē aureo · et de tantali fonte potantem · inter paucos discipulos · de natura · de moribz ac de cursu dierū et siderū audiret docentem. Inde p elamitas · babilonios · chaldeos · medos · assirios · parthos · syros · phenices · arabes · palestinos · reversus ad alexandriā · perrexit ad ethiopiam: ut gignosophistas et famosissimam solis mensam videret ī sabulo. Invenit ille vir ubiq3 quod disceret: et semp proficiens · semper se melior fieret. Scripsit super hoc plenissime octo voluminibus · phylostratus. cap. ii.

Quid loquar de seculi hominibz: cum apostolus paulus · vas electionis · et magister gentium · qui de consciencia tanti in se hospitis loquebatur · dicens. An experimentum queritis eius qui in me loquitur cristus. post damascum arabiāq3 lustratam: ascendit ierosolimā ut videret petrū et mansit apud eum diebus quindeci. Hoc enim misterio ebdomadis et ogdoadis: futur⁹ gentium predicator instruendus erat. Rursumq3 post annos quatuordecim assumpto barnaba et tyto · exposuit cum apostolis euangelium: ne forte ī vacuum curreret aut cucurrisset. Habet nescio quid latentis energie vive vocis actus: et in aures discipuli de auctoris ore transfusa: forti⁹ sonat. Unde et eschines cū rodi exularet · et legeret illa demostenis

6 B 42 »Gutenberg-Bibel«. Ca. 1454 [GW 4201] Vollständiges Pergament-Exemplar der Staats- und Universitätsbibliothek [SuUB] Göttingen. Sign.: 2° Bibl. I, 5955 Inc. Rara Cim., Bd. 1, Folio 1 recto.

7 B 42 »Gutenberg-Bibel«. Exemplar der SuUB Göttingen. Bd. 2, Folio 1 recto. Am unteren Rand handschriftlicher Benutzereintrag.

8 Das Göttinger Musterbuch, Pergamenthandschrift um 1450, Folio 3 recto.
Ex.: SuUB Göttingen, Sign.: 8° Cod. Ms. Uff. 51 Cim.

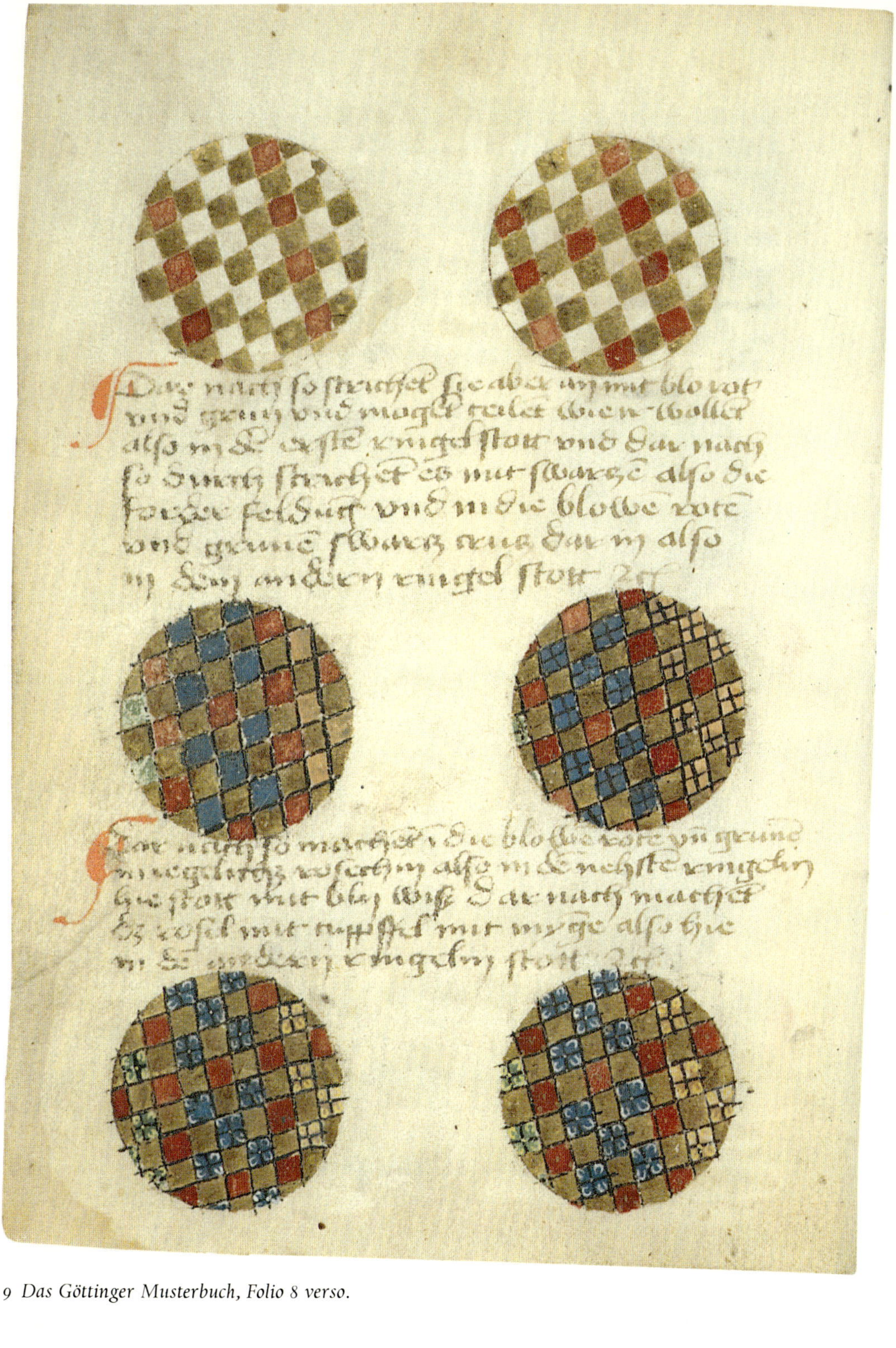

9 *Das Göttinger Musterbuch, Folio 8 verso.*

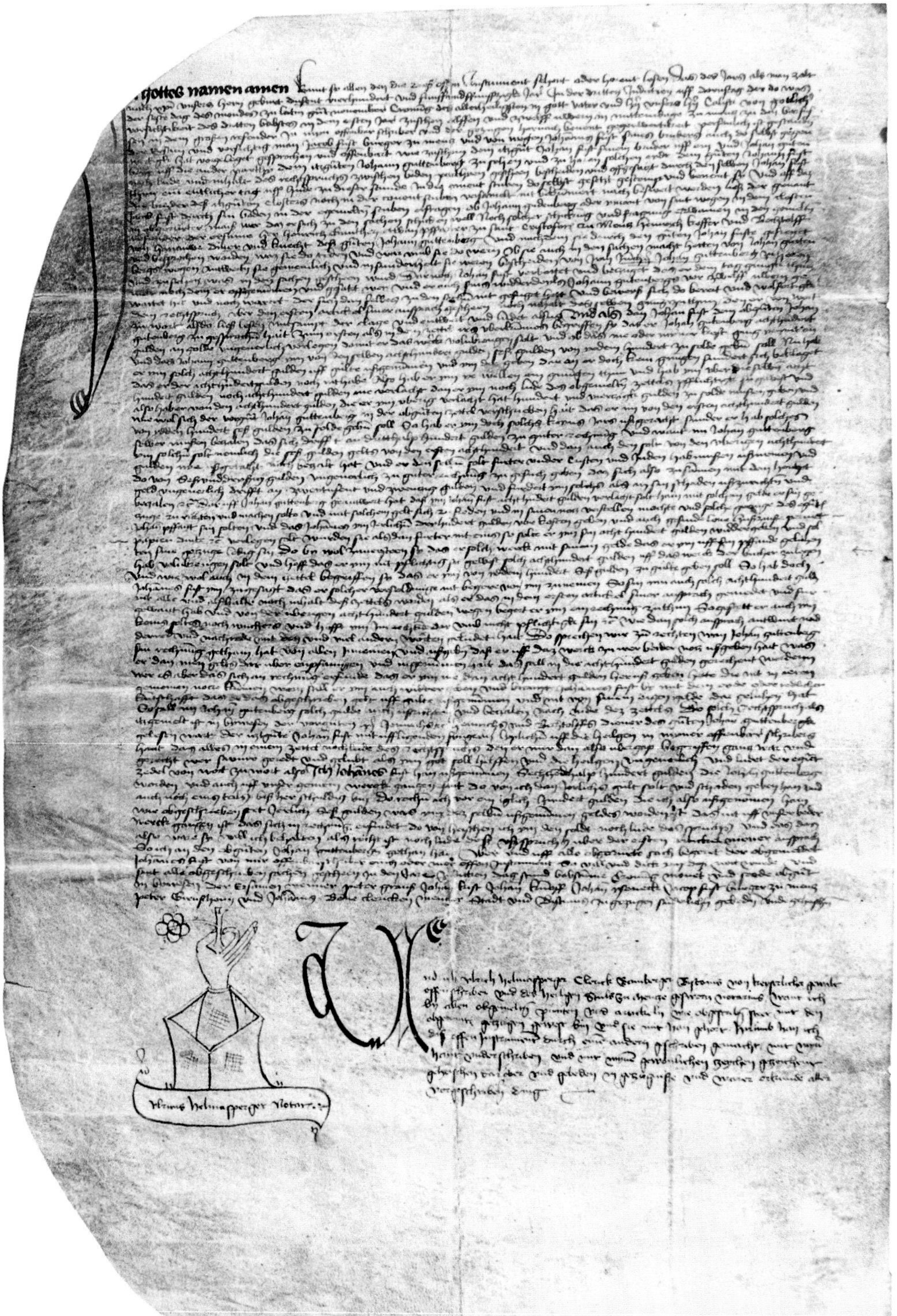

10 Das Helmaspergische Notariatsinstrument vom 5.11.1455.
Ex.: SuUB Göttingen, Sign.: 2° Cod. Ms. Hist. Lit. 123 Cim.

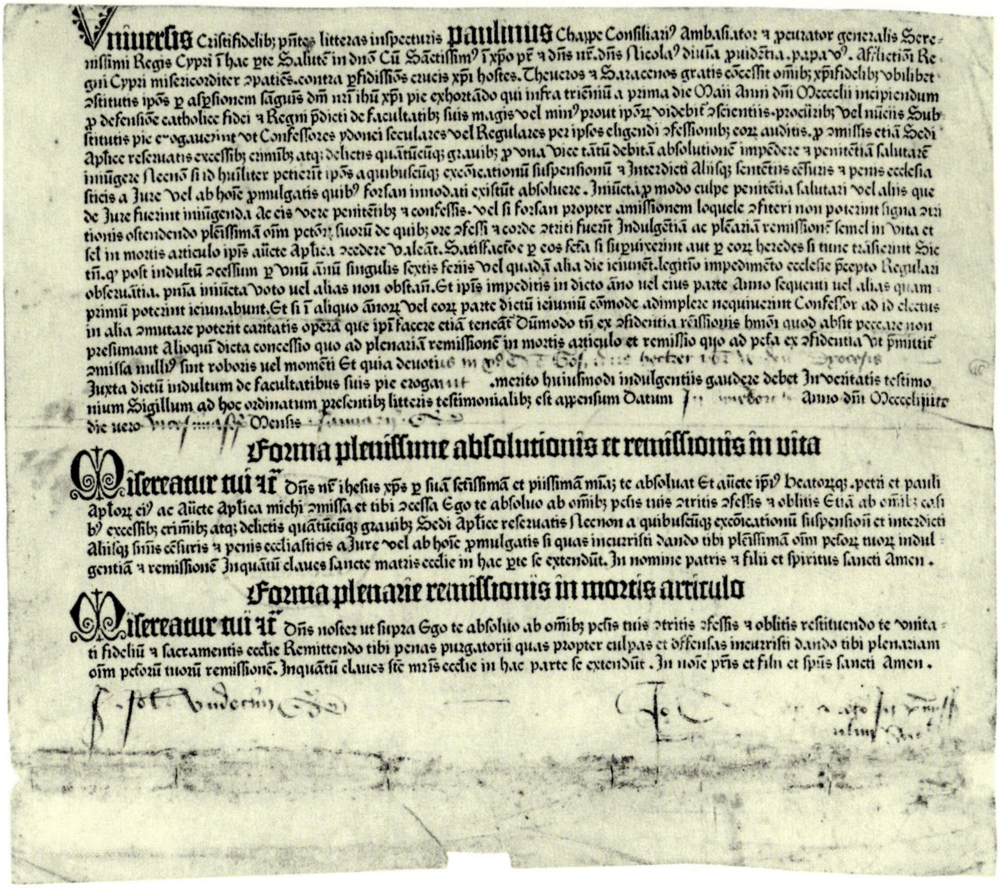

Vniuersis Cristifidelibus presentes litteras inspecturis Paulinus Chappe …

Forma plenissime absolutionis et remissionis in vita

Forma plenarie remissionis in mortis articulo

11 *Paulinus Chappe, Ablaßbrief zu Gunsten der Kirche auf Zypern. 31zeilig, 4. Aufl. 1455 [GW 6556]. Ex.: SuUB Göttingen, Sign.: 2° Hist. lit. libr. I, 751, Nr. 10.*

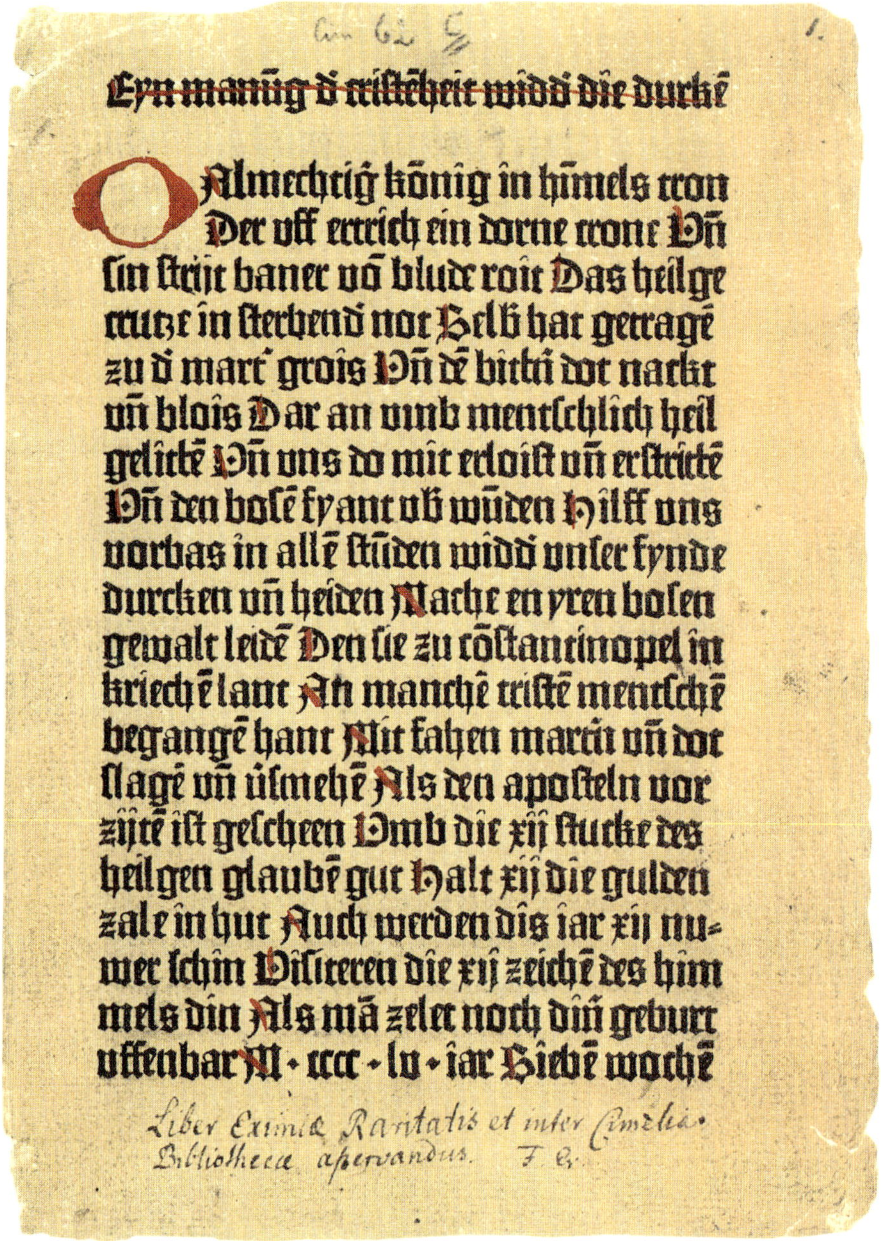

Eyn manūg d' cristēheit widd' die durkē

O Almechtig konig in himels tron
Der uff ertrich ein dorne crone Vñ
sin strijt baner vō blude roit Das heilge
cruze in sterbend' not Selb hat getragē
zu d' mart' grois Vñ dē bittrn dot nackt
vñ blois Dar an vmb mentschlich heil
gelittē Vñ uns do mit erloist vñ erstrittē
Vñ den bosē fyant vb' wūden Hilff uns
vorbas in allē stūden widd' unser fynde
durcken vñ heiden Mache en yren bosen
gewalt leidē Den sie zu cōstantinopel in
kriechē lant An manchē cristē menschē
begangē hant Mit fahen martn vñ dot
slagē vñ usmehē Als den aposteln vor
zijtē ist gescheen Vmb die xij stucke des
heilgen glaubē gut Halt xij die gulden
zale in hut Auch werden dis iar xij nu-
wer schin Visiteren die xij zeichē des him
mels din Als mā zelet noch dijn geburt
uffenbar M · cccc · lv · iar Siebē wochē

Liber Eximiæ Raritatis et inter Cimelia
Bibliothecæ asservandus. F. G.

12 Eine Mahnung der Christenheit wider die Türken. Mainz 1454 [H 10741].
Ex.: Bayerische Staatsbibliothek München, Sign.: Rar. 1. Faksimile hrsg. mit Kommentar von Ferdinand Geldner. Wiesbaden: Reichert 1975.

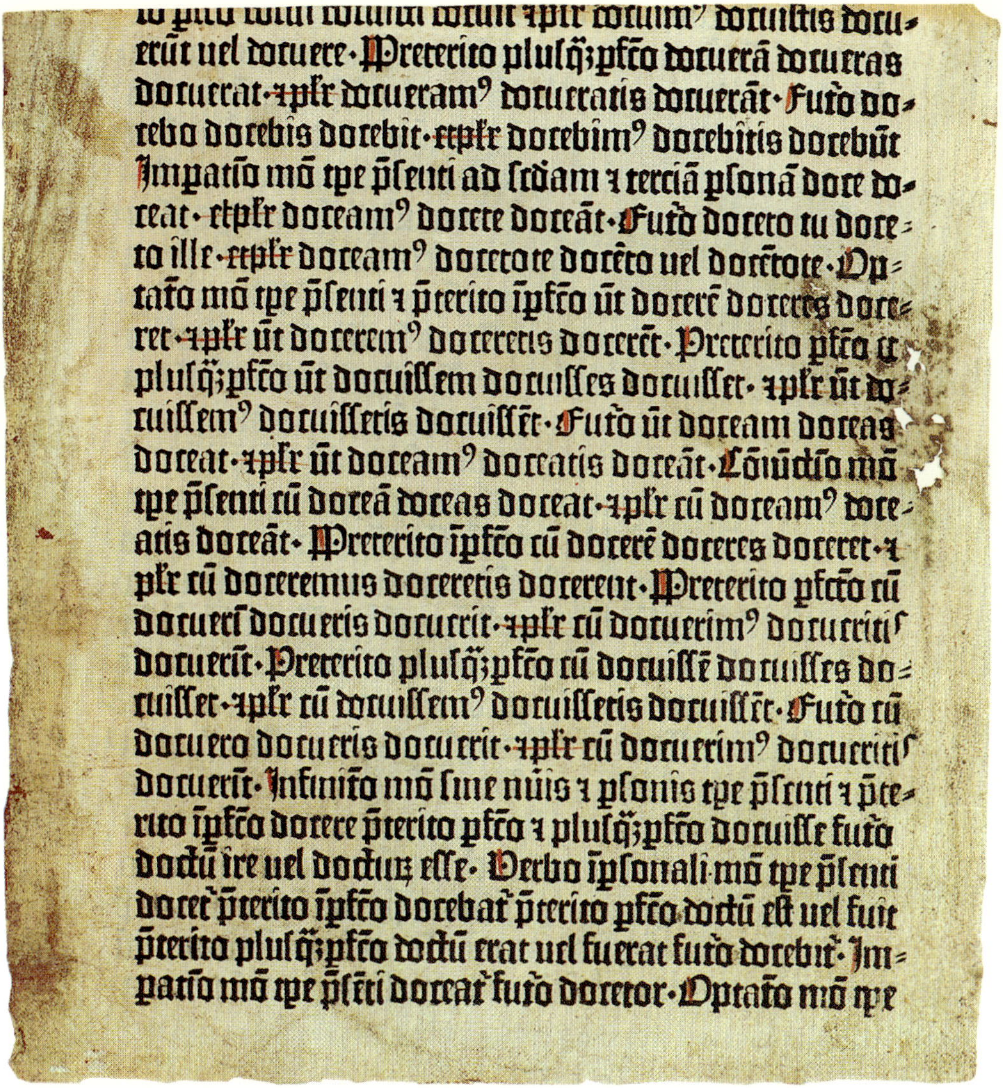
in plu... docuit ꝑlr docuim⁹ docuistis docu-
erūt uel docuere· Preterito plusq̄ꝑfco docuerā docueras
docuerat· ꝑlr docueram⁹ docueratis docuerāt· Futō do-
cebo docebis docebit· ꝑlr docebim⁹ docebitis docebūt
Impatiō mō tp̄e p̄senti ad scd̄am ꝛ terciā psonā doce do-
ceat· ꝑlr doceam⁹ docete doceāt· Futō doceto tu doceto ille· ꝑlr doceam⁹ docetote docēto uel docētote· Optatō mō tp̄e p̄senti ꝛ p̄terito ip̄fco ūt docerē doceres doce-
ret· ꝑlr ūt doceremꝰ doceretis docerēt· Preterito pfco ꝛ
plusq̄ꝑfco ūt docuissem docuisses docuisset· ꝑlr ūt docuissem⁹ docuissetis docuissēt· Futō ūt doceam doceas
doceat· ꝑlr ūt doceam⁹ doceatis doceāt· Cōiūctiō mō
tp̄e p̄senti cū doceā doceas doceat· ꝑlr cū doceam⁹ doceatis doceāt· Preterito ip̄fco cū docerē doceres doceret· ꝛ
plr cū doceremus doceretis docerent· Preterito pfco cū
docuerī docueris docuerit· ꝑlr cū docuerim⁹ docueritis
docuerīt· Preterito plusq̄ꝑfco cū docuissē docuisses do-
cuisset· ꝑlr cū docuissem⁹ docuissetis docuissēt· Futō cū
docuero docueris docuerit· ꝑlr cū docuerim⁹ docueritis
docuerīt· Infinitō mō sine nūis ꝛ psonis tp̄e p̄senti ꝛ p̄te-
rito ip̄fco docere p̄terito pfco ꝛ plusq̄ꝑfco docuisse futō
doctū ire uel doctuꝝ esse· Uerbo ipsonali mō tp̄e p̄senti
docet p̄terito ip̄fco docebat p̄terito pfco doctū est uel fuit
p̄terito plusq̄ꝑfco doctū erat uel fuerat futō docebit· Impatiō mō tp̄e p̄senti doceat futō docetor· Optatō mō tp̄e

13 Aelius Donatus: Ars minor. Fragment. Type der 36zeiligen Bibel. ca. 1460–1462.
Ex.: Gutenberg-Museum Mainz. Faksimiledruck der Gutenberg-Gesellschaft Nr. 1.

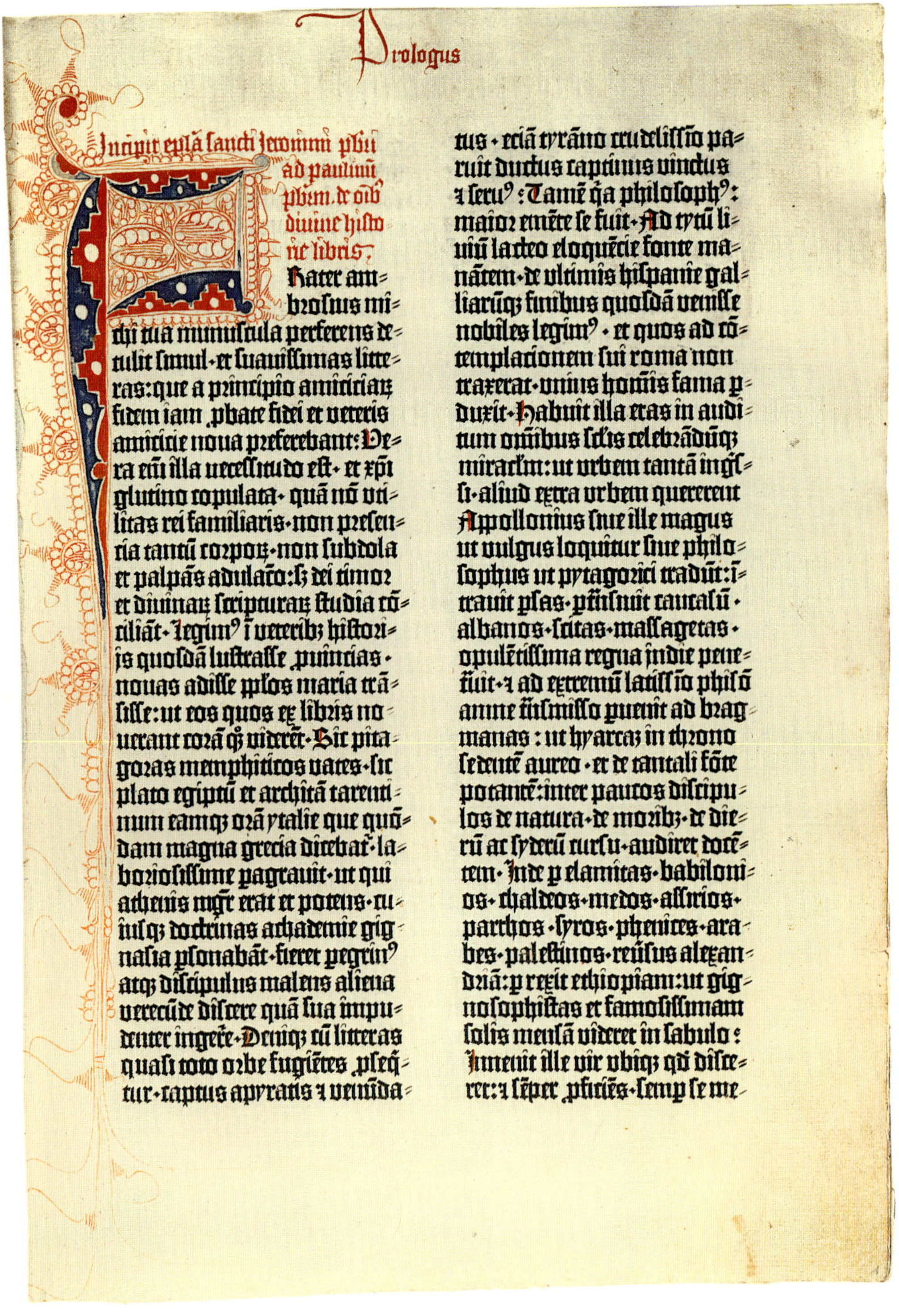

14 Bibel mit 36 Zeilen, Bamberg (?): Albrecht Pfister (?) ca. 1460.
Ex.: Herzog August Bibliothek Wolfenbüttel, Signatur: Bibel-S. 2° 154 [GW 4202],
Folio 1 recto.

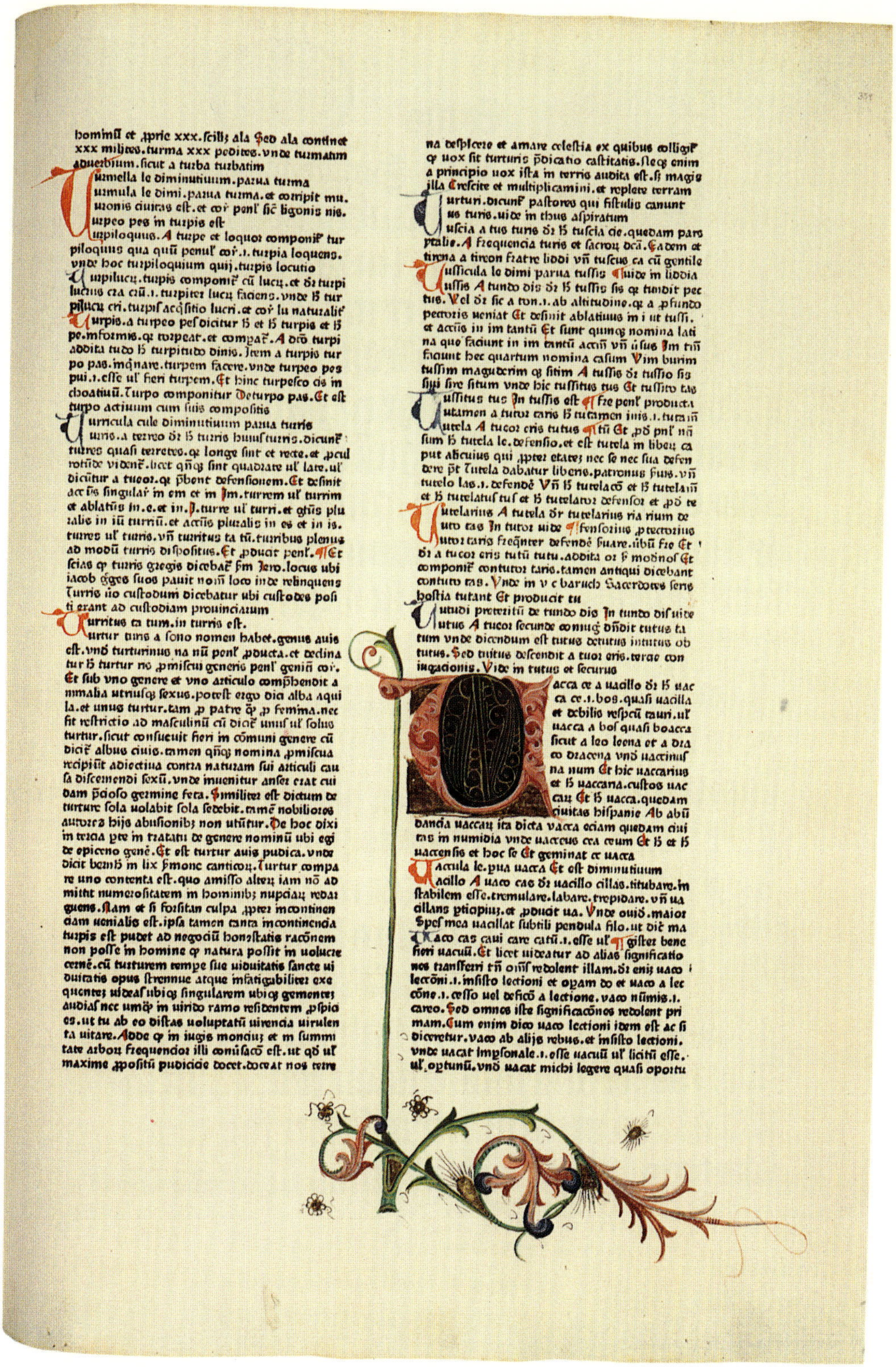
hominū et ꝓpric xxx. scilꝫ ala Sed ala continet
xxx milites. turma xxx pedites. vnde turmatim
aduerbium. sicut a turba turbatim
Turmella le diminutiuum. parua turma
Turmula le dimi. parua turma. et corripit mu.
Turonis ciuitas est. et cor penl' sic ligonis nis.
Turpeo pes in turpis est
Turpiloquus. A turpe et loquor componit' tur
piloquus qua quū penul' cor. i. turpia loquens.
vnde hoc turpiloquium quij. turpis locutio
Turpilucꝫ. turpis componit' cū lucꝫ. et dr turpi
lucrus cra crū. i. turpiter lucꝫ faciens. vnde h tur
pilucꝫ cri. turpis acq̄sitio lucri. et cor lu naturalit'
Turpis. a turpeo pes dicitur h et h turpis et h
pe. informis. q2 torpeat. et compat'. A drō turpi
addita tudo h turpitudo dinis. Item a turpis tur
po pas. inq̄nare. turpem facere. vnde turpeo pes
pui. i. esse ul' fieri turpem. Et hinc turpesco cis in
choatiuū. Turpo componitur Deturpo pas. Et est
turpo actiuum cum suis compositis
Turricula cule diminutiuum parua turris
Turris. a tereo dr h turris huius turris. dicunt'
turres quasi teretes. q2 longe sint et recte. et ꝓcul
rotūde vident'. licet q̄nq3 sint quadrate ul' late. ul'
dicūtur a tueor. q2 p̄bent defensionem. Et desinit
accūs singular' in em et in Im. turrem ul' turrim
et ablatiūs in. e. et in. I. turre ul' turri. et gtūs plu
ralis in iū turriū. et accūs pluralis in es et in is.
turres ul' turris. vn̄ turritus ta tū. turribus plenus
ad modū turris dispositus. Et ꝓducit penl'. ¶ Et
scias q turris gregis dicebat' sm Jero. locus ubi
iacob g̃ges suos pauit nomē loco inde relinquens
Turris no custodum dicebatur ubi custodes posi
ti erant ad custodiam prouinciarum
Turritus ta tum. in turris est.
Turtur turis a sono nomen habet. genus auis
est. vnd turturinus na nū penl' ꝓducta. et declina
tur h turtur no ꝓmiscui generis penl' geniī cor.
Et sub vno genere et vno articulo comp̄hendit a
nimalia vtriusq3 sexus. potest ergo dici alba aqui
la. et unus turtur. tam ꝓ patre q̄ ꝓ femina. nec
fit restrictio ad masculinū cū dicit' unus ul' solus
turtur. sicut consueuit fieri in cōmuni genere cū
dicit' albus ciuis. tamen q̄nq3 nomina ꝓmiscua
recipiūt adiectiua contra naturam sui articuli cau
sa discernendi sexū. vnde inuenitur anser erat cui
dam p̄cioso germine feta. Similiter est dictum de
turture sola uolabit sola sedebit. tamē nobiliores
auctores hijs abusionibꝫ non utūtur. De hoc dixi
in tercia pte in tractatu de genere nominū ubi egi
de epiceno genē. Et est turtur auis pudica. vnde
dicit bernh in lix s̄mone canticoꝝ. Turtur compa
re uno contenta est. quo amisso alteꝝ iam nō ad
mittit numerositatem in hominibꝫ nupciaꝝ reda
guens. Nam et si forsitan culpa ꝓpter incontinen
ciam uenialis est. ipsa tamen tanta incontinencia
turpis est pudet ad negociū honestatis racōnem
non posse in homine q natura possit in uolucre
cerne. cū turturem tempe sue uiduitatis sancte ui
duitatis opus strennue atque infatigabiliter exe
quentem uideas ubiq3 singularem ubiq3 gementeꝫ
audias nec umq̄ in uirido ramo residentem ꝓspici
es. ut tu ab eo distas uoluptatū uirencia uirulen
ta uitare. Adde q in iugis monciuꝫ et in summi
tate arboꝝ frequencior illi conūsacō est. ut qd ul'
maxime ꝓpositū pudicicie docet. doceat nos terre
na despicere et amare celestia ex quibus colligit'
q uox sit turturis p̄dicatio castitatis. Neq3 enim
a principio uox ista in terris audita est. sꝫ magis
illa Crescite et multiplicamini. et replete terram
Turturi. dicunt' pastores qui fistulis canunt
Tus turis. uide in thus aspiratum
Tuscia a tus turis dr h tuscia cie. quedam pars
ytalie. A frequencia turis et sacroꝝ dcā. Eadem et
tirena a tirreon fratre lidi vn̄ tuscus ca cū gentile
Tussicula le dimi parua tussis ¶ uide in lidia
Tussis A tundo dis dr h tussis sis q2 tundit pec
tus. Vel dr sic a ton. i. ab altitudine. q2 a ꝓfundo
pectoris ueniat Et desinit ablatiuus in i ut tussi.
et accūs in im tantū Et sunt quinq3 nomina lati
na que faciunt in im tantū accū vn̄ u̇sus Im tm̄
faciunt hec quartum nomina casum Vim burim
tussim magudrim q3 sitim A tussis dr tussio sis
siui sire situm vnde hic tussitus tus Et tussito tas
Tussitus tus In tussis est ¶ Tre penl' producta
Tutamen a tutor taris h tutamen inis. i. tutamē
Tutela A tueor eris tutus ¶ tū Et ꝓd pnl' nō
sum h tutela le. defensio. et est tutela in liberꝫ ca
put alicuius qui ꝓpter etateꝫ nec se nec sua defen
dere p̄t Tutela dabatur liberis. patronus suus. vn̄
tutelo las. i. defendē Vn̄ h tutelacō et h tutelamē
et h tutelatus tus et h tutelator defensor et ꝓd te
Tutelarius A tutela dr tutelarius ria rium de
Tutor taris In tutor uide ¶ fensorius ꝓtectorius
Tutor taris freq̄nter defendē suare. ubū fre Et
dr a tueor eris tutū tutu. addita or f modnos Et
componit' contutor taris. tamen antiqui dicebant
contutor tas. Vnde in v c baruch Sacerdotes sene
hostia tutant Et producit tu
Tutudi preteritū de tundo dis In tundo dis uide
Tutus A tueor secunde coniug̃ descēdit tutus ta
tum vnde dicendum est tutus detutus intutus ob
tutus. Sed tutus descendit a tuor eris. terce con
iugacionis. Vide in tutus et securus
Vacca ce a uacillo dr h uac
ca ce. i. bos. quasi uacilla
et debilis respcū tauri. ul'
uacca a bos quasi boacca
sicut a leo leena et a dra
co dracena vnd uaccinus
na num Et hic uaccarius
et h uaccaria. custos uac
caꝝ Et h uacca. quedam
ciuitas hispanie Ab abū
dancia uaccaꝝ ita dicta vacca eciam quedam ciui
tas in numidia vnde uacceus cea ceum Et h et h
uaccensis et hoc se Et geminat c uacca
Vaccula le. pua uacca Et est diminutiuum
Vacillo A uaco cas dr uacillo cillas. titubare. in
stabilem esse. tremulare. labare. trepidare. vn̄ ua
cillans ptiapiuꝫ. et ꝓducit ua. Vnde ouid. maior
Spes mea uacillat subtili pendula filo. ut dic ma
Vaco cas caui care catū. i. esse ul' ¶ gister bene
fieri uacuū. Et licet uideatur ad alias significatio
nes transferri tn̄ oēs redolent illam. dr eniꝫ uaco
lectōni. i. insisto lectioni et opam do et uaco a lec
cōne. i. cesso uel deficō a lectione. vaco nūmis. i.
careo. Sed omnes iste significacōnes redolent pri
mam. Cum enim dico uaco lectioni idem est ac si
diceretur. vaco ab alijs rebus. et insisto lectioni.
vnde uacat impsonale. i. esse uacuū ul' licitū esse.
ul' optunū. vnd uacat michi legere quasi oportu

15 Johannes Balbus: Catholicon. Mainz ca. 1460 [GW 3182].
Ex.: SuUB Göttingen, Sign.: 2° Ling. IV, 3344 Inc.

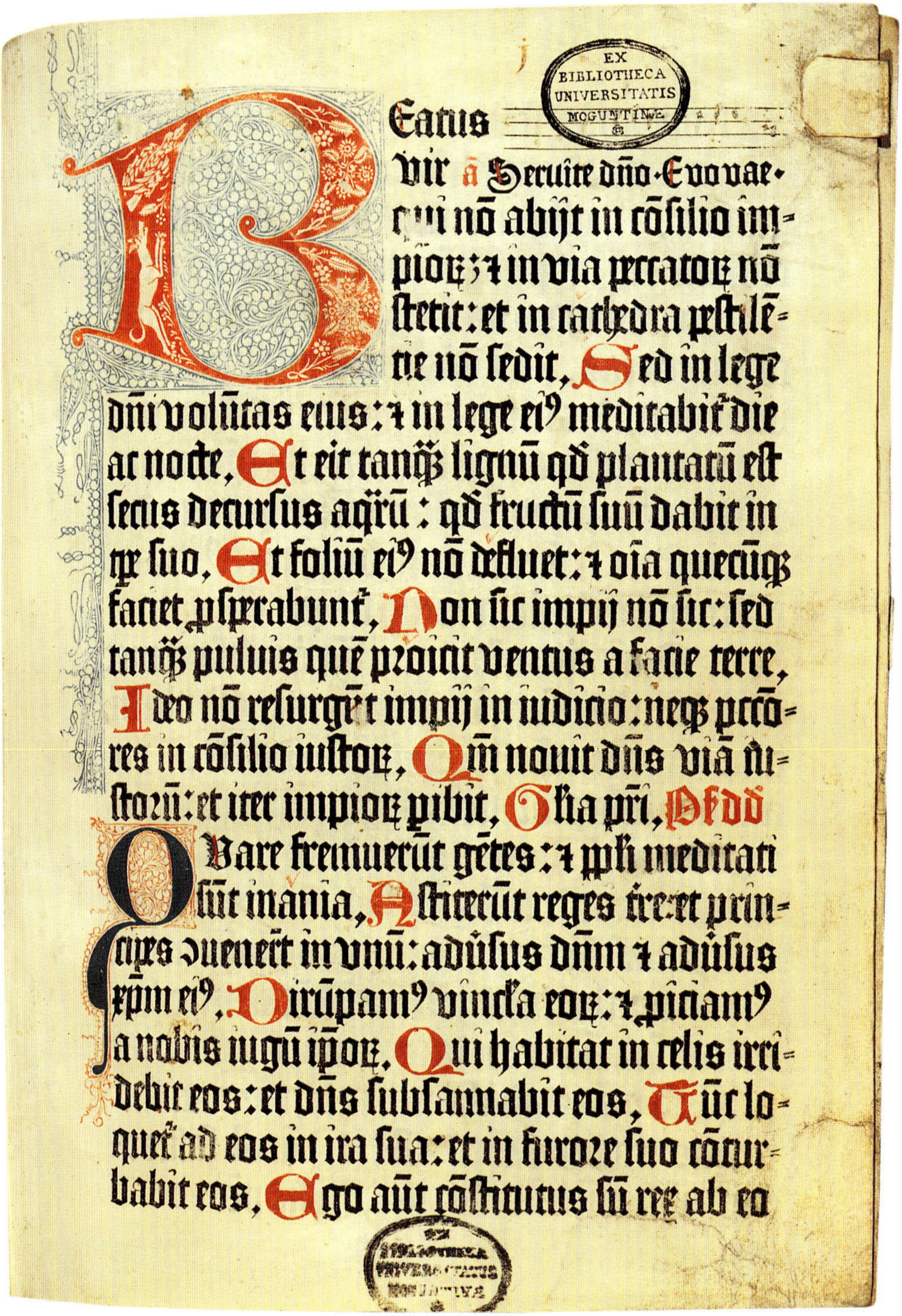

Eatus
vir a Seruite dño·Euouae·
qui nō abijt in cōsilio impioꝝ: ⁊ in via peccatoꝝ nō
stetit: et in cathedra pestilē-
tie nō sedit, Sed in lege
dñi volūtas eius: ⁊ in lege eiꝰ meditabit̄ die
ac nocte, Et erit tanq̄ȝ lignū qđ plantatū est
secus decursus aqrū: qđ fructū suū dabit in
tpe suo, Et foliū eiꝰ nō defluet: ⁊ oīa quecūq̄ȝ
faciet pspeabunt̄, Non sic impij nō sic: sed
tanq̄ȝ puluis quē proicit ventus a facie terre,
Ideo nō resurgēt impij in iudicio: neq̄ȝ pccō-
res in cōsilio iustoꝝ, Qm̄ nouit dñs viā iu-
storū: et iter impioꝝ pibit, Glia pri, Ps dd
Uare fremuerūt gētes: ⁊ pli meditati
sūt inania, Astiterūt reges tre: et prin-
cipes cōuenerūt in vnū: aduūsus dñm ⁊ aduūsus
xpm eiꝰ, Dirūpamꝰ vincla eoꝝ: ⁊ piciamꝰ
a nobis iugū ipoꝝ, Qui habitat in celis irri-
debit eos: et dñs subsannabit eos, Tūc lo-
quet̄ ad eos in ira sua: et in furore suo cōtur-
babit eos, Ego aūt cōstitutus sū rex ab eo

16 Psalterium Moguntinum. Mainz: Johann Fust und Peter Schöffer 1457.
Ex.: Gutenberg-Museum Mainz, Sign.: Ink 34.

heim, Kleriker der Stadt und des Bistums Mainz« genannt. Nur Trithemius bezeichnet (1515) Schöffer als »Adoptivsohn« von Johannes Fust; sicher ist hingegen, daß Schöffer später Fusts Tochter Christine heiratete.

Da die Partner Fust und Schöffer ihre Drucke mit einem Druckvermerk und ihrem Druckersignet versahen, kann man ihre Drucke eindeutig identifizieren; es handelte sich jeweils um Meisterleistungen der Buchdruckerkunst, die gerade in bezug auf die typografischen Zierelemente, den Metallschnitt und den Rotdruck, die Arbeit von Gutenberg weiterführten und übertrafen. Am 14. August 1457 brachten sie ein erstes Prachtwerk, ein *Psalterium Moguntinum* auf Pergament heraus. Es enthielt zum ersten Mal in der Druckgeschichte einen Kolophon und ein Druckersignet. Wir lesen im Druckvermerk: »Vorliegendes Psalmenbuch [...] ist durch die kunstvolle Erfindung des Druckens und Buchstabenformens ohne jede Anwendung eines Schreibrohrs so gestaltet und zum Preise Gottes mit solcher Sorgfalt fertiggestellt worden durch Johannes Fust, Bürger zu Mainz, und Peter Schöffer aus Gernsheim im Jahre des Herrn 1457, am Vortag von Mariae Himmelfart [14. August].« Die neue Kunst wird mit den lateinischen Begriffen *Ars imprimendi ac caractericandi* bezeichnet. *Imprimere* bedeutet im antiken Sprachgebrauch einen Prägevorgang, so spricht bereits Sueton von einer Münze oder einem Ring mit einem aufgepreßten Bild und verwendet dazu dieses Verb. Auch Vergil spricht in der *Aeneis* von einem Krug, in den Abbildungen geprägt, und Tacitus spricht von Holzstäbchen, in die Zeichen gedrückt oder geritzt seien. Dieses neue Wort für den Buchdruck wird durch ein zweites verstärkt: *caractericare*. Damit wird der gleiche Vorgang ein zweites Mal ausgedrückt. Es bedeutet (aus dem Griechischen kommend) »einschneiden«, »eingraben«, »einhauen« oder »einprägen«. »Charakter« wird ein Prägestempel bei der Münzprägung genannt, schließlich auch das Geprägte selbst. Während *imprimere* den Druckvorgang selbst meint, bezeichnet *caractericare* das Buchstabenformen oder die Phase des Letterngießens. In dem Substantiv »imprimerie« (Druckerei) hat sich *imprimere* im Französischen, im Wort »print« (Druck und drucken) im Englischen erhalten; wir kennen bis in die Gegenwart das *Impressum* als den rechtlich verbindlichen Druckvermerk oder das *Imprimatur*, die (meist) kirchliche Druckerlaubnis (»Es darf gedruckt werden«).

Bei diesem *Psalter* haben Fust und Schöffer die grundlegende Idee, die Handschriften nach Möglichkeit noch zu vervollkommnen, zu einer neuen Qualität geführt. Denn während in der Gutenberg-Bibel nur wenige Zeilen Rotdruck auf den ersten Blättern zu finden sind, verwenden Fust und Schöffer im *Psalter* nun erstmals planmäßig Rotdruck im ganzen Buch, lösen durch die Einfügung von roten Unzial-Buchstaben die Arbeit der Rubrikatoren ab und übernehmen durch die Metallschnitte in Rot und Blau die Arbeit der Illuminatoren. Die Initialen sind in drei Größen gehalten, unsere Abbildung (vgl. Abb. 16) zeigt das prachtvolle »B«, ein im Quadrat 8,8 × 8,8 cm messender Buchstabe, der den Raum von sechs Zeilen der großen Psaltertype beansprucht. Daneben existieren vierzeilige Initialen der Buchstaben C, D, E und S und zahlreiche zweizeilige Initialen (Initiale Q auf unserer Abbildung). Es handelt sich dabei jeweils um Metalldruckstöcke; vermutlich wurde das Ornament der Initialen in einem schrifthohen Block nach Art des Holzschnittes erhaben eingeschnitten, so daß es in eingefärbtem Zustand in der Presse eingedruckt werden konnte. Wahrscheinlich ging der Druckvorgang so vor sich, daß zunächst eine Seite mit sämtlichen Typen und Zierelementen fertig ausgeschlossen wurde, daß dann der Drucker alle farbigen Teile herausnahm, sie getrennt einfärbte, den Text schwarz färbte und den Satz nach Einfügung aller Teile wieder schloß. Das war sicherlich ein sehr langwieriges Verfahren, doch bot es die beste Gewähr, Register zu halten und das Überschneiden von Buchstaben zu verhindern. Einige verdrehte Lombarden sprechen dafür, daß diese beim Wiedereinsetzen in den fertigen Satz vertauscht wurden. Dieser erste Mehrfarbendruck in der Druckgeschichte weist auch noch weitere Superlative auf: So wurde mit einer großen Psaltertype (ca. 39 Punkt) aus 210 Einzellettern und mit einer kleinen Psaltertype (ca. 32 Punkt) mit 185 Einzellettern gearbeitet, dazu kamen noch einmal insgesamt 53 Unzial-Zierbuchstaben und 228 farbige Initialen in drei verschiedenen Größen. Der Entwurf der Schrift und der Zierelemente, Guß und Satz dürften einige Zeit in Anspruch genommen haben, so daß die Vorbereitungen sicher in das Jahr 1453/54 zurückreichen, in eine Zeit, in der Gutenberg noch in der gemeinsamen Werkstatt wirkte.

Alle erhaltenen zehn Exemplare mit je 340 Folio-Seiten sind auf Pergament gedruckt, verweisen damit noch einmal auf ihre herausgehobene

Verwendung im liturgischen Dienst. Die aufgenommenen Psalmen, Cantica, Hymnen, Antiphonen und Responsorien richten sich in ihrer Abfolge nach dem Brevier. Da sich der Psalter nach dem in Mainz üblichen Brevier richtete, war er nur für den Gebrauch in der Diözese Mainz bestimmt; gerade das Hymnar weist spezielles Mainzer Eigengut auf. Im gleichen Jahr erschien eine zweite Auflage mit nur 246 Seiten, die auch außerhalb der Diözese verkauft werden konnte. 1459 erschien eine veränderte Nachauflage, die nach den Bestimmungen der Bursfelder Kongregation der Benediktiner überarbeitet worden war, das *Psalterium Benedictinum* (H 13480). Da hierzu ein größeres Papierformat gewählt wurde, wirken die einzelnen Seiten noch harmonischer und repräsentativer. Möglicherweise wurde diese Ausgabe in direktem Auftrag für den Benediktinerorden hergestellt.
Einige der heute noch erhaltenen zehn Psalterien stammen aus Mainzer Klosterbesitz, z.B. aus dem Gutenberg verbundenen Kloster St. Viktor oder aus St. Johann. Ein Exemplar aus dem Ursulinen-Kloster in Hildesheim gelangte in die Bibliothek der Universität Göttingen, die es 1782 dem englischen König Georg III. schenkte. Es befindet sich heute in der Privatbibliothek des englischen Königshauses in Windsor Castle.

Neben dieser Psalter-Type verwendete die Werkstatt Fust-Schöffer eine recht kleine, aber gut lesbare Gotico-Antiqua für die lateinischen Texte. Sie wurde zunächst bei einem *Rationale divinorum officiorum* des Guillelmus Durandus verwendet (6. Oktober 1459, GW 9101); mit derselben Schrift setzte er Werke des kanonischen Rechts, 1460 die *Constitutiones* des Papstes Clemens V. (GW 7077) und 1465 den *Liber sextus* des Papstes Bonifazius VIII. (GW 4848). Aus derselben Werkstatt stammt eine herausragende Bibel, die in einer neu geschnittenen Gotico-Antiqua gesetzt wurde. Die Verwendung eines kleineren Schriftgrades zeigt bereits, daß diese Bibeln stärker für die persönliche Lektüre und nicht den gottesdienstlichen Gebrauch bzw. für den Vortrag oder den Unterricht gedacht waren. Fust und Schöffer konnten auf ihre Erfahrungen im Rotdruck beim Psalter zurückgreifen und haben in aller Regel die Auszeichnungsschriften wie die Kapitelanfänge etc. im Rotdruck gesetzt. Im Exemplar der Göttinger Staats- und Universitätsbibliothek kann man sehr gut studieren, welche Schwierigkeiten der Rotdruck in dieser frühen Phase selbst einer so erfahrenen Druckerei machte. Auf der Beispielseite (vgl. Abb. 17, Band 2, Folio 210 recto) kann man sehen, daß in der rechten Spalte der Anfang des Hebräerbriefes in Rot gesetzt wurde (leicht nach außen und oben verschoben), daß jedoch das Explicit des Briefes an Philemon offensichtlich zu setzen vergessen worden war und daher handschriftlich nachgetragen werden mußte. Auch wenn sich der Schreiber Mühe gab, mit der Handschrift den Satz zu imitieren, so konnte er doch nicht die Feinheiten der Abstände, der Abkürzungen etc. nachahmen. Die Kolumnentitel wurden im ganzen Band mit der Hand in Rot nachgetragen, wobei die etwas flüchtige Hand auch hier eine Nähe zur Buchschrift versuchte. Auch in dieser Ausgabe nennen sich Fust und Schöffer in einem Kolophon (Folio 239 recto, vgl. Abb. 18) mit der schon vertrauten Redewendung, daß dieses Buch nun in der »neuen Kunst des Druckens und nicht mehr mit einem Schreibrohr« in der Stadt Mainz durch Johannes Fust und Peter Schöffer hergestellt wurde, im Jahre 1462. Diese 48zeilige Bibel gehört zu den Meisterwerken des frühen Buchdrucks, der sich bereits über die direkte kirchliche Unterweisung hinaus an ein weiteres, gebildetes Publikum wandte.

Nach dem Tode von Johann Fust 1466 in Paris wurde Peter Schöffer, mit dessen Tochter Christine verheiratet, Alleinerbe von Druckerei und Verlag. Seit den siebziger Jahren nahm er in seine Drucke auch Abbildungen auf, 1484 und 1485 bringt er mit einem *Herbarius* und seinem *Gart der Gesundheit* zwei wichtige und reich illustrierte Pflanzenbücher und Gesundheitsratgeber auf den Markt. Die Heilkräuterkunde konnte auf die philologische Arbeit der Humanisten zurückgreifen, die die lateinischen Texte der Antike, darunter auch zahlreiche Übersetzungen aus dem Griechischen, bereitstellten. Die Schriften von Theophrast – Schüler des Aristoteles und Begründer der Botanik – waren neu entdeckt und diskutiert worden. Theologische, philosophische, medizinische, volkskundliche und naturwissenschaftliche Traktate und Interpretationen fanden in diesen Büchern Aufnahme; sie vermitteln die Kenntnis von der Heilkunst der Antike. Peter Schöffer brachte 1484 den lateinischen *Herbarius* in seiner Psalter-Type heraus; wie allgemein üblich, wurde der Name des Autors nicht erwähnt. Es handelte sich offensichtlich um die Zusammenfassung einer Arzneipflanzenlehre einfacherer Art, die für einen breiteren Interessentenkreis bestimmt war. Die 348 Seiten sind mit insgesamt 150 Holzschnitten illustriert, die

meisten in der Form eines Umrißholzschnittes (vgl. Abb. 19). Schraffuren wurden nur sehr sparsam verwendet, so daß die meisten erhaltenen Exemplare reich ausgemalt wurden. Da die Darstellung der Pflanzen sehr steif wirkt, ist vermutet worden, daß sie möglicherweise nach gepreßten Pflanzen gezeichnet wurden.
Die Ausgabe stieß auf so großes Interesse, daß sie noch im gleichen Jahr bei den Brüdern Hist in Speyer und ein Jahr später bei Johann Petri in Passau nachgedruckt wurde. Da es noch kein geregeltes Urheberrecht gab, ist diese Praxis noch viele Jahre geübt worden und hat – bei allen Nachteilen – erheblich zur Verbreitung des Wissens beigetragen.
Im März 1485 brachte Peter Schöffer eine noch populärere Fassung in deutscher Sprache mit dem Titel *Gart der Gesundheit* heraus. Die 378 Holzstöcke wurden neu angefertigt und illustrierten die 720 großformatigen Seiten. Zwar wird auch hier der Name eines Verfassers nur versteckt im Text angegeben, es wird jedoch klar, daß es sich um Johannes Wonnecke aus Kaub handelt. Im Unterschied zum *Herbarius* wird nicht ein Extrakt antiken Wissens geboten, sondern die Summe des zeitgenössischen Wissens über Arzneipflanzen im 15. Jahrhundert. In einem Hauptkapitel wird die pharmakologische Wirkung von Pflanzen, aber auch von Tieren und anorganischen Stoffen beschrieben, ein zweiter Teil gibt systematisch Auskunft über Laxiermittel, wohlriechende Stoffe, Gummiarten, Früchte, Samen, Wurzeln, Steine und Tiere. Eine kurze Abhandlung beschäftigt sich mit dem Harn. In Form eines Registers werden insgesamt 313 Krankheiten nach Schlagwörtern aufgelistet, von denen aus man dann auf die einschlägigen Heilpflanzen verwiesen wird.

Als weiterer deutschsprachiger Druck von Bedeutung aus Schöffers Offizin ist die *Cronicken der sassen* von Konrad Bote (auch Botho, zwischen 1475 und 1501 dokumentarisch nachweisbar) zu erwähnen (vgl. Abb. 20). Die um 1490 entstandene, vielgelesene mittelniederdeutsche Sachsenchronik berichtet annalistisch von der Erschaffung der Welt bis zum Jahre 1489. Mit zahlreichen Holzschnittillustrationen, Wappen und Initialtypen reich geziert, wurde sie 1492 in Mainz bei Peter Schöffer gedruckt (GW 4963).
Peter Schöffer wurde somit zum Erben Gutenbergs in Mainz, dessen Erfindung er in vielen technischen Details vervollkommnete, der vor

allem aber auch mit verlegerischem Geschick die Vertriebsstrukturen verbesserte. 1479 erwarb er das Bürgerrecht in Frankfurt am Main, um dort auf der Messe besser präsent sein zu können und an dem inzwischen international gewordenen Markt mit Büchern in lateinischer Sprache zu partizipieren.

Von den wenigen weiteren Druckern in Mainz, deren Werke von überzeitlicher Bedeutung sind, ist der Maler und Vorzeichner für den Holzschnitt Erhard Reuwich zu erwähnen. Er nahm 1483 an der Reise des Mainzer Domdekans Bernhard von Breidenbach in das Heilige Land teil und fertigte Skizzen der wichtigsten Städte, Inseln und Landschaften. Die danach gefertigten Holzschnitte wurden als großformatige Falttafeln dem Reisebericht Bernhards von Breidenbach beigefügt; sie sind bis heute eine herausragende Quelle für die Geschichte der Geographie, aber auch der Holzschnittkunst. Seine detailreichen Illustrationen wurden in den folgenden Jahren vielfältig nachgeschnitten und bilden eine erstrangige Quelle für das zeitgenössische Aussehen Venedigs, der Insel Rhodos oder Jerusalems. 1486 erschienen eine lateinische und eine deutsche Ausgabe (GW 5075, 5077), 1488 eine niederdeutsche (GW 5081). Der Druckvermerk der deutschen Ausgabe vermeldet, daß Erhard Reuwich diese Bücher in »seinem Haus« gedruckt habe. Da dabei die Typen von Peter Schöffer Verwendung fanden, ist möglicherweise eine Werkstattgemeinschaft für diesen außerordentlichen Druck verantwortlich gewesen. Von den Originalholzstöcken wurden im Jahre 1490 weitere Ausgaben in Lyon und in Speyer sowie 1498 von Paul Hurus in Zaragoza gedruckt.

Nach dem Tode Peter Schöffers übernahm sein Sohn 1503 die Offizin, in der er in erster Linie klassische lateinische Texte für den Universitätsbedarf druckte. 1505 gab er die erste deutsche Livius-Übersetzung heraus, die er mit 214 Holzschnitten reich illustrieren ließ und die in seiner Werkstatt siebenmal wiederaufgelegt werden konnte. Im Erstdruck von 1505 hat er eine Hommage an Gutenberg und an seinen Vater aufgenommen, die zusammenfassend deren Verdienste beschreibt: »In Mainz erfand der scharfsinnige Johann Gutenberg die wunderbare Kunst des Druckens im Jahre des Herrn 1450, hiernach ward sie verbessert und vervollkommnet dank dem Fleiß, den Kosten und Mühen von Johann Fust und Peter Schöffer in Mainz.«

Die Ausbreitung der Buchdruckerkunst

Zu den besonderen Phänomenen der Erfindungen Gutenbergs gehört ihre überaus rasche Ausbreitung quer durch Europa, wobei die Erstdrucke in den unterschiedlichen Orten jeweils erstaunliche Qualität aufweisen. Zunächst konnte sich diese neue Technik völlig frei, ohne Auflagen von Regierungen, Fürstenhäusern oder der Kirche entfalten. Auch sind in den Anfangsjahren nirgends Einschränkungen aufgrund von Zunftbestimmungen o. ä. bekanntgeworden. Bereits Ende der fünfziger Jahre wurde eine Bibel mit 36 Zeilen (B 36, vgl. Abb. 14) in Bamberg gedruckt, sicher datiert ist dort Ulrich Boners *Der Edelstein* mit dem 14. Februar 1461. In derselben Werkstatt von Albrecht Pfister wurde um 1470 das bedeutendste Dokument des deutschen Frühhumanismus, *Der Ackermann aus Böhmen* des Johann von Tepl, hergestellt (Abb. 21, vgl. auch Kapitel »Der deutsche Frühhumanismus«). Spätestens ab 1481 druckte Johann Sensenschmidt in Bamberg, der ein *Missale Benedictinum* (31. Juli 1481) und weitere Liturgica herstellte.

Etwa zeitgleich mit Bamberg wurde bereits in Straßburg gedruckt; ein Exemplar der dort von Johannes Mentelin ohne Datumsangabe gedruckten 49zeiligen Bibel ist 1460 rubriziert worden. Mentelin (um 1410–1478) verwendete eigenständiges Typenmaterial, eine Gotico-Antiqua und weitere reine Antiquatypen. Er verzichtete weitgehend auf eingedruckte Initialen oder Holzschnitte und sorgte für philologisch exakte Drucke der Kirchenväter, von Augustinus, Thomas von Aquin, Hieronymus oder Albertus Magnus, daneben aber auch für Drucke der *Opera* des Vergil und der *Comoediae* des Terenz. Die von ihm gedruckte erste Bibel in deutscher Sprache (GW 4295, Abb. 51, vgl. auch Kapitel »Deutsche Bibeln vor Luther«) folgte zwar einem veralteten Wortschatz, bildete aber bis zur Luther-Übersetzung eine nicht unwichtige Grundlage für die Übertragungen der Bibel in die Volkssprache. Er nahm die von dem Handschriften-Großhändler Diebold Lauber in Hagenau im Elsaß ausgeübten Geschäftspraktiken auf und druckte mittelalterliche höfische Dichtung, darunter 1477 den *Parzival* (H 6684) Wolframs von Eschenbach und den *Jüngeren Titurel* (H 6683). Darüber hinaus war er

auch als Buchhändler tätig, wie eine von ihm erhaltene Buchhändleranzeige, eine der ersten Verkaufsanzeigen ihrer Art, ausweist.
Aber nicht nur am Oberrhein waren die ersten Druckergesellen tätig, sondern ebenfalls in dem Handelszentrum Köln. Bei dem dortigen Erstdrucker Ulrich Zell aus Hanau (um 1435–1503) läßt sich die direkte Abstammung aus der Wiege der Buchdruckerkunst nachweisen, da Zell bei Fust und Schöffer in Mainz das Handwerk erlernte und sich dann 1464 in Köln niederließ. Wohl bereits 1465 erschien bei ihm Ciceros *De officiis* (GW 6914), der Beginn einer umfangreichen Produktion von etwa 140 Drucken, zu über 95 Prozent in lateinischer Sprache (zumeist theologische, aber auch humanistische Texte). Nach der Zahl der Drucke erreichte Köln bald die Spitzenproduktion deutscher Druckerstädte. Es zeigte sich, daß in den Handelsstädten die besten Entwicklungsmöglichkeiten für das neue Gewerbe existierten. Während Mainz und Bamberg in den folgenden Jahrzehnten nur geringe Produktionsziffern aufwiesen, blühten die Offizinen in den Haupthandelszentren, in Augsburg (1468), Nürnberg (1470) oder 1475 in Lübeck, auf.

Rom

Entscheidend für die Ausbreitung wurde jedoch der Weg über die Alpen nach Süden und die herausragende, künstlerisch eigenständige und bald ganz Europa befruchtende Buchdruckerkunst in Italien. Bereits 1465 arbeiteten die deutschen Buchdrucker Konrad Sweynheim (gest. 1477) und Arnold Pannartz (gest. 1477) im Benediktinerkloster Sancta Scholastica in Subiaco in den Sabinerbergen westlich von Rom. Ihr erster datierter Druck vom 29. Oktober 1465 war eine Werkausgabe des Kirchenvaters Lactantius vom Beginn des 4. Jahrhunderts (H 9806). Dieser Kirchenvater spielte in der Spätantike und im Hochmittelalter eine geringere Rolle; wegen seines klassischen ciceronianischen Stils wurde er jedoch von den Humanisten wiederentdeckt und als »Cicero christianus« neu rezipiert. Nach dieser *editio princeps* erschienen allein in der Inkunabelzeit weitere vierzehn Drucke.
Aus dem gleichen Jahr stammt die ebenfalls von Sweynheim und Pannartz gedruckte Ausgabe von Ciceros *De oratore* (GW 8742) und von 1467 eine Ausgabe von *De civitate* des Augustinus (GW 2874). Dieser Druck

war offensichtlich ein großes Geschäft für das Kloster; der früheste Zollbeleg, den wir für einen Buchvertrieb besitzen, weist nach, daß das Kloster im Januar 1468 sechzig Exemplare dieses Buches nach Rom eingeführt hat. Auch in den Folgejahren werden von Subiaco nach Rom Bücher im Schätzwert von jeweils 1400 bis 3000 Dukaten geliefert.
Sweynheim und Pannartz zogen 1467 nach Rom um, wo bereits Ulrich Han aus Ingolstadt (gest. ca. 1479) arbeitete, der 1466 dort die *Meditationes* des Kardinals Juan de Torquemada (H 15722) herausgab und in den folgenden Jahren zunächst klassische Autoren und schließlich kanonische Werke sowie päpstliche Bullen und Reden druckte. Über die weiteren Arbeiten von Sweynheim und Pannartz und auch über ihre enge Bindung an die Kurie sind wir durch eine Bittschrift unterrichtet, die der Bischof von Aleria, Giovanni Andrea Bussi (1412–1475), 1472 an Papst Sixtus IV. richtete, worin er ihn um Unterstützung bei dem Verkauf ihrer Lagerexemplare bat. Daraus ist ersichtlich, daß sie eine durchschnittliche Auflage von 275 Exemplaren druckten, die lange lieferbar blieben, lediglich eine Grammatik von Donat, mit dem sie offensichtlich ihre Tätigkeit in Subiaco begonnen hatten, war vergriffen. Die Frühdrucker machten an unterschiedlichen Orten die gleiche Erfahrung, daß sich lateinische Grammatiken und Schulbücher recht gut verkauften, daß aber der Markt der durch Handschriften reich überlieferten Klassiker der römischen Antike rasch gedeckt war und sie sich neue Absatzmärkte und neue Stoffe erschließen mußten. Sweynheim schien über enge Kontakte zur Kurie zu verfügen, da er 1469 für seine Heimatpfarrei St. Michael in Schwanheim in der Diözese Mainz einen Ablaß erbat, der ihm sogleich auf fünf Jahre gewährt wurde.
Über die engen Beziehungen zwischen der Kurie und den deutschen Diözesen bzw. zwischen einigen herausragenden Vertretern der Kirche unterrichtet ein Widmungsbrief von Giovanni Andrea Bussi an Papst Paul II. in den *Epistolae* des heiligen Hieronymus, die 1468 von Sweynheim und Pannartz in Rom gedruckt wurden. Bussi, der später erster Bibliothekar der Vaticana wurde, preist in dieser Widmung die Bedeutung des Buchdrucks, die besondere Bedeutung der Erfindung für Deutschland und nennt vor allen Dingen Nikolaus von Kues als einen der großen Förderer dieser neuen Kunst: »Deutschland ist in der Tat wert, geehrt und durch alle Jahrhunderte hoch gepriesen zu werden, die Erfinderin der segensreichsten Kunst. Das ist auch der Grund dafür,

daß die stets rühmenswerte und des Himmelreiches würdige Seele des Nikolaus von Kues, des Kardinals zu Sankt Peter *ad vincula*, den heißen Wunsch hatte, daß diese heilige Kunst *(sancta ars)*, die man damals in Deutschland entstehen sah, auch in Rom heimisch werde. Schon sind diese Wünsche [...] in deiner Zeit erfüllt worden.«

Der 1464 verstorbene Nikolaus von Kues, der sich bereits 1452 wegen des Drucks eines Ablaßbriefes nach Mainz gewandt und der sich zeit seines Lebens für die freie Verbreitung des Wissens und der Glaubenslehre eingesetzt hatte, wird hier offen als direkter Vermittler zwischen der deutschen Buchdruckerkunst und der Entwicklung dieser Technik in Italien angesprochen. Es ist darüber spekuliert worden, ob die deutschen Druckergesellen, die nach der Stiftsfehde 1462 Mainz verlassen mußten, möglicherweise durch seine Vermittlung in Rom bzw. in Subiaco ein Unterkommen fanden. Dies läßt sich im Detail nicht belegen, doch sind die Zusammenhänge zwischen den theologischen Interessen des Nikolaus von Kues und seiner Förderung der Buchdruckerkunst offensichtlich.

Sweynheim und Pannartz fanden ebenso wie Ulrich Han einen weiteren kirchlichen Förderer im Abt des Klosters in Subiaco, Kardinal Johannes de Torquemada (einem Verwandten des spanischen Inquisitors). Seine *Meditationes* erschienen als Erstdruck in Rom 1466 bei Ulrich Han. Ulrich Han war in diesem Jahr bereits ein *Familiare* des Papstes geworden und konnte sich daher direkt an den Papst mit der Bitte um die Übertragung einer Kaplanei der Kirche St. Ulrich vor den Toren Wiens wenden.

Aus der Produktion von Sweynheim und Pannartz stammt die am 24. Januar 1469 abgeschlossene Ausgabe von Ciceros *De officiis* (vergleiche Abb. 22, GW 6924). Das prachtvolle, breitrandige Exemplar der Göttinger Universitätsbibliothek mit ihrer gleichmäßigen Antiqua-Type wurde mit einem geschlossenen Rankenrahmen versehen, der oberitalienische Einflüsse zeigt, und zusätzlich mit einer goldenen Initiale Q, einem Autorbildnis in der rechten und einem Kranz für das Besitzerwappen in der unteren Leiste ausgemalt. Der Band weist interessante Benutzerspuren durch Unterstreichungen und vielfältige handschriftliche Randbemerkungen auf. Rom blieb während der gesamten Inkunabelzeit ein Hauptdruckerzentrum in Italien, über vierzig Offizinen lassen sich bis zum Jahre 1500 nachweisen, von denen etwa 25 mit deutschen Druckern arbeiteten.

Venedig

Die italienisch-deutschen kulturellen und wissenschaftlichen Beziehungen nahmen in der zweiten Hälfte des 15. Jahrhunderts deutlich zu, nicht wenige Patriziersöhne aus Nürnberg oder Augsburg studierten die humanistischen Wissenschaften oder Medizin und Jura in Italien. Wir finden aber auch zahlreiche Handwerker, Architekten und Baumeister auf ihrer Wanderschaft südlich der Alpen. Der reiche Austausch von gelehrten Buchdruckern zwischen Deutschland und Italien in diesen Jahrzehnten fügt sich daher in ein kulturelles Gesamtbild der Epoche ein. Der deutsche Erstdrucker in Venedig, Johann von Speyer, brachte dieses Wechselverhältnis im Kolophon seiner Ausgabe von Ciceros *Epistolae ad Familiares* (GW 6800) 1469 auf den Nenner:

»Jeder Deutsche brachte einst aus Italien ein Buch nach Haus.
Was sie mitnahmen, zahlt heute ein Deutscher reichlich wieder aus.
Nämlich Hans von Speyer, den an Künsten keiner übertrifft.
Er bewies, wie man die Bücher besser schreibt: mit eherner Schrift.«

Die Herkunft des Johannes aus Speyer ist unbekannt; da 1460 in einer Mainzer Urkunde ein Zeuge »Hans von Spyre« auftaucht, wird immer wieder vermutet, daß er noch zu Gutenbergs Zeiten in Mainz das Setzer- und Druckerhandwerk erlernt haben könnte. Er erhielt 1469 vom Rat der Stadt Venedig, der *Serenissima*, für fünf Jahr das Druckmonopol zugesprochen. Er verstarb aber bereits 1470, und sein Bruder Wendelin von Speyer führte die Druckwerkstatt fort. Wie auch in den anderen italienischen Städten wurden hauptsächlich die klassischen lateinischen Schriftsteller und juristische Werke gedruckt. Von besonderer Bedeutung ist die von ihm gedruckte erste Bibel in italienischer Sprache (1471, GW 4311) und als wichtiges Zeugnis des volkssprachigen italienischen Humanismus die *Canzoniere* von Petrarca im Jahr 1470 (H 12753). Eine klare, kräftige Antiqua-Type ist für die venezianischen Drucke dieser frühen Jahre kennzeichnend.

Auch der nächstbedeutende Drucker in Venedig hat aller Wahrscheinlichkeit nach in Mainz das Handwerk erlernt, Nicolas Jenson aus Sommevoire bei Troyes. Er war Münzmeister König Karls VII. von Frankreich und war 1458 nach Mainz geschickt worden, um sich die neue Technik des Buchdrucks anzueignen. Ab 1470 gab er in einer besonders ausgewogenen Antiqua-Type Schriften der lateinischen Klassiker und der Kirchenväter in Venedig heraus (vgl. Abb. 32, sie zeigt seinen Druck der *Naturalis Historia* des Gaius Plinius Secundus von 1472). Jenson betrieb seine Offizin als eine Handelsgesellschaft mit zwei deutschen Kaufleuten im Fondaco di Tedeschi. Er starb hochgeehrt als päpstlicher Graf im Jahre 1480 in Rom.

Zu dieser Zeit war in Venedig bereits ein weiterer deutscher Buchdrucker tätig, Erhard Ratdolt aus Augsburg. Er hatte offensichtlich bereits längere Zeit mit dem Nürnberger Astronomen und Buchdrucker Johannes Regiomontanus zusammengearbeitet, dessen *Calendarium* er 1476 in einer eleganten venezianischen Antiqua mit Zierbuchstaben und Rankenwerk in lateinischer und italienischer Sprache herausbrachte (H 13776, H 13789). Die verwendeten Zierbuchstaben (weiße Buchstaben auf schwarzem Grund, von Rankenwerk umschlungen) waren bisher nur von Regiomontanus selbst in Nürnberg verwendet worden. In seiner venezianischen Offizin verfeinerte Ratdolt diese Initialen und vermehrte sie durch weitere Zierleisten und Umrahmungen im italienischen Stil. Zu seinen besonderen Drucken gehören die *Elementa Geometriae* des Euklid vom 25. Mai 1482 (GW 9428). Wir finden darin nicht nur die für ihn typischen Tiefschnittumrahmungen, sondern auch die ersten mit Holzschnitten gedruckten geometrischen Figuren (vgl. Abb. 33).

Für den venezianischen Druck der folgenden Jahre wurde vor allen Dingen der Italiener Aldus Manutius (1449–1515) wichtig, der dort 1490 eine Offizin mit dem ausdrücklichen Ziel einrichtete, die Werke der lateinischen und griechischen Klassiker zu publizieren (vgl. Kap. 3). Zu seinen bemerkenswertesten Drucken gehört die italienische, mit 172 Holzschnitten illustrierte *Hypnerotomachia Poliphili* (Traumliebesstreit des Poliphilo) aus dem Jahre 1499 (GW 7223, vgl. Abb. 24 und 25). Der Autor Frater Franciscus Columna (dessen genaue Identität bisher nicht sicher geklärt werden konnte) führt den Leser mit seinem im Schlafe wandelnden Helden Poliphilo durch eine phantastische Welt voller mythologischer Rätsel und Andeutungen. Der Druck dieses ebenso schwierigen wie faszinierenden Textes forderte Aldus Manutius offensichtlich besonders heraus. So wird dieser Druck übereinstimmend als das »schönste gedruckte Buch der Renaissance« bezeichnet, da nicht nur seine lichte und ausgewogene Antiqua-Type Verwendung fand, sondern darüber hinaus jede einzelne Seite durch Formsatz und mit leichten, fast schwebenden Holzschnittillustrationen voller reicher ikonographischer Anspielungen geziert wurde. Die enge Verbindung von Illustrationen und Schriftblöcken findet hier erstmalig eine perfekte Gestaltung, die Texte der einzelnen Seiten laufen in Form einer umgekehrten Pyramide aus und integrieren die allegorischen Holzschnitte auf ideale Weise. Bei aller Leichtigkeit der Typographie erheben zahlreiche Zeilen in Versalien die Texte in den Rang römischer Inschriften. Die ebenso sorgfältig komponierten wie elegant geschnittenen Holzschnitte unterscheiden sich grundlegend von den noch auf Kolorierung angelegten Holzschnitten der früheren Jahre oder den zeitgleichen im deutschen Druckgebiet. Die Illustration ist hier nicht mehr Beigabe, sondern bereichernder Bestandteil der Präsentation eines literarischen Textes. Die aus Deutschland kommende Buchdruckerkunst hat sich in Italien in typographischer und gestalterischer Hinsicht weiterentwickelt und verselbständigt. Durch die wandernden Buchdruckergesellen kam es dann gegen Ende des Jahrhunderts zu einer deutlichen Beeinflussung der deutschen Buchgestaltung durch die aus Italien zurückkehrenden Gesellen und Meister. Zu ihnen gehörte unter anderem Erhard Ratdolt, der nach zehnjähriger reicher Arbeit in Venedig 1486 nach Augsburg zurückkam und dabei ein Schriftmusterblatt mitbrachte, das neben rundgotischen Typen auch Antiqua-Typen in drei Graden und eine griechische Type enthielt.

Aus Italien zurück nach Mainz kehrte auch Johannes Numeister (um 1435–1512), der mit hoher Wahrscheinlichkeit um 1457 die Buchdruckerkunst in Mainz gelernt hatte und in Foligno zu einem der ersten Drucker der Werke des italienischen Humanismus wurde, unter anderem durch die Erstausgabe von Dante Alighieris *Divina Comedia* im Jahr 1472 (GW 7958). 1479 druckte er die *Meditationes* des Johannes de Torquemada, wahrscheinlich wieder in Mainz (H 15726). Die Ausgabe enthält vierunddreißig Metallschnitte, welche die Holzschnitte der bei Ulrich Han 1466 in Rom gedruckten Ausgabe nachahmen. Seine Wanderschaft führte Numeister weiter nach Albi und Lyon, wo er auch zu einem der Erstdrucker in Frankreich wurde.

Paris

Die Verbreitung der Buchdruckerkunst auch in den anderen europäischen Ländern vergleichbar detailliert zu schildern ist im Rahmen dieser Studie nicht möglich. Zwei Beispiele aus Frankreich und England mögen jedoch die enge Verzahnung zwischen der deutschen Kunst und ihrer europäischen Weiterentwicklung verdeutlichen. Der Vorteil der Buchdruckerkunst für die Verbreitung von Wissen und Kenntnissen wurde besonders an den Universitäten geschätzt. Die erste Offizin in Frankreich war daher bezeichnenderweise die Universitätsdruckerei der Sorbonne im Jahre 1470. Der Prior der Sorbonne, Johann Heynlin de Lapide (1435–1496), und der Rektor und Universitätsbibliothekar Guillaume Fichet (1433–1480) beauftragten die Druckergesellen Ulrich Gering aus Konstanz (gest. 1510), Michael Friburger aus Colmar (gest. nach 1477) und Martin Cranz aus Straßburg (1440 bis um 1480) mit dem Druck von klassischen und humanistischen Schriften, für die sie eine relativ große Antiqua-Schrift verwendeten. 1473 machten sich die drei Drucker in der Rue Saint-Jacques selbständig und gaben nun die geläufige theologische Literatur heraus, die schon in der Mainzer Uroffizin die besten Gewinne versprach, eine *Vulgata* von 1476 (GW 4225) und das *Rationale divinorum officiorum* des Guillelmus Durandus von 1475 (GW 9108). Auf Paris folgte 1473 Lyon als weitere bedeutende französische Druckerstadt, 1475 Albi und 1476 Toulouse.

London

Keine zehn Jahre nach Gutenbergs Tod war seine Technik in den meisten europäischen Ländern verbreitet: Seit 1473 wurde in Utrecht, seit 1474 in Valencia gedruckt, seit 1475 in Breslau, seit 1476 in Brüssel, Pilsen und Krakau, im gleichen Jahr in Westminster und seit 1477 in London.

Der Londoner Erstdrucker William Caxton (1422–1491) war ein gebildeter Tuchkaufmann, der 30 Jahre seines Lebens an dem wichtigen Handelsplatz Brügge tätig war, auch als Leiter der Merchant Adventures, der Auslandsorganisation der englischen Kaufleute. 1471 und 1472 hielt er sich zu Geschäften in Köln auf, wo er in der Werkstatt des Schriftgießers und Druckers Johann Veldener aus Utrecht die Buchdruckerkunst kennenlernte. Dieser goß ihm seine ersten Typen, mit denen er 1474 in Brügge das erste Buch in englischer Sprache drucken ließ, das von ihm selbst aus dem Französischen ins Englische übertragene *Recuyell of the Historyes of Troy* (H 7048). In Westminster eröffnete er 1476 die erste Druckerei in England, in der er zunächst Ablaßbriefe druckte und danach zwei bedeutende Werke, Geoffrey Chaucers *Canterbury Tales* und danach 1477 (GW 8322) *The Dicts or Sayings of the Philosophers* in der Übersetzung des Second Earl Revers, eine Anthologie der zentralen Zitate antiker und mittelalterlicher Philosophen. Der Text ist wie alle seine englischen Drucke (vgl. die zweite Ausgabe von 1479, Abb. 26) in einer Bastarda gesetzt und noch von Hand koloriert worden. 74 seiner 90 gedruckten Bücher sind in englischer Sprache erschienen, 20 davon hat er selbst übertragen. Alle Werke sind wichtige Schriften für die englische Literatur- und Bildungsgeschichte, ob es sich um Handbücher für die gesellschaftliche Erziehung, die Übersetzungen der lateinischen Klassiker, Enzyklopädien oder um Ritterromane handelt.

Nachdem die Buchdruckerkunst sich in den siebziger Jahren des 15. Jahrhunderts in Mitteleuropa verbreitet hatte, erreichte sie 1483 Stockholm, 1503 Istanbul, 1515 Saloniki und 1553 Moskau. Ab 1556 wurde nachweislich in Goa (Indien) gedruckt und ab 1590 in Kazuna (Japan). Obwohl seit dem achten Jahrhundert im ostasiatischen Raum Texte durch Abreibungen vervielfältigt wurden, machte erst achthundert Jahre später die gutenbergische Technik den Druck mittels einer Presse in diesem kulturell hochstehenden Teil der Welt bekannt.

Buchdruck und Humanismus

Einem Sohn der Stadt Mainz sei es zu verdanken, schrieb der deutsche »Erzhumanist« Conrad Celtis (1459–1508) am Ende des 15. Jahrhunderts in einer *Ode*, daß die Deutschen nicht mehr von den Italienern wegen ihrer angeblichen geistlosen Untätigkeit geschmäht werden könnten. Die Buchdruckerkunst hätte es nämlich ermöglicht, Anschluß an die geistige Größe der Antike zu erreichen. Und so wie einst Vergil in seinen *Georgica* die Übernahme der griechischen Musen nach Italien postulierte, so äußert nun Celtis den Wunsch, die Musen, und damit die Befähigung zur echten Dichtkunst und zur Wissenschaft, über die Alpen in die deutschen Lande zu transferieren. Bereits 1486, im Wahljahr Maximilians zum Römischen König, hatte Celtis in einer anderen *Ode* Apollo, den Schutzherrn der Dichter, angefleht, daß er mit seiner Leier von Italien nach Germanien kommen solle: »Komm, so beten wir, auch zu unseren Küsten, wie Italiens Lande du einst besuchtest; mag Barbarensprache dann fliehn und alles Dunkel verschwinden.«

Celtis betont den Unterschied zwischen unkultivierten Barbaren mit ihrer ungelenken Sprache und den gebildeten, gesitteten Römern. Dieses sprachliche Defizit setzt er einem kulturellen Defizit gleich. Er schließt sich darin gedanklich an die führenden italienischen Humanisten Francesco Petrarca (1304–1374) und Lorenzo Valla (1406–1457) an, die die kulturstiftende Funktion des Lateins betonten. Sie werteten Latein als Sprache der Weltkultur, als Sprache der Wissenschaft und der freien Künste überhaupt. Nach ihrer Auffassung war die Sprache aber nicht nur das Medium, sondern gleichzeitig der Ursprung (*semen*, Samen) und selbst Gegenstand gelehrter Kommunikation. Die lateinische Sprache wurde zum Kennzeichen jedes wahren *eruditus* und jeder *civilitas*, d.h. für jedes menschenwürdige Zusammenleben. Die enge Verknüpfung von Latein, Rechtssprache und Kirchensprache diente ihnen als Beleg, dem Latein einen grundlegenden Charakter als Träger einer bestimmten Kultur- und Geisteshaltung beimessen zu können. Durch das Erlernen dieser Sprache konnte man an der ihr implizierten Weisheit partizipieren. Im Sprachverfall sahen sie dagegen die allgemeine geistige Dekadenz und verwiesen auf Asien und Afrika am Ende des Römischen Reiches. So wie die Pflege des Lateins für die italienischen Humanisten zu einer nationalen Aufgabe wurde, um den Wiederanschluß an die einstige Größe Roms zu erreichen, so hoffte auch Celtis, daß es ihm gelingen könnte, die dem Latein innewohnenden Weisheiten in das deutsche Reich zu übertragen und den dortigen Gelehrten die Gelegenheit zu geben, selbstbewußt eine Gleichstellung mit den gebildeten Völkern zu erreichen. In der eingangs erwähnten *Ode* beschreibt nun Celtis, auf welchem Wege es möglich ist, die geistige Verspätung Deutschlands zu überwinden: allein durch die technische Erfindung Gutenbergs, die es erlaube, »feste Typen aus Erz zu formen und die Kunst zu lehren, mit umgekehrten Buchstaben zu schreiben«, dies ist eine ebenso knappe wie sinnige Beschreibung der neuen Technik. Sie ermöglicht nämlich:

- Bereitstellung von Texten der Antike in Anthologien und Editionen und damit Teilnahme an ihrer impliziten »Weisheit«,
- Wissensvermittlung (als Bildungsaufgabe) durch erschwingliche Textausgaben mit philologischer Exaktheit und in angemessener äußerer Gestaltung,
- fundierte universitäre Lehre und Forschung,
- die Bewahrung von internationalen und nationalen Handschriftenschätzen.

Renaissance-Humanismus

Unter Renaissance-Humanismus verstehen wir die vertiefte Beschäftigung mit dem klassischen und dem christlichen Altertum, eine auf deren Ideale zielende Bildungsbewegung, die das religiöse, politische und gesellschaftliche Leben formte, sich bald als Bildungsmacht verselbständigte und die gesamte Fülle des Daseins umfaßte. Die Antike wurde als ein Maßstab menschlichen Tuns angesehen, auch ihre ästhetischen und stilistischen Kategorien wurden übernommen. Eine neue Art von Dichtern setzte sich durch, der *poeta doctus*, der »Bildungsdichter«, der eine Mittelstellung zwischen Philosophen, Gelehrten und Schriftstellern einnahm und den Dichter aus Naturbegabung verdrängte. Die stilistische Meisterschaft wurde nach dem Vorbild Ciceros zum höchsten Ziel, dessen rhetorische Abhandlungen und Briefe weit mehr rezipiert wurden als seine philosophischen Schriften. Die Rückkehr auch zu der griechischen Antike wurde durch den ersten öffentlichen Lehrstuhl für griechische Sprache und Literatur 1397 in Florenz begünstigt. Die christliche Antike, besonders vermittelt durch die Kirchenväter (hier wiederum vor allem durch Augustinus), stand den Humanisten ebenso selbstverständlich nahe. Die Forschung des 19. Jahrhunderts hatte in der Nachfolge Jacob Burckhardts den Renaissance-Humanismus einseitig mit säkularer, kirchen- und religionsfeindlicher Tendenz gezeichnet, Kriterien wie Individualismus, Ästhetizismus und Immoralismus überbetont. Die Forschungen der letzten Jahre zeigen dagegen eine durchaus fruchtbare Verbindung von Humanismus und Theologie auf, sowohl in philologischen Fragen als auch bei der Formung eines Menschenbildes. Die »humanistische Theologie« eines Erasmus von Rotterdam (1466–1536) kann somit als ein Bindeglied zwischen mittelalterlicher und reformatorischer Theologie angesehen werden.

Schon unter den Zeitgenossen gab es gewichtige Stimmen gegen einen inhaltsleeren sprachlichen Purismus, in Italien vor allem die des Florentiner Politikers und Humanisten Coluccio Salutati (1331–1406) und des römischen Rhetorikers Lorenzo Valla. Im deutschsprachigen Gebiet rügte namentlich Erasmus von Rotterdam mit satirischer Schärfe in polemischen Briefen eine neue Generation von Scholastikern, die nicht zu einer schöpferischen Begegnung mit der Antike gelangten und den aufklärerischen Impuls der *humanitas* nicht verstünden. Neben Cicero propagierte er Horaz, Plutarch und Lukian als geistige Vorbilder. Nach einer Definition des Humanismusforschers Dieter Wuttke ging es den Humanisten darum, im Rückgriff auf altes, vorrangig antikes Wissen und im Bewußtsein der Würde und Verpflichtung des Menschen als Ebenbild Gottes neues Wissen, neues Bewußtsein und neue Weisheit zu schaffen, die den Menschen ethisch reifer machen und Gott näher bringen sollten. Selbstverständlich war den Humanisten auch die Einheit von Geistes- und Naturwissenschaften. Über den engeren Kreis der *studia humanitatis*, die Grammatik, Rhetorik, Dialektik, Geschichte, Dichtkunst und Moralphilosophie umfaßten, forderten sie die Beschäftigung mit den mathematischen Künsten des Quadriviums, mit Arithmetik, Geometrie, Astronomie und Musik. Sichtbarstes Zeichen für dieses Zusammenwirken war die Errichtung eines »Collegium poetarum et mathematicorum« im Jahr 1502 auf Anregung von Conrad Celtis durch Kaiser Maximilian an der Universität Wien. In programmatischen Widmungsvorreden und bebilderten Einblattdrucken hat Celtis die Ideen des Renaissance-Humanismus als eine »integrative Kraft« für das gesamte Denken und Handeln definiert. Der von ihm initiierte Holzschnitt der *Philosophia* Albrecht Dürers aus seinen *Amores* (1502) zeigt die Philosophie als die Summe aller Bereiche der Natur und des Geistes. Die Bildunterschrift faßt zusammen: »Was das Wesen von Himmel, Erde, Luft und Wasser ausmacht und was das Menschenleben umfaßt sowie was der feurige Gott im ganzen Erdkreis schafft: Alles trage ich, Philosophia, in meiner Brust.«

Die hohe Einschätzung ihrer pädagogisch-geistigen Bildungsaufgabe führte die Humanisten zu gesteigerten Anforderungen an die technische und illustrative Ausstattung der von ihnen herausgegebenen Druckwerke. Sie sollten nicht nur philologisch exakt sein, sondern auch in ihrer äußeren Gestaltung dem inneren Wert entsprechen. Diese Forderung stellte hohe Ansprüche an die Bildung der Setzer, Korrektoren und Verleger. Es haben sich zahlreiche Äußerungen von Drucker-Verlegern erhalten, in denen sie hervorheben, mit welcher Sorgfalt sie einen einwandfreien Druck der Texte ermöglicht hätten. Aber auch Typographie und Seitengestaltung fanden die Aufmerksamkeit der Herausgeber und bald auch der Käufer. Die Wahl der richtigen Schriftgrade, des angemessenen Durchschusses oder die Verwendung eines sauberen, glatten Papiers wurden ausgiebig disputiert, wichtig war auch die grundsätzliche Wahl der Antiqua als der angemessenen Schrift für die Texte der Antike. Sie wurde für den Druck aus der Humanistenkursive entwickelt, die wiederum eine Nachahmung der karolingischen Minuskel war, in der zahlreiche römische Schriftsteller überliefert worden waren. Die Antiqua wurde daher bei der Wiedergabe klassischer Quellen oder bei zeitgenössischen humanistischen Werken verwendet, die sich an der Antike orientierten. Die ersten reinen Antiqua-Drucke im deutschen Sprachgebiet stellte der Mathematiker und Astronom Johannes Regiomontanus (Johannes Müller aus Königsberg, 1436–1476) in seiner Nürnberger Druckoffizin seit 1474 her. Diese Type wurde auch zum Markenzeichen von Johannes Amerbach (1443–1513) in Basel, der 1486 damit die *Epistolae* des Francesco Filelfo (1391–1483) setzte.

Erasmus von Rotterdam äußerte sich mit vergleichbarer Wertschätzung wie Celtis über die Chancen des Buchdrucks für die Bildung des Volkes. So beklagt er in einem Brief an den elsässischen Theologen Johannes Botzheim (um 1480–1524) die geistige Verspätung nördlich der Alpen: »Als ich ein Knabe war, begannen die ›guten Wissenschaften‹ in Italien wieder aufzublühen. Aber entweder weil die Buchdruckerkunst noch nicht erfunden worden war oder weil sie noch zu wenig bekannt war, bis zu uns gelangten keine Bücher, und in absoluter Ruhe führten überall die das Zepter, welche die ungebildetste Bildung dozierten…« Nach dem Bekanntwerden der Buchdruckerkunst nutzten nach Meinung des Erasmus die Italiener die neue Technik konsequenter und sinnvoller, und er forderte dagegen – in seinen *Adagia* – öffentliche Unterstützung auch diesseits der Alpen: »Würden unsere Fürsten [...] den wissenschaftlichen Bestrebungen mit ähnlicher Aufgeschlossenheit gegenüberstehen wie die italienischen, so stünden die Schlangen Frobens im buchhändlerischen Erfolg dem Delphin des Aldus nicht nach. Aldus hat unter dem Motto *Eile mit Weile* nicht weniger Geld als Ruhm erworben, beides übrigens verdientermaßen. Froben aber, der den Stab immer aufrecht hält und kein andres Ziel vor Augen hat als das Gemeinwohl, ist, da er von der Einfalt der Tauben nicht abgehen will und die Klugheit der Schlangen mehr in seiner Druckermarke bekundet als bei seiner Handlungsweise, eher berühmt als reich geworden.«
Erasmus spielt damit auf die Druckermarken der bedeutenden Drucker Aldus Manutius in Venedig und Johann Froben (1460–1527) in Basel an, die für die Verbreitung seiner Schriften, aber auch für die Verbreitung der Texte der Antike im Geist des Renaissance-Humanismus Erhebliches geleistet haben.

Aldus Manutius stellte in rascher Folge in Antiqua-Type die Texte der römischen und griechischen Antike her. Die »Aldinen« gelten bis heute als Meisterwerke der Buchdruckerkunst. Der Philologe Manutius wurde nach seinem Studium in Rom und Ferarra auf Empfehlung von Pico della Mirandola Prinzenerzieher in Carpi (bei Modena). Seit 1490 richtete er mit Unterstützung seiner Schüler Alberto und Lionello Pio von Carpi eine Druckerei in Venedig ein, mit dem ausdrücklichen Ziel, die Werke der lateinischen und griechischen Klassiker verbreiten zu helfen. Er scharte Philologen und gelehrte Editoren um sich, bemühte

sich um geeignete handschriftliche Druckvorlagen und gab selbst einführende Kommentare bei. Zu seinem Markenzeichen wurde das handliche Oktavformat und die von Francesco Griffo da Bologna geschnittene kursive Antiqua-Type (seit 1501). Besondere Verdienste erwarb sich Aldus auch mit achtundzwanzig Erstausgaben griechischer Klassiker, für die er eine – eng an dem Handschriftenduktus orientierte – eigene Type schneiden ließ (vgl. Abb. 35). Aldus korrespondierte mit dem ganzen gebildeten Europa. Zu seinen Autoren und Briefpartnern gehörte auch Erasmus, der sich häufig enthusiastisch über dessen Arbeit äußerte. Bei der Erörterung des Sprichwortes »Eile mit Weile« in den *Adagia* lobte Erasmus z. B. in einer Digression Aldus Manutius: »Venedig ist aus vielen Gründen eine hochberühmte Stadt, hauptsächlich aber verdankt sie ihren Ruhm der Offizin des Aldus.«
Aus einem Angebotsbrief vom Jahre 1507 wird die hohe Wertschätzung seiner Druckerzeugnisse deutlich: »Ich schicke Dir zwei Tragödien, die ich mit großer Kühnheit, aber recht glücklich übersetzt habe, wie du dich selbst überzeugen kannst. Badius [Ascensius, 1461–1535, seit 1503 Drucker und Verleger in Paris] hat sie bereits gedruckt, mit recht gutem Erfolg, wie er schreibt; denn er hat offenbar schon alle Exemplare verkauft. Allerdings hat er meinen Ruf etwas zu wenig berücksichtigt, denn alles wimmelt von Fehlern, und Badius hat sich bereit erklärt, eine zweite, verbesserte Auflage zu veranstalten. Ich fürchte jedoch, daß er, wie Sophokles sagt, Übles mit Üblem flickt. Ich würde mich glücklich schätzen, meine Werke unsterblich gemacht zu sehen, wenn sie mit deinen kleinen Typen, den schönsten von allen, gedruckt würden.«

Erasmus geht es um die den Texten angemessene typographische Schönheit, aber auch um die philologische Korrektheit seiner Schriften. Wie die Gelehrten seiner Zeit stand er mit den Druckerverlegern in einem engen Austausch und arbeitete mit ihnen sowohl in Fragen des Verlagsprogramms und der Bemessung der Auflagenhöhe zusammen als auch bei der äußeren Gestaltung (Abbildungen, besonderer Durchschuß für Schulbücher etc.) und bei den Korrekturen.

In seiner Kooperation mit Johann Froben in Basel, den man den »zweiten Aldus« nannte, da er in Basel den Gebrauch der Antiqualettern eingeführt hatte, ging Erasmus so weit, während der Zeit der Drucklegung seiner Schriften im Hause des Verlegers zu wohnen und als eigener Korrektor zu arbeiten. Er überwachte dort zum Teil den Neudruck seiner *Adagia*, des griechischen *Neuen Testaments* und des *Lobs der Torheit*. Über diese Tätigkeit äußerte er sich vielfach in seinen Briefen, voller Klagen über die »Basler Zwangsarbeit«; diese Symbiose von Autor und gelehrtem Verleger erklärt auch zum Teil die meist geringen Honorarzahlungen. Zum einen ließ ein Autorenbewußtsein, das sich an der gelehrten Standeskultur orientierte, eine direkte Bezahlung für geistige Arbeit nicht zu, zum anderen erhielten Autoren häufig Unterkunft und Freiexemplare zur Abgeltung ihrer Aufwendungen.

In Paris ließ Erasmus 1511 sein *Moriae encomium*, das *Lob der Torheit*, drucken, das zum brillantesten Beispiel für die Satire im 16. Jahrhundert wurde. Moria, Frau Torheit selbst, besteigt darin die Lehrkanzel und hält den Gelehrten, Theologen, Richtern und hohen Beamten den Narrenspiegel vor. Mit schillerndem Sprachwitz, klassischen Anspielungen und literarischer Gestaltungskraft gewann diese Satire in der Nachfolge Lukians hohes Ansehen bis in die Gegenwart. Es setzte auf einer anderen Ebene die Narrensatire Sebastian Brants (1457–1521), das *Narrenschiff* (1493), fort. Brant behandelt darin in 112 Bildgedichten (mit Motto, *pictura*, Titel und Spruchgedicht) alle menschlichen Narrheiten, darunter die Laster, die Torheiten des Lebens, die Eigentümlichkeiten der Berufe, Modetorheiten und religiöse Auswüchse. Im Bild des Schiffes werden alle diese menschlichen Schwächen zusammengefaßt zu einer Schiffsreise menschlichen Lebens. Als Ziel dieser Narrenwelt ist die Erkenntnis der Torheit und die Einsicht in die wahre Weisheit von Brant intendiert. Von den Zeitgenossen wurde Brants Hauptwerk begeistert aufgenommen, bis zu seinem Tode 1521 erschienen siebzehn Ausgaben in deutscher Sprache und achtzehn in der lateinischen Version *(Stultifera navis)*, die Jakob Locher (1471–1528) im Jahr 1497 bei Bergmann von Olpe (um 1460–1532) herausgebracht hatte. Diese lateinische Übersetzung sicherte dem *Narrenschiff* wiederum europaweite Verbreitung und blieb sicherlich auch nicht ohne Einfluß auf Erasmus.

Die in der Inkunabelzeit am häufigsten gedruckten antiken Texte sind die Schriften CICEROS (GW 6708–7023). Die Hälfte der 316 nachgewiesenen Ausgaben stammt aus Italien, aus den großen Druckerstädten Rom, Venedig, Mailand oder auch Parma (vgl. Abb. 22, 23 und 27). Dabei überwiegen die Ausgaben der Briefe und der rhetorischen Werke, die als neues Kunst- und Stilideal gefeiert wurden. Von den römischen Dichtern findet man achtzig Ausgaben OVIDS, darunter aber mehr als die Hälfte Ausgaben der *Epistolae heroidum*, die als Schulbuch Verwendung fanden.

Weit verbreitet waren daneben die Komödien des TERENZ, die ab 1470 durch Johannes Mentelin auch im deutschen Reich verbreitet wurden. Johannes Grüninger (1455–1533) brachte in Straßburg 1496 eine lateinische und 1499 eine reich illustrierte deutschsprachige Terenz-Ausgabe heraus (H 15431 und 15434). Ihr ging eine bei Johann Trechsel (gest. 1498) in Lyon 1493 gedruckte Terenz-Ausgabe mit 159 Holzschnitten als eine besondere Leistung französischen Buchdrucks voraus (H 15424). Die Ausgabe Grüningers ist nicht nur für die Textkritik und die Geschichte der Buchkunst von großer Bedeutung, sondern ebenso für die Theaterwissenschaft und die Kostümgeschichte. Der Titelholzschnitt (vgl. Abb. 28) zeigt erstmals eine zeitgenössische »Terenzbühne«, ein gotisches Komödienhaus, und die seitengroßen Szenenbilder zu Beginn jeder Komödie stellen erstmals dramatische Charaktere in der Buchgraphik vor. Text und begleitender Kommentar sind zweispaltig gesetzt und mit 158 Textholzschnitten anschaulich illustriert (vgl. Abb. 29).

Bei Johann Grüninger erschien 1498 auch eine reich mit Holzschnitten ausgestattete Ausgabe des HORAZ von Jakob Locher (H 8898). Petrarca zählte den Dichter der *Oden* zu seinen Lieblingsautoren; Landino hatte 1482 einen ersten humanistischen Kommentar zu Horaz publiziert, dem rasch mehrere folgten. Für die deutschen Humanisten entdeckte Conrad Celtis 1486 Horaz, als er in seiner *Ars versificandi* die horazischen Metren einführte.

Die Schriften VERGILS nehmen eine quantitative Sonderstellung ein, sie wurden bereits in der Antike – auf besonderen Wunsch des Kaisers Augustus – zunächst in Papyrusrollen weit verbreitet und im 4. nach-

christlichen Jahrhundert in Pergamentcodices übertragen. Acht Codices, mehr als von jedem anderen antiken Autor, sind aus der Spätantike erhalten geblieben. Nachdem etwa fünfzig Generationen die Texte immer wieder abgeschrieben hatten, erschien 1469 in Rom die erste Ausgabe im Druck. Seitdem ist kaum ein Jahr vergangen, in dem nicht mindestens eine Vergil-Ausgabe erschien, zwischen 1469 und dem Ende der Inkunabelzeit allein 81 Drucke der *Opera omnia*. Die *editio princeps* besorgte der Bischof von Aleria, Giovanni Andrea Bussi, in Rom bei den deutschen Druckern Konrad Sweynheim und Arnold Pannartz; sie enthielt die in der Handschriftenüberlieferung des Mittelalters üblichen Beigaben, die *Vita* des Donat, die Gedichte der *Appendix Vergiliana* und weitere ihm zugesprochene *Opuscula*; seit 1475 wird zumeist der Kommentar des Servius mitgedruckt. Bei der Anordnung des Kommentars im Druck orientierte man sich, wie auch sonst, am Handschriften-Vorbild: Der Haupttext wurde vom Kommentar eingerahmt, der in einem kleineren Schriftgrad gesetzt wurde (vgl. Abb. 30, eine Doppelseite mit den Anfangszeilen der *Aeneis* und dem Kommentar des Servius). Die heute übliche Form, den Kommentar unter den Text zu umbrechen, setzte sich erst im 17. Jahrhundert durch.
Die erste illustrierte Ausgabe des Vergil wurde 1502 bei Johann Grüninger in Straßburg mit 214 großformatigen Holzschnitten gedruckt. Grüninger unterhielt seit 1482 in Straßburg eine Offizin und gab deutsche Prosaerzählungen (u.a. 1515 den *Ulenspiegel*) heraus, aber vor allem zahlreiche lateinische und deutsche Klassikerausgaben, die er reich illustrieren ließ. Neben den genannten Terenz-Ausgaben verlegte er 1498 die *Carmina* des Horaz, 1499 den *Goldenen Esel* des Apuleius, 1501 *De consolatione philosophiae* von Boethius, 1502 Vergil und 1507/08 Livius und Cäsar.

Die *Opera* Vergils von 1502 gab Sebastian Brant bei Grüninger heraus (vgl. Abb. 31), der neben der Textredaktion auch bei der Themenauswahl für die Holzschnitte beratend zur Seite stand. Die Abbildungen setzten gediegene Kenntnisse des lateinischen Textes, aber auch der Kommentare und der antiken Mythologie voraus (Attribute der Götter u.ä.). Die antiken Orte spiegeln die deutsche Wirklichkeit um 1500 wider: Fachwerkhäuser, Kirchen mit Glocken in Troja, Kaiser Octavian mit deutscher Kaiserkrone etc. Auch die christliche Ikonographie war den Zeichnern und Formschneidern – bzw. ihrem Berater – nicht unbekannt; es überwiegen Realismus und Anschaulichkeit der Darstellung. Die Künstler selbst sind unbekannt, wir wissen aber, daß Grüninger in seiner Offizin u. a. Hans Baldung Grien, Hans Leonhard Schäufelein und Urs Graf beschäftigte.

Aber es erschienen nicht nur die Werke der antiken Literatur, sondern auch der Rechtsprechung und der Naturwissenschaften. Am 24. Mai 1468 beendete Peter Schöffer bereits den Druck der *Institutiones Justiniani* (GW 7580), im Satzbild wiederum den Handschriften nachempfunden: den Text in größerem Schriftgrad, vom Kommentar im kleinerem Schriftgrad umgeben (vgl. Abb. 32). Das Gesamtverzeichnis der Wiegendrucke verzeichnet danach etwa zweihundert Ausgaben des *Corpus Iuris Civilis* (GW 7581–7777); die meisten Editionen erschienen in Venedig, aber auch Heinrich Eggestein (um 1420–1488) in Straßburg oder Anton Koberger (gest. 1513) in Nürnberg druckten Ausgaben des römischen Rechts.

Die *Historia naturalis* von Gaius Plinius Secundus (23–79 n. Chr.), ein Kompendium antiker Physik, Mathematik, Medizin, Zoologie, Geographie und Astronomie, erschien bereits 1469 in Venedig bei Johannes von Speyer und wurde bis 1500 fünfzehnmal nachgedruckt (H 13087–13106); wir zeigen die reich geschmückte Ausgabe von Nikolas Jenson in Venedig 1472 (vgl. Abb. 34). Diese enzyklopädische Naturkunde war das ganze Mittelalter über präsent, mehr als 200 Handschriften haben sich bis heute erhalten.
Vor allem in Italien fanden auch die medizinischen Werke des griechischen Arztes Galen (129–199) Interesse: einige Schriften in lateinischer Übertragung erschienen in der Sammlung *Articella* (GW 26783), eine größere Auswahl 1490 in Venedig (GW 10481) sowie 1500 eine griechische Ausgabe der *Therapeutica* (H 7426). Diese Ausgaben begründeten im 16. Jahrhundert eine philologisch-literarische oder auch »humanistische Medizin« die sich an der Devise *ad fontes* orientierte und versuchte, das ärztliche Wissen der Antike, namentlich des griechischen Altertums, für die Gegenwart nutzbar zu machen.

Zu den wichtigsten astronomischen und astrologischen Inkunabeln zählen die *Elementa geometriae* des Euklid 1482. Euklid (365–300 v. Chr.) hatte in den *Elementa* das gesamte mathematische Wissen der Griechen in ein logisches System gebracht; es handelt sich daher um das älteste mathematische Lehrbuch der Welt. Durch eine Übersetzung ins Arabische gelangte es im 12. Jahrhundert nach Europa, wo es durch die lateinischen Übersetzungen bekannt wurde. Dem Erstdruck von Erhard Ratdolt 1482 in Venedig liegt eine Überarbeitung aus dem Jahr 1260 durch Johannes Campanus zugrunde (GW 9428). Ratdolt unterhielt seit 1476 eine der führenden Offizinen in Venedig. Die erste Seite der *Elementa* (vgl. Abb. 35) zeigt die hohe Qualität seiner Werkstatt, die sich durch prächtige Initialen und Titel-Rahmen auszeichnete (weiße Buchstaben und Ranken auf schwarzem Grund). Darüber hinaus finden wir hier zum ersten Mal mathematische Figuren im Holzschnitt mitgedruckt, die bis zu diesem Zeitpunkt immer noch von Hand ergänzt worden waren.

Vom letzten großen Gelehrten der Antike, Claudius Ptolomäus (er wirkte zwischen 125 und 151 n. Chr.), waren im Mittelalter meist nur seine astronomischen Werke bekannt. Seine *Cosmographia* wurde erst zu Beginn des 15. Jahrhunderts ins Lateinische übersetzt. Die Erstdrucke ab 1475 enthalten noch keine Karten, sondern nur seinen Ortskatalog mit über 8000 Einträgen und Angaben der Längen- und Breitengrade. Ab 1477 erscheinen sechs Ausgaben mit Karten. Die 1482 in Ulm von Lienhart Holl gedruckte Ausgabe der *Cosmographia* ist der erste gedruckte Weltatlas nördlich der Alpen. Die Karten haben eine trapezförmige Projektion und sind bereits im Verlag sorgfältig koloriert worden. Holl schuf für diese Ausgabe eigens eine recht große Antiqua-Type; Abbildung 37 zeigt eine Doppelseite von Italien, die zu den fünf modernen, das heißt zeitgenössischen Karten gehört, neben Karten von Spanien, Frankreich, Palästina und einer Nordlandkarte.

Der deutsche Frühhumanismus

Der deutsche Humanismus entstand durch die direkte Begegnung mit dem italienischen Humanismus um die Mitte des 15. Jahrhunderts an verschiedenen Orten, an Höfen und Kanzleien, Schulen und Universitäten. Er erfaßte ständeübergreifend Adlige, Patrizier und Personen niederer Herkunft, denen er Aufstiegsmöglichkeiten über die Bildung eröffnete. Zunächst fand er daher bei der laikalen Intelligenz, dann aber auch im sogenannten Klosterhumanismus und bei der Erneuerung christlicher Erziehung (besonders am Oberrhein) Widerhall.

Der oft beschworene »Frühhumanismus« um 1400 am Prager Hof Kaiser Karls IV. prägte die Kunst und die Architektur, zeigte aber zunächst in der Literatur wenig Resonanz. Die Rezeption seines bedeutendsten literarischen Dokuments, des *Ackermanns aus Böhmen* (1400) des Johannes von Tepl (um 1350–1415), ein Streitgespräch zwischen dem Menschen und dem Tod, setzte nämlich erst siebzig Jahre später mit dem Buchdruck ein: Es wurde als eines der ersten Bücher in der Volkssprache um 1470 von Albrecht Pfister in Bamberg mit beeindruckenden Holzschnitten, die die Schlüsselszenen illustrieren, publiziert und dann bis 1500 in rascher Folge in weiteren 16 Ausgaben in Bamberg, Straßburg, Basel, Augsburg und Heidelberg nachgedruckt. In zweiunddreißig Wechselreden führt Johannes von Tepl darin die Auflehnung des Menschen gegen das unausweichliche Schicksal des Todes vor Augen; die Debatte enthält durchaus tradierte mittelalterliche Elemente des Streitgesprächs, aber auch humanistische Akzente durch eine Neubewertung der Beziehung des Menschen zu seinem Schöpfer. Dieser facettenreiche Text einer Übergangsepoche ist auch für die Entwicklung einer Kunstprosa in deutscher Sprache von grundlegender Bedeutung. Seine breite Rezeption im Buchdruck zeigt seinen unterhaltend belehrenden Charakter für die Lektüre der Laien, aber auch seine Verwendung als klösterliche Erbauungslektüre.

Wie Rudolf Agricola (1444–1485), Conrad Celtis oder Peter Luder (1415 bis 1472), geprägt durch ihre persönlichen Italienerfahrungen, zu Protagonisten humanistischer Ideen und neulateinischer Literatur wurden und sie in den von ihnen gegründeten »Sodalitäten« im deutschen Reich verbreiteten, so wurden auch die frühesten Vertreter volkssprachiger humanistischer Literatur durch persönliche Kontakte zu italienischen Humanisten in ihrer Einstellung bestimmt. Zwei Gelehrte, die humanistisches Gedankengut – jeder auf seine spezifische Weise – in deutscher Sprache in der zweiten Hälfte des 15. Jahrhunderts propagierten, waren der Ulmer Arzt und Schriftsteller Heinrich Steinhöwel (1411–1479) und der Kanzler des Grafen Ulrich von Württemberg, Niklas von Wyle (1415–1479). Sie wurden gleichzeitig die ersten bedeutenden literarischen Übersetzer im deutschen Sprachraum. Steinhöwel brachte ab 1471 in Augsburg bei Günther Zainer und ab 1475 in Ulm bei dessen Bruder Johann sein gesamtes Werk planvoll zum Druck. Im Buchdruck treffen beide Autoren auch unmittelbar aufeinander: Steinhöwels lateinisch-deutsche Ausgabe des *Aesopus* (1476) in Ulm bei Zainer (vgl. Abb. 43) enthielt im Anhang die Novelle von *Guiscardus und Sigismunda*, die zweite *Translatio* des Niklas von Wyle aus dem italienischen *Decamerone* Giovanni Boccaccios (1313–1375), vermittelt durch Leonardo Brunis (1369–1444) Übersetzung in das Lateinische.

Mit der Drucklegung seiner *Translationen oder Tütschungen* in Eßlingen 1478 wandte sich Niklas von Wyle mit neuen humanistischen Leitbildern an die literarische Öffentlichkeit: Der durch Bildung qualifizierte Fürst und die ihm ebenfalls durch Bildung ebenbürtige adelige Dame standen im Zentrum seiner Übersetzungen. Prägend für Niklas von Wyle erwies sich seine enge persönliche Beziehung und seine Korrespondenz mit Enea Silvio Piccolomini während dessen Tätigkeit in Diensten Friedrichs III. in Wien (bevor er 1458 als Pius II. zum Papst gewählt wurde). Piccolominis Briefe und Abhandlungen wurden zeitgenössisch ebenso als Stilmuster rezipiert wie als gedankliche Anregungen und Auseinandersetzungen mit dem italienischen Renaissance-Humanismus. Niklas von Wyle war wie alle Gelehrten seiner Zeit zweisprachig, Latein verwendete er allerdings nur in seinen Briefen: Man kann ihn eher als einen Propagator humanistischen Gedankengutes in deutscher Sprache charakterisieren. An seinem Hauptwerk, den *Translatzen*, arbeitete er zwischen 1461 und 1478; es handelt sich um eine Sammlung von achtzehn unterschiedlichen Erzählungen von Autoren des italienischen Humanismus von Poggio (Giovanni Bracciolini), Enea Silvio Piccolomini, Leonardo Bruni, Francesco Petrarca, Nicolosia Sanuda, Gasparino Bar-

zizza und Buonaccorso da Montemagno. Diese Texte kursierten vielfach in Handschriften, wurden aber seit 1476 dank seiner Übertragungen und der Drucklegung in Einzeltexten zu den gefragtesten deutschen Lesestoffen überhaupt. Er bemühte sich mit seinen Übersetzungen, die deutsche Sprache dem Stilideal des Lateins anzugleichen und die lateinische Vorlage möglichst getreu zu imitieren. Seine eng an lateinischer Syntax und Wortstellung angelehnte deutsche Sprache konnten daher nur die am Lateinischen geschulten, gebildeten Leser verstehen. Einige der Übersetzungen enthalten spezifisch humanistische Programmatik, vor allem die zehnte *Translatze*, ein Erziehungstraktat, den Enea Silvio Piccolomini 1443 für den sechzehnjährigen Herzog Sigmund von Tirol verfaßt hatte. Niklas von Wyle widmet diesen Lehrbrief und Fürstenspiegel seinerseits dem Markgrafen Karl von Baden und empfiehlt ihn für die Erziehung seiner drei Söhne. Sie sollten sich den klassischen Studien zuwenden und die dadurch vermittelten theoretischen und praktischen Kenntnisse positiv nutzen.
Die sechzehnte *Translatze* ist eine Ruhmrede auf die Frauen, deren Tugenden und Weisheit er lobt, wobei er die Beispiele der weisesten, gelehrtesten und gebildetsten Frauen aus seiner Vorlage von Nicolosia Sanuda übernimmt und um eigene Beispiele von bedeutenden Frauen seiner Zeit, etwa der Pfalzgräfin Mechthild, ergänzt.

Konsequenter als Niklas von Wyle plante der Ulmer Stadtmedicus Heinrich Steinhöwel in seiner ab 1471 belegbaren Zusammenarbeit mit den Druckern Günther und Johann Zainer in Augsburg und Ulm die öffentliche Verbreitung seiner Übersetzungen. Steinhöwel hatte Johann Zainer aufgefordert, in Ulm eine Offizin einzurichten und unterstützte ihn zeitlebens finanziell, gleichzeitig bestimmte er sein Verlagsprogramm mit. Zu seinen erfolgreichsten Übersetzungen gehörte die Novelle *Griseldis* aus dem *Decamerone* Boccaccios; Steinhöwel lernte sie in einer lateinischen Bearbeitung von Francesco Petrarca mit dem aussagekräftigen Titel *De oboedientia et fide uxoris* (1373) kennen. In dieser weitverbreiteten Novelle wird die Geschichte eines armen Bauernmädchens erzählt, das von einem Fürsten geheiratet und von ihm verschiedenen Gehorsamkeitsprüfungen unterzogen wird. Steinhöwels recht freie Übersetzung wurde 1471 bei Günther Zainer in Augsburg gedruckt (H 12817) und noch im gleichen Jahr zweimal nachgedruckt;

1473 erschien bei Johann Zainer in Ulm eine illustrierte Ausgabe; bis zum Jahr 1500 schlossen sich weitere zehn Neuauflagen an.

Das umfangreichste Werk Steinhöwels war die lateinisch-deutsche Ausgabe der spätantiken Fabeln des Äsop, die er 1476 bei Johann Zainer in einem reich illustrierten Folioband herausbrachte (GW 351; vgl. Abbildung 43). Dieser Sammelband enthält die mittelalterliche Äsop-Überlieferung, angereichert um eine jüngere humanistische Fabelsammlung des Rinuccio da Castiglione aus Mailand von 1471 und einigen *Facetien* des Poggio. Steinhöwel stellt diesen lateinischen Texten seine freie deutsche Prosaübersetzung gegenüber. Die zweisprachige Ausgabe ist mit über 200 Holzschnitten geziert; sie machen diesen Druck zu einem besonders prachtvollen Beleg der Rezeption spätantiker und humanistischer Fabeln (vgl. Kapitel »Fabeln«).

Ein dritter Frühhumanist ist zu benennen, der sich neben der Übersetzung in die Volkssprache auch mit der Herausgabe und Sammlung antiker lateinischer Dichtung und Lehrschriften beschäftigte: Albrecht von Eyb (1420–1475). Der Eichstätter Domherr hatte während seines vierzehnjährigen Studienaufenthalts in Italien seine entscheidenden geistigen Prägungen erhalten und dort die *studia humanitatis* kennengelernt. Bereits 1459 hatte er ein Florilegium rhetorischer, poetischer und historischer Schriften angelegt, das er erst 1472 bei Johannes Sensenschmidt in Nürnberg zum Druck brachte: die *Margarita poetica*. Er verstand dieses Handbuch als ein Musterbuch antiker Rhetorik, Brief- und Dichtkunst. Die umfangreichen Auszüge aus den Werken von Vergil, Juvenal, Ovid, Statius, Prudentius, aber auch von Cicero, Valerius Maximus oder Apuleius und den jüngeren italienischen Humanisten Petrarca oder Poggio verfolgten den Zweck, die Redekunst in Deutschland heimisch zu machen beziehungsweise zu verbessern und gleichzeitig die in den Texten implizierte Weisheit in den eigenen Lebensbereich zu vermitteln und damit zu einer geistigen Erneuerung beizutragen. Albrecht von Eybs Zusammenstellung hat einen eigenen, spezifischen Charakter und eine besondere philologische und philosophische Ausprägung, die es noch genauer zu entschlüsseln gilt; sie wurde jedoch von den Zeitgenossen vielfach als eine reine Anthologie von Auszügen antiker und humanistischer Texte rezipiert, die noch nicht in eigenen Ausgaben vollständig zur Verfügung standen. Zwischen 1472 und 1503 erlebte daher die *Margarita* mindestens fünfzehn Auflagen. In seinem Epilog erklärt Albrecht von Eyb die Notwendigkeit, sich mit der antiken Dichtung vertraut zu machen, denn nur wer diese kenne, besitze die »eines freien Mannes würdige Bildung«.

Von seinen deutschsprachigen Traktaten, die sein erudites Wissen und die Kenntnis antiker, mittelalterlicher und humanistischer Autoren deutlich werden lassen, sei hier sein *Ehebüchlein* genannt, das 1472 bei Anton Koberger in Nürnberg unter dem sprechenden Titel *Ob einem Manne sey zu nehmen ein eheliches Weib oder nicht* erschien. Neben dem theologischen Bedeutungszusammenhang betont er darin auch den Wert der Ehe für die Gesellschaft und für das Wohl der Ehepartner. Parallel zur Aufwertung der Ehe wird die Stellung der Frau und ihre kulturelle Bedeutung mit Hinweis auf bedeutende Frauen der Geschichte neu akzentuiert.
Albrecht von Eybs Übersetzungen zeichnen sich durch eine lebendigere Prosa und eine freiere Handhabung der Übersetzung aus als die von Niklas von Wyle. Er übersetzte nicht mehr sklavisch nach dem Latein, sondern »nach dem sinn und maynung der materien«. Albrecht von Eyb gehört damit nicht nur zu den Vermittlern antiker lateinischer Literatur und Kultur, sondern auch zu den frühen Schöpfern einer deutschen Literatursprache.

Griechisch- und Hebräisch-Druck

Griechische Texte wurden in der Inkunabelzeit nur selten vollständig gedruckt, im Griechisch-Satz erschienen zunächst nur griechische Grammatiken und Wörterbücher (GW 7812–7818). 1488 erschien in Florenz die erste Ausgabe des Homer in Griechisch (H 8772). Erst die Editionen bei Aldus Manutius in Venedig, der seit 1495 mit griechischen Typen druckte, änderten das Bild: 1498 finden wir bei ihm bereits Theokrit und Hesiod und neun Komödien des Aristophanes im Programm. Die meisten griechischen Autoren waren bis dahin durch lateinische Übersetzungen bekannt geworden, so Herodot und Thukydides oder Plutarch (1470, H 13125). Die *Ilias* z.B. wurde von Lorenzo Valla übersetzt und zweimal gedruckt. Bereits im ersten Verlagsjahr 1495 erschien bei Aldus Manutius der erste Band einer fünfbändigen Aristoteles-Ausgabe (GW 2334, vgl. Abb. 36), in den folgenden zehn Jahren brachte er u. a. Thukydides, Herodot, Sophokles, Euripides, Demosthenes und die *Moralia* Plutarchs heraus. Er hatte dazu eine eigene, am Handschriftenduktus orientierte Griechisch-Type schneiden lassen. 1509 bis 1512 mußte Aldus wegen des Krieges der Liga von Cambrai gegen Venedig seine Offizin schließen; in den letzten drei Lebensjahren bis 1515 brachte er aber noch Pindar, Platon, Hesych und Athenaios heraus, ebenso eine Ausgabe der attischen Redner.

Durch die Gründung der »Neacademia«, einer wissenschaftlichen Akademie für Griechisch-Studien im Jahre 1500 in Venedig, der Heranziehung der besten Gräzisten und durch die kritische Auswahl der geeignetsten Handschriften machte sich Aldus auch um die Textgeschichte des Griechischen verdient. Seine »Cheflektoren« waren die Kreter Markos Musuros (Lehrstuhlinhaber für Griechisch an der venezianischen Staatsuniversität in Padua) und Johannes Gregoropulos. Zahlreiche Handschriften, die ihnen als Druckvorlagen dienten, haben sich in der Bibliothèque Nationale in Paris und in der Bibliothek des Beatus Rhenanus in Sélestat erhalten, sie sind gemeinsam mit den Drucken wichtige Zeugnisse der Textgeschichte.

Ein Griechisch-Studium war in Italien an mehreren Hochschulorten möglich, so seit Mitte des 15. Jahrhunderts in Florenz, Rom, Bologna, Ferrara, Pavia und Padua. Darüber hinaus wurde Griechisch aber auch an Lateinschulen in Italien unterrichtet. Im deutschen Sprachgebiet sahen die Verhältnisse anders aus; die Vorbehalte gegen die griechische Sprache (und die damit verbundene Geisteshaltung) waren vielfältig. Noch 1521 hat ein Mönch in einer Predigt die Warnung ausgesprochen: Man möge sich vor der neu erfundenen Sprache, welche die griechische heiße, wohl hüten; denn diese sei die Mutter aller Ketzereien. Zugleich befinde sich jetzt ein Buch dieser Sprache, welches das Neue Testament heiße, in vielen Händen; dieses sei voll Dornen und Schlangen.
Die Warnung bezog sich auf das *Novum Testamentum Graece* des Erasmus von Rotterdam, der im Frühling 1516 in zwei Foliobänden den griechischen Urtext gemeinsam mit seiner lateinischen Übersetzung sowie

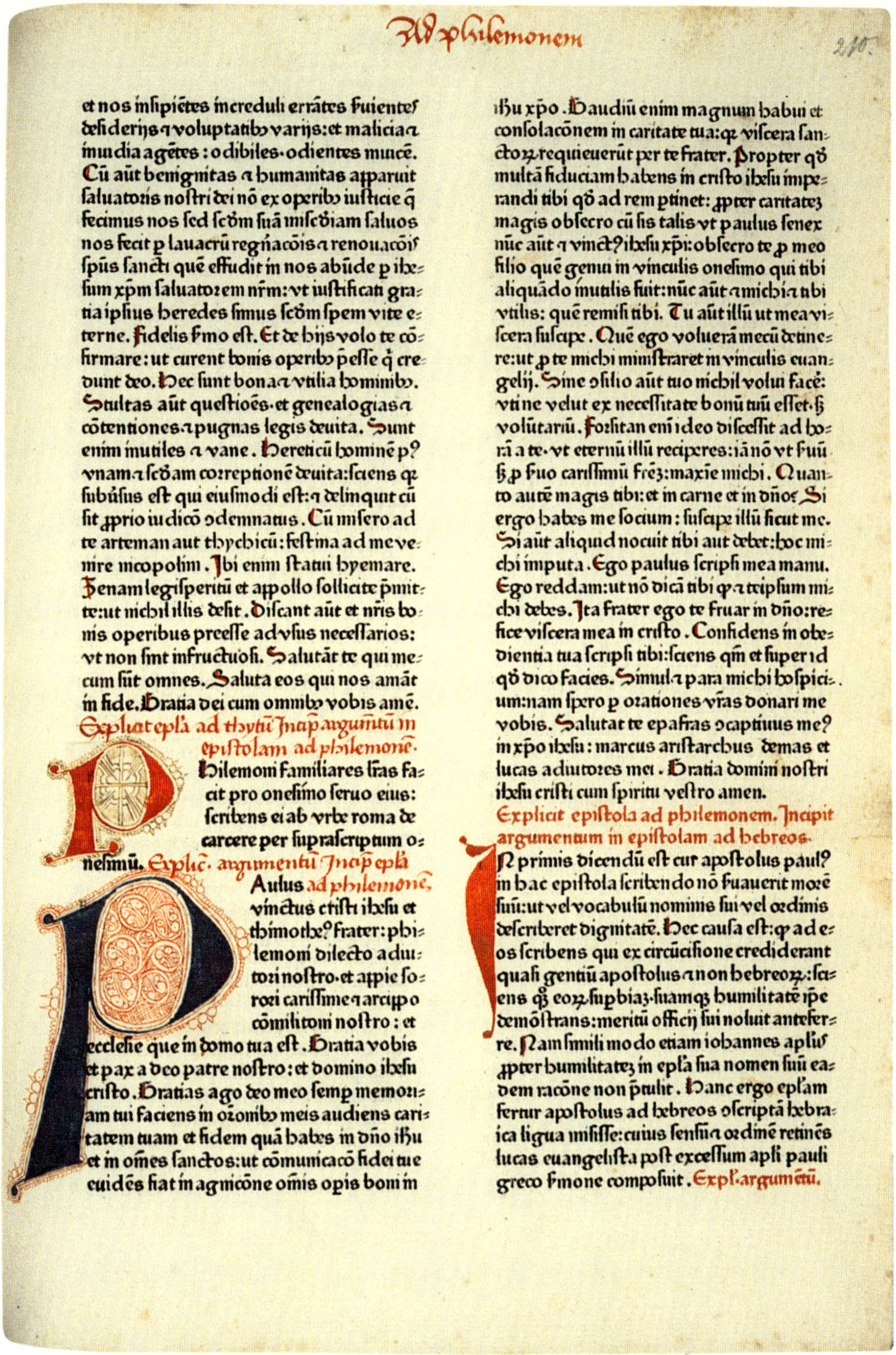

Ad philemonem 210.

et nos insipiētes increduli errātes servientes
desiderijs et voluptatibus varijs: et malicia et
inuidia agētes: odibiles odientes inuicē.
Cū aūt benignitas et humanitas apparuit
saluatoris nostri dei nō ex operibus iusticie q̄
fecimus nos sed scd̄m suā misericordiam saluos
nos fecit p lauacrū regn̄acōis et renouacōis
spūs sancti quē effudit in nos abūde p ihe-
sum xpm saluatorem nrm: vt iustificati gratia ipsius heredes simus scd̄m spem vite e-
terne. Fidelis sermo est. Et de hijs volo te cō-
firmare: ut curent bonis operibus pesse q̄ cre-
dunt deo. Hec sunt bona et vtilia hominibus.
Stultas aūt questiōes et genealogias et
cōtentiones et pugnas legis deuita. Sunt
enim inutiles et vane. Hereticū hominē p⁹
vnam et scd̄am correptionē deuita: sciens q̄
subūsus est qui eiusmodi est: et delinquit cū
sit pprio iudicō condemnatus. Cū misero ad
te arteman aut thychicū: festina ad me ve-
nire nicopolim. Ibi enim statui hyemare.
Zenam legisperitū et appollo sollicite pmit-
te: ut nichil illis desit. Discant aūt et nrī bonis operibus preesse ad vsus necessarios:
vt non sint infructuosi. Salutāt te qui mecum sūt omnes. Saluta eos qui nos amāt
in fide. Gratia dei cum omnibus vobis amē.
Explicit eplā ad thytū Incip argumētū in
epistolam ad philemonē.
Philemoni familiares lrās facit pro onesimo seruo eius:
scribens ei ab vrbe roma de
carcere per suprascriptum o-
nesimū. Explic. argumentū Incip eplā
Paulus ad philemonē
vinctus cristi ihesu et
thimotheus frater: phi-
lemoni dilecto adiu-
tori nostro et appie so-
rori carissime et archippo
cōmilitoni nostro: et
ecclesie que in domo tua est. Gratia vobis
et pax a deo patre nostro: et domino ihesu
cristo. Gratias ago deo meo semp memori-
am tui faciens in oronibus meis audiens cari-
tatem tuam et fidem quā habes in dn̄o ihū
et in omēs sanctos: ut cōmunicacō fidei tue
euidēs fiat in agnicōne omīs opis boni in
ihū xpo. Gaudiū enim magnum habui et
consolacōnem in caritate tua: q̄ viscera san-
ctorum requieuerūt per te frater. Propter qd̄
multā fiduciam habens in cristo ihesu impe-
randi tibi qd̄ ad rem ptinet: ppter caritatē
magis obsecro cū sis talis vt paulus senex
nūc aūt et vinctus ihesu xpi: obsecro te p meo
filio quē genui in vinculis onesimo qui tibi
aliquādo inutilis fuit: nūc aūt et michi et tibi
vtilis: quē remisi tibi. Tu aūt illū ut mea viscera suscipe. Quē ego volueram mecū detine-
re: ut p te michi ministraret in vinculis euan-
gelij. Sine consilio aūt tuo nichil volui facē:
vti ne velut ex necessitate bonū tuū esset. s
voluntariū. Forsitan enī ideo discessit ad ho-
rā a te. vt eternū illū reciperes: iā nō vt seruū
s p seruo carissimū frēm: maxīe michi. Quanto autē magis tibi: et in carne et in dn̄o. Si
ergo habes me socium: suscipe illū sicut me.
Si aūt aliquid nocuit tibi aut debet: hoc michi imputa. Ego paulus scripsi mea manu.
Ego reddam: ut nō dicā tibi q̄ et teipsum michi debes. Ita frater ego te fruar in dn̄o: re-
fice viscera mea in cristo. Confidens in obe-
dientia tua scripsi tibi: sciens qm̄ et super id
qd̄ dico facies. Simul et para michi hospici-
um: nam spero p orationes vr̄as donari me
vobis. Salutat te epafras concaptiuus me⁹
in xpo ihesu: marcus aristarchus demas et
lucas adiutores mei. Gratia domini nostri
ihesu cristi cum spiritu vestro amen.
Explicit epistola ad philemonem. Incipit
argumentum in epistolam ad hebreos.
In primis dicendū est cur apostolus paul⁹
in hac epistola scribendo nō seruauerit morē
suū: ut vel vocabulū nominis sui vel ordinis
describeret dignitatē. Hec causa est: q̄ ad e-
os scribens qui ex circūcisione crediderant
quasi gentiū apostolus et non hebreorum: sciens q̄s eorum supbiā suamq̄s humilitatē ipe
demōstrans: meritū officij sui noluit antefer-
re. Nam simili modo etiam iohannes apl's
ppter humilitatē in eplā sua nomen suū eadem racōne non ptulit. Hanc ergo eplam
fertur apostolus ad hebreos conscriptā hebraica ligua misisse: cuius sensū et ordinē retinēs
lucas euangelista post excessum apli pauli
greco sermone composuit. Expl. argumētū.

17 Bibel mit 48 Zeilen. Werkstatt von Fust & Schöffer, Mainz 1462 [GW 4204], Folio 210 recto.
Ex.: SuUB Göttingen, Sign.: 2° Bibl. I, 6002.

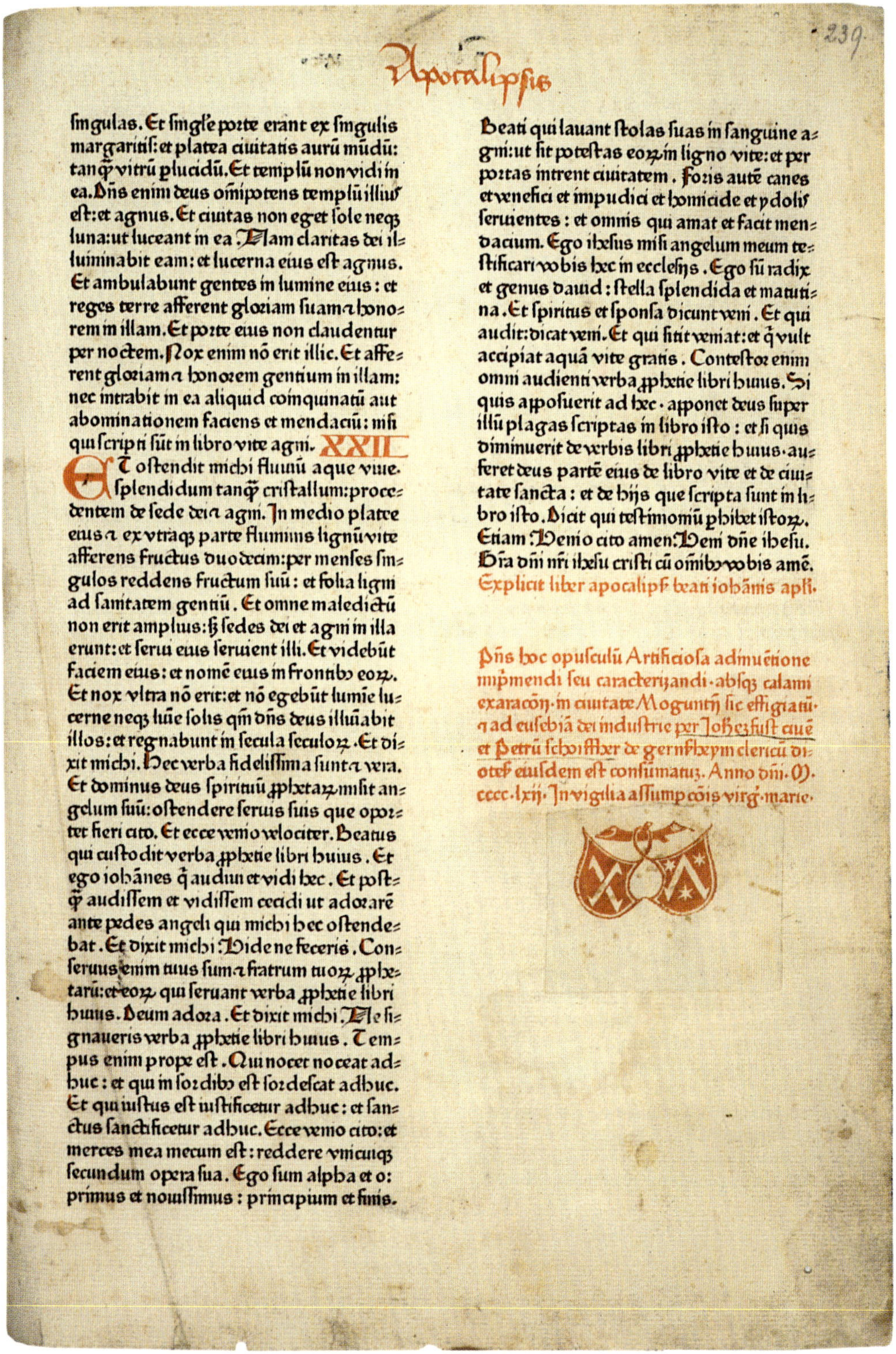
Apocalipsis

singulas. Et singl'e porte erant ex singulis margaritis: et platea ciuitatis aurū mūdū: tanq̄ vitrū pluaidū. Et templū non vidi in ea. Dn̄s enim deus omnipotens templū illius est: et agnus. Et ciuitas non eget sole neq3 luna: ut luceant in ea. Nam claritas dei illuminabit eam: et lucerna eius est agnus. Et ambulabunt gentes in lumine eius: et reges terre afferent gloriam suam et honorem in illam. Et porte eius non claudentur per noctem. Nox enim nō erit illic. Et afferent gloriam et honorem gentium in illam: nec intrabit in ea aliquid coinquinatū aut abominationem faciens et mendaciū: nisi qui scripti sūt in libro vite agni. XXII.

Et ostendit michi fluuiū aque viue. splendidum tanq̄ cristallum: procedentem de sede dei et agni. In medio platee eius et ex vtraq3 parte fluminis lignū vite afferens fructus duodecim: per menses singulos reddens fructum suū: et folia ligni ad sanitatem gentiū. Et omne maledictū non erit amplius: sed sedes dei et agni in illa erunt: et serui eius seruient illi. Et videbūt faciem eius: et nomē eius in frontibus eorum. Et nox vltra nō erit: et nō egebūt lumie lucerne neq3 lumine solis qm̄ dn̄s deus illuminabit illos: et regnabunt in secula seculorum. Et dixit michi. Hec verba fidelissima sunt et vera. Et dominus deus spirituū prophetarum misit angelum suū: ostendere seruis suis que oportet fieri cito. Et ecce venio velociter. Beatus qui custodit verba prophetie libri huius. Et ego iohānes q̄ audiui et vidi hec. Et postq̄ audissem et vidissem cecidi ut adorarē ante pedes angeli qui michi hec ostendebat. Et dixit michi. Vide ne feceris. Conseruus enim tuus sum et fratrum tuorum prophetarū: et eorum qui seruant verba prophetie libri huius. Deum adora. Et dixit michi. Ne signaueris verba prophetie libri huius. Tempus enim prope est. Qui nocet noceat adhuc: et qui in sordibus est sordescat adhuc. Et qui iustus est iustificetur adhuc: et sanctus sanctificetur adhuc. Ecce venio cito: et merces mea mecum est: reddere vnicuiq3 secundum opera sua. Ego sum alpha et o: primus et nouissimus: principium et finis. Beati qui lauant stolas suas in sanguine agni: ut sit potestas eorum in ligno vite: et per portas intrent ciuitatem. Foris autē canes et venefici et impudici et homicide et ydolis seruientes: et omnis qui amat et facit mendacium. Ego ihesus misi angelum meum testificari vobis hec in ecclesijs. Ego sū radix et genus dauid: stella splendida et matutina. Et spiritus et sponsa dicunt veni. Et qui audit: dicat veni. Et qui sitit veniat: et q̄ vult accipiat aquā vite gratis. Contestor enim omni audienti verba prophetie libri huius. Si quis apposuerit ad hec. apponet deus super illū plagas scriptas in libro isto: et si quis diminuerit de verbis libri prophetie huius. auferet deus partē eius de libro vite et de ciuitate sancta: et de hijs que scripta sunt in libro isto. Dicit qui testimoniū phibet istorum. Etiam. Venio cito amen. Veni dn̄e ihesu. Gra dn̄i nr̄i ihesu cristi cū omnibus vobis amē.

Explicit liber apocalipsis beati iohānis apli.

Pn̄s hoc opusculū Artificiosa adinuentione imprimendi seu caracterizandi. absq3 calami exaracōne in ciuitate Moguntin sic effigiatū et ad eusebiā dei industrie per Iohez fust ciuē et Petrū schoiffher de gernsheym clericū diocesis eiusdem est consumatū. Anno dn̄i. M. cccc. lxij. In vigilia assumpcōis virg. marie.

18 *Bibel mit 48 Zeilen. Werkstatt von Fust & Schöffer, Mainz 1462, Folio 239 recto mit dem Kolophon von Fust & Schöffer und ihrem Allianzsignet.*

Cxxviij

Satirion stendelworcz

Satirion.i.testiculus vulpis est calidus et hu-
dus in primo. habet folia similia foliis lilij albi et
etiā in floribꝫ cōuenit. et qd' de ipsa administrat'
est radix que dulcis est. Et in humiditate eius
est inflatio supflua gratia cuius incitat ad libidinem. Et vinū decoctionis radicis eius incitat
ad libidinē. Et radix eius elixata cum carnibꝫ
recentibus vel assata magis conuenit ad car-
nis libidinem. Et diascorides dicit ca. orchis.i.

19 Herbarius. Mainz: Peter Schöffer 1484 [HC 8444], Kap. Cxxviiij: Satirion. Ex.: UB Leipzig.

20 Konrad Botho: Chroniken der sassen. Mainz: Peter Schöffer 1492 [GW 4963].
Ex.: UB Leipzig.

21 Johannes von Tepl: Der Ackermann aus Böhmen. Bamberg: Albrecht Pfister, ca. 1470. Faksimile.

Vanq̃ te Marce fili: annũ iã audientẽ
Cratbippũ: idq; athẽis: abũdare oportet
pceptis: institutisq; philosophie: ppter
summã & doctoris autoritatẽ: et urbis:
quorum alter te scientia augere potest:
altera exemplis: tamen ut ipse ad meam
utilitatem semper cum grecis latina coniunxi: neq; id in
philosophia solum: sed etiam in dicendi exercitatõe feci:
idem tibi censeo faciendum. ut par sis in utriusq; oratõnis
facultate. Quã quidẽ ad rem: nos ut uidemur: magnum
adiumentum attulimus hominibus nostris: ut non modo
grecarum litterarum rudes: sed etiam docti: aliquãtum se
arbitrentur adeptos: & ad dicendum & ad iudicandum.
Quãobrem disces tu q̃dem a principe huius etatis phõꝝ.
& disces q̃diu voles. tam diu autẽ uelle debebis: quoad te
quantũ proficias: non penitebit. Sed tamen nostra legẽs:
non multum a peripateticis dissidentia: quoniam utriq;
& socratici & platonici uolumus esse. De rebus ipsis utere
tuo iudicio. Nihil enim impedio. Orationẽ aũt latinam
efficies profecto legendis nostris pleniorẽ. Nec uero ar/
roganter hoc dictũ existimari uelim. Nã philosophãdi
scientiam concedens multis: quod est oratoris proprium:
apte: distincte: ornate dicere: quoniã i eo studio etatem
cõsumpsimus: si id mihi assumo: uideor id meo iure quo/
dammodo uendicare. Quãobrem magnopere te hortor
mi Cicero: ut non solum orationes meas: sed hos etiam de
philosophia libros: q se iam illis fere equarunt: studiose
legas. Vis enim dicendi maior est in illis. sed hoc quoq;
colendum est: equabile & temperatũ orationis genus. Et
id quidem nemini grecoꝝ uideo adhuc cõtigisse: ut idem

22 Cicero, Marcus Tullius: De officiis…, Rom: Konrad Sweynheim & Arnold Pannartz 1469 [GW 6924], Folio 2 recto. Ex.: SuUB Göttingen 4° Auct. Lat. II., 3236 Inc.

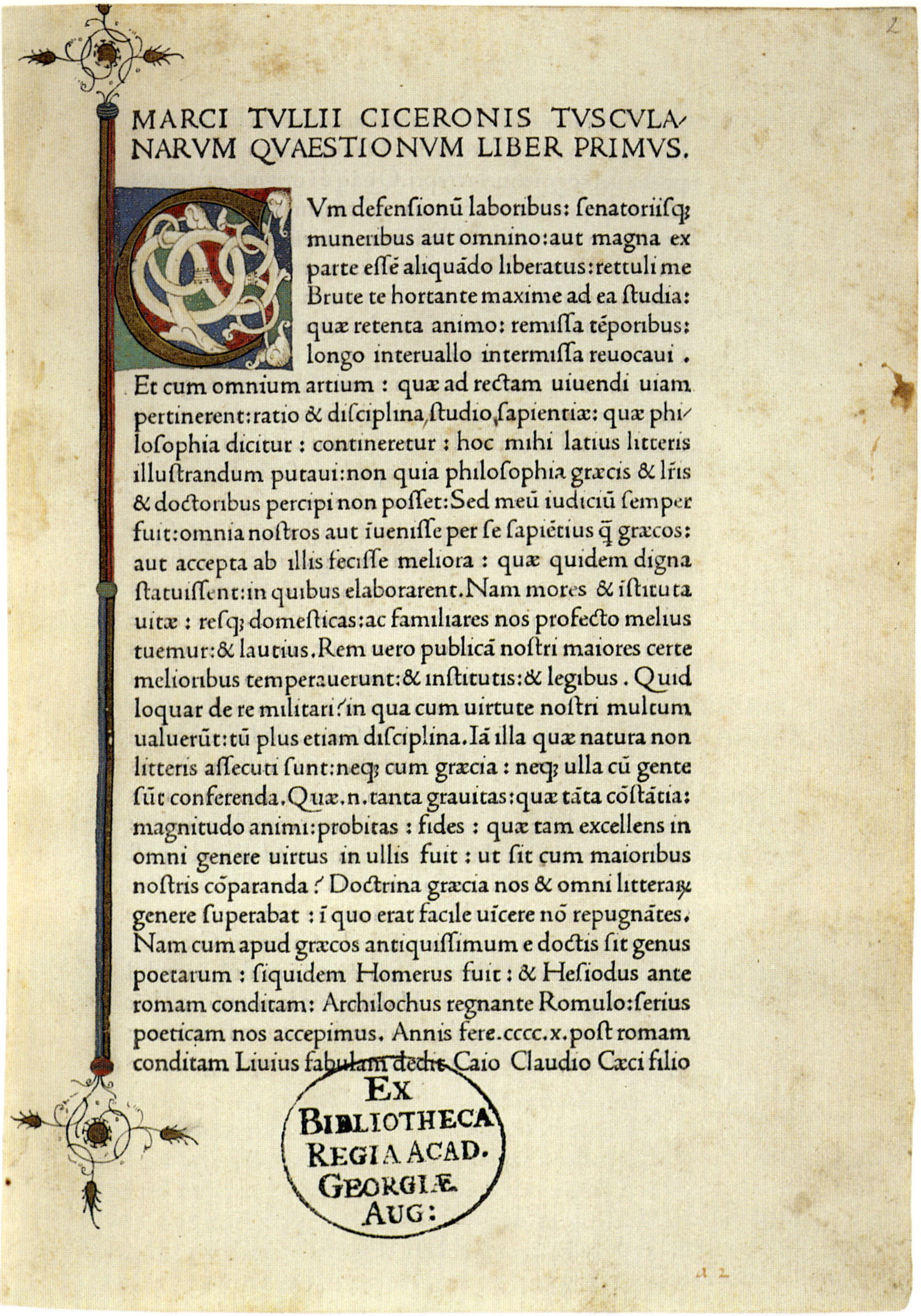

MARCI TVLLII CICERONIS TVSCVLA-NARVM QVAESTIONVM LIBER PRIMVS.

CVm defenſionū laboribus: ſenatoriiſq; muneribus aut omnino: aut magna ex parte eſſē aliquādo liberatus: rettuli me Brute te hortante maxime ad ea ſtudia: quæ retenta animo: remiſſa tēporibus: longo interuallo intermiſſa reuocaui. Et cum omnium artium: quæ ad rectam uiuendi uiam pertinerent: ratio & diſciplina, ſtudio, ſapientiæ: quæ philoſophia dicitur: contineretur: hoc mihi latius litteris illuſtrandum putaui: non quia philoſophia græcis & lr̄is & doctoribus percipi non poſſet: Sed meū iudiciū ſemper fuit: omnia noſtros aut īueniſſe per ſe ſapiētius q̄ græcos: aut accepta ab illis feciſſe meliora: quæ quidem digna ſtatuiſſent: in quibus elaborarent. Nam mores & īſtituta uitæ: reſq; domeſticas: ac familiares nos profecto melius tuemur: & lautius. Rem uero publicā noſtri maiores certe melioribus temperauerunt: & inſtitutis: & legibus. Quid loquar de re militari? in qua cum uirtute noſtri multum ualuerūt: tū plus etiam diſciplina. Iā illa quæ natura non litteris aſſecuti ſunt: neq; cum græcia: neq; ulla cū gente ſūt conferenda. Quæ. n. tanta grauitas: quæ tāta cōſtātia: magnitudo animi: probitas: fides: quæ tam excellens in omni genere uirtus in ullis fuit: ut ſit cum maioribus noſtris cōparanda? Doctrina græcia nos & omni litteraꝝ genere ſuperabat: ī quo erat facile uīcere nō repugnātes. Nam cum apud græcos antiquiſſimum e doctis ſit genus poetarum: ſiquidem Homerus fuit: & Heſiodus ante romam conditam: Archilochus regnante Romulo: ſerius poeticam nos accepimus. Annis fere. cccc. x. poſt romam conditam Liuius fabulam dedit Caio Claudio Cæci filio

23 Cicero: Tusculanae disputationes. Venedig: Nicolas Jenson 1472 [GW 6890], Folio 2 recto. Ex.: SuUB Göttingen, Sign.: 4° Auct. Lat. II 2741.

POLIPHILO QVIVI NARRA, CHE GLI PARVE ANCORA DI DORMIRE, ET ALTRONDE IN SOMNO RITROVARSE IN VNA CONVALLE, LAQVALE NEL FINE ERA SERATA DE VNA MIRABILE CLAVSVRA CVM VNA PORTENTOSA PYRAMIDE, DE ADMIRATIONE DIGNA, ET VNO EXCELSO OBELISCO DE SOPRA. LAQVALE CVM DILIGENTIA ET PIACERE SVBTILMENTE LA CONSIDEROE.

LA SPAVENTEVOLE SILVA, ET CONSTIPATO Nemore euaso, & gli primi altri lochi per el dolce somno che se hauea per le fesse & prosternate mébre diffuso relicti, me ritrouai di nouo in uno piu delectabile sito assai piu che el præcedente. El quale non era de monti horridi, & crepidinose rupe intorniato, ne falcato di strumosi iugi. Ma compositamente de grate montagniole di non tropo altecia. Siluose di giouani quercioli, di roburi, fraxini & Carpini, & di frondosi Esculi, & Ilice, & di teneri Coryli, & di Alni, & di Tilie, & di Opio, & de infructuosi Oleastri, dispositi secondo laspecto de gli arboriferi Colli. Et giu al piano erano grate siluule di altri siluatici

24 Franciscus Colonna: Hypnerotomachia Poliphili. Venedig: Aldus Manutius 1499. [GW 7223]. Ex.: SuUB Göttingen, Sign.: 4° Fab. Rom. I, 7351 Inc.

SECVNDVS

EL TERTIO cæleste triumpho seguiua cum quatro uertibile rote di Chrysolitho æthiopico scintule doro flammigiante, Traiecta per el quale la seta del Asello gli maligni dæmonii fuga, A lla leua mano grato, cum tutto quello c͞h di sopra di rote e dicto. Daposcia le assule sue in ambito per el modo compacte sopra narrato, erano di uirente Helitropia Cyprico, cum potere negli lumi cælesti, el suo gestāte cœla, & il diuinare dona, di sanguinee guttule punctulato.

Offeriua tale historiato insculpto la tabella dextra. Vno homo di regia maiestate īsigne, Oraua in uno sacro templo'el diuo simulacro, quello che della formosissima fiola deueua seguire. Sentendo el patre la eiectione sua per ella del regno. Et ne per alcuno fusse pregna, Fece una munita structura di una excelsa torre, Et in quella cum solēne custodia la fece inclaustrare. Nella quale ella cessabonda assedēdo, cum excessiuo solatio, nel uirgineo sino gutte doro stillare uedeua.

*

25 *Franciscus Colonna: Hypnerotomachia Poliphili, liber secundus.*

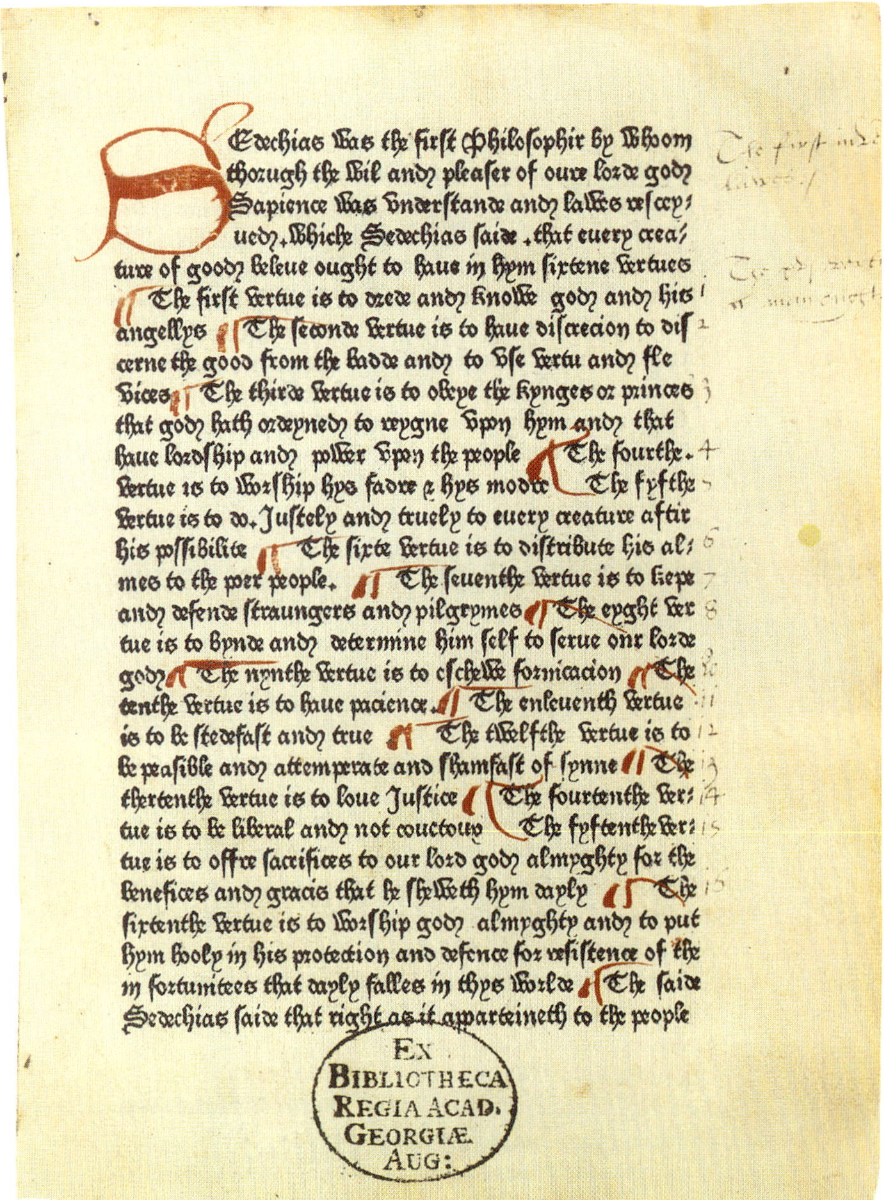
Sedechias was the first Philosophir by whom thorugh the wil and pleaser of oure lorde god Sapience was understande and lawes resceyued. Which Sedechias saide, that euery creature of good beleue ought to haue in hym sixtene vertues
The first vertue is to drede and knowe god and his angellys 1
The seconde vertue is to haue discrecion to discerne the good from the badde and to use vertu and fle vices 2
The thirde vertue is to obeye the kynges or princes that god hath ordeyned to regne upon hym and that haue lordship and power upon the people 3
The fourthe vertue is to worship hys fadre & hys modre 4
The fyfthe vertue is to do. Justely and truely to euery creature aftir his possibilite 5
The sixte vertue is to distribute his almes to the poer people. 6
The seuenthe vertue is to kepe and defende straungers and pilgrymes 7
The eyght vertue is to bynde and determine him self to serue our lorde god 8
The nynthe vertue is to eschewe fornicacion 9
The tenthe vertue is to haue pacience 10
The enleuenth vertue is to be stedefast and true 11
The twelfthe vertue is to be peasible and attemperate and shamfast of synne 12
The thertenthe vertue is to loue Justice 13
The fourtenthe vertue is to be liberal and not couetous 14
The fyftenthe vertue is to offre sacrifices to our lord god almyghty for the benefices and gracis that he shewith hym dayly 15
The sixtenthe vertue is to worship god almyghty and to put hym holy in his protection and defence for resistence of the infortunitees that dayly falles in thys worlde 16
The saide Sedechias saide that right as it apperteineth to the people

26 Dicta philosophorum [englisch: The Dicts or sayings of the philosophers]. Westminster: William Caxton 1477–1479 [GW 8322]. Ex.: SuUB Göttingen, Sign.: 4° Philos. I., 6940 Inc. Rara.

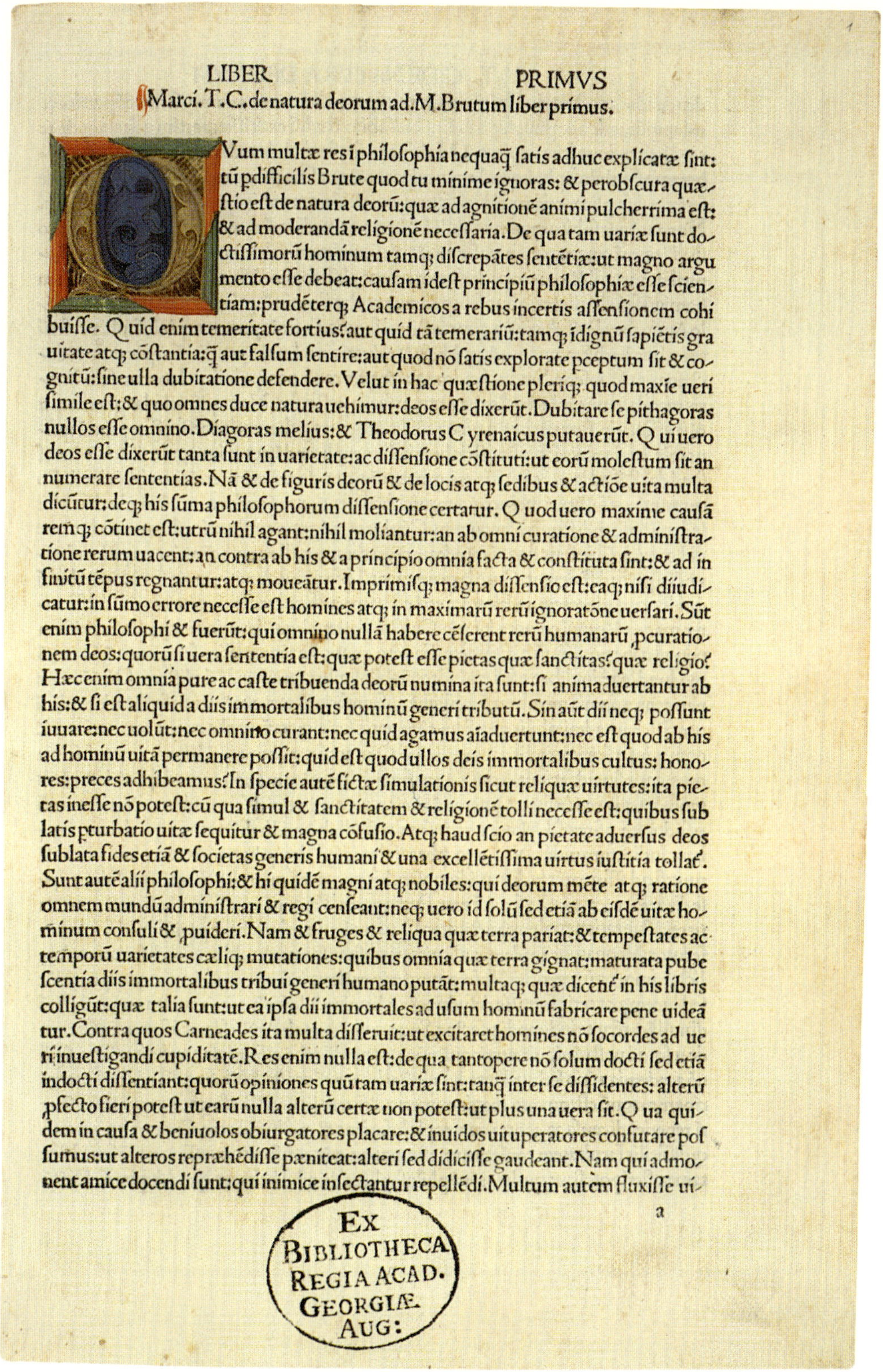

LIBER PRIMVS

Marci. T.C. de natura deorum ad. M. Brutum liber primus.

QVum multæ res ĩ philoſophia nequaq̃ ſatis adhuc explicatæ ſint: tũ ꝑdifficilis Brute quod tu minime ignoras: & perobſcura quæſtio eſt de natura deorũ: quæ ad agnitionẽ animi pulcherrima eſt: & ad moderandã religionẽ neceſſaria. De qua tam uariæ ſunt doctiſſimorũ hominum tamq; diſcrepãtes ſentẽtiæ: ut magno argumento eſſe debeat: cauſam ideſt principiũ philoſophiæ eſſe ſcientiam: prudẽterq; Academicos a rebus incertis aſſenſionem cohibuiſſe. Quid enim temeritate fortius? aut quid tã temerariũ: tamq; ĩdignũ ſapiẽtis grauitate atq; cõſtantia: q̃ aut falſum ſentire: aut quod nõ ſatis explorate ꝑceptum ſit & cognitũ: ſine ulla dubitatione defendere. Velut in hac quæſtione pleriq; quod maxĩe ueri ſimile eſt: & quo omnes duce natura uehimur: deos eſſe dixerũt. Dubitare ſe pithagoras nullos eſſe omnino. Diagoras melius: & Theodorus Cyrenaicus putauerũt. Qui uero deos eſſe dixerũt tanta ſunt in uarietate: ac diſſenſione cõſtituti: ut eorũ moleſtum ſit annumerare ſententias. Nã & de figuris deorũ & de locis atq; ſedibus & actiõe uita multa dicũtur: deq; his ſũma philoſophorum diſſenſione certatur. Quod uero maxime cauſã remq; cõtinet eſt: utrũ nihil agant: nihil moliantur: an ab omni curatione & adminiſtratione rerum uacent: an contra ab his & a principio omnia facta & conſtituta ſint: & ad infinitũ tẽpus regnantur: atq; moueãtur. Imprimiſq; magna diſſenſio eſt: eaq; niſi diiudicatur: in ſũmo errore neceſſe eſt homines atq; in maximarũ rerũ ignoratõne uerſari. Sũt enim philoſophi & fuerũt: qui omnino nullã habere cẽſerent rerũ humanarũ ꝓcurationem deos: quorũ ſi uera ſententia eſt: quæ poteſt eſſe pietas quæ ſanctitas? quæ religio? Hæc enim omnia pure ac caſte tribuenda deorũ numina ita ſunt: ſi animaduertantur ab his: & ſi eſt aliquid a diis immortalibus hominũ generi tributũ. Sin aũt dii neq; poſſunt iuuare: nec uolũt: nec omnino curant: nec quid agamus aĩaduertunt: nec eſt quod ab his ad hominũ uitã permanere poſſit: quid eſt quod ullos deis immortalibus cultus: honores: preces adhibeamus? In ſpecie autẽ fictæ ſimulationis ſicut reliquæ uirtutes: ita pietas ineſſe nõ poteſt: cũ qua ſimul & ſanctitatem & religionẽ tolli neceſſe eſt: quibus ſublatis ꝑturbatio uitæ ſequitur & magna cõfuſio. Atq; haud ſcio an pietate aduerſus deos ſublata fides etiã & ſocietas generis humani & una excellẽtiſſima uirtus iuſtitia tollat̃. Sunt autẽ alii philoſophi: & hi quidẽ magni atq; nobiles: qui deorum mẽte atq; ratione omnem mundũ adminiſtrari & regi cenſeant: neq; uero id ſolũ ſed etiã ab eiſdẽ uitæ hominum conſuli & ꝓuideri. Nam & fruges & reliqua quæ terra pariat: & tempeſtates ac temporũ uarietates cæliq; mutationes: quibus omnia quæ terra gignat: maturata pubeſcentia diis immortalibus tribui generi humano putãt: multaq; quæ dicent̃ in his libris colligũt: quæ talia ſunt: ut ea ipſa dii immortales ad uſum hominũ fabricare pene uideãtur. Contra quos Carneades ita multa diſſeruit: ut excitaret homines nõ ſocordes ad ueri inueſtigandi cupiditatẽ. Res enim nulla eſt: de qua tantopere nõ ſolum docti ſed etiã indocti diſſentiant: quorũ opiniones quũ tam uariæ ſint: tanq̃ inter ſe diſſidentes: alterũ ꝓfecto fieri poteſt ut earũ nulla alterũ certæ non poteſt: ut plus una uera ſit. Qua quidem in cauſa & beniuolos obiurgatores placare: & inuidos uituperatores confutare poſſumus: ut alteros repræhẽdiſſe pæniteat: alteri ſed didiciſſe gaudeant. Nam qui admonent amice docendi ſunt: qui inimice inſectantur repellẽdi. Multum autem fluxiſſe ui-

a

27 Cicero, Marcus Tullius: Liber primus: De natura deorum. Venedig: Philippus Pincius 1494 [GW 6904], Folio 1 recto. Ex.: SuUB Göttingen, Sign.: 4° Auct. Lat. II, 2886.

28 *Terenz: Comoediae. Straßburg: Johannes Grüninger 1496, [HC 15431], Folio 1 recto.*
Ex.: SuUB Göttingen, Sign.: Auct. Lat. I, 3638.

MENEDEMVS. CHREMES.
SOSTRATA. CLITIPHO.

ENimuero Chremes nimis grauiter cruciat ado
lescentulũ: nimisq̄ inhumane: exeo ergo vt pacem conci-
liem. optime ipsos video. CHRE. Ehem menedeme. cur
nõ accersi iubes filiam? & q̄d dotis dixi firmas? Sostr. Mi
vir obsecro te / ne facias. CLI. Pater obsecro vt mihi igno-
scas. MENE. Da veniam chreme. sin te exorem CHRE.
Egone mea bona vt dem Bachidi dono sciens? non faciã.
ME. At id nos nõ sinemus. CLITI. Si me viuũ vis pater
ignosce. Sost. Age chremes. MENE. Age queso ne tam
obfirma te chremes. CHRE. Quid istuc? video nõ licere
mihi: vt ceperam: hoc pertendere. MENE. Facis / vt te de
cet. CHRE. ea lege hoc adeo faciam: si id faciat: quod ego
hunc æquum censeo. CLI. Pater omnia faciam. impera.
CHRE. Vxorem vt ducas. CLITI. Pater. CHRE. Nihil
audio. ME. Ad me recipio: faciet. CHRE. Nihil etiã audio ipsum. CLI. Perij. SOSTRA. An dubitas Clitipho?
CHRE. Immo vtrũ vult. MENE. Faciet omia. SOST.

In hac scena. XXII.

Interuenit persona cuius gratia pax concilietur ita vt omnia tranquilla sint. & composita prout comedie finis postulat.

a Enimuero. Hoc loquitur Menedemus solus apud se. Enimuero nonnunq̄ principium est aliquid per iram dicturi. b Hem. Interiectio percipientis eum quem volebat. c Accersi. Bene accersi quia proprie accersitur vxor dũ ad virũ ducitur. d Mi vir te. Putat sostrata id quod erat fictum esse verum timebatq̄ ne pater penitus exhereditaret filium omnia tribuens filie.
e Obsecro. Nil significantius. Nam orare ẽ placidos petere. Obsecrare vero iratos rogare.
f Ne facias. Hec timebat ne omnia bona illi traderet. g Sciens. Quod peius esset q̄ si nesciret h Age. Vt sit aduerbium hortantis q. d. age ignosce ei i Ne tam obfirma te. Id est noli te tam obstinatum ostẽdere. Ille enim dicitur se affirmare in aliquo proposito qui obstinate ac pertinaciter in illo perseuerat tanq̄ immobilis truncus. & est translatio sumpta a repagulo offirmando.
k Pater. Tantum dicit hoc verbum non statim volens dare responsum tanq̄ prius deliberatur
l Ad me recipio. Hoc dicendi genere sæpius. Cicero vtitur in suis epistolis. & precipue cõmẽdaticiis vt cerne facile est nemo enim negat recipere interdum sumi pro promittere.

p iij

29 *Terenz: Comoediae. Straßburg: Johannes Grüninger 1496. Folio LXXXV recto.*

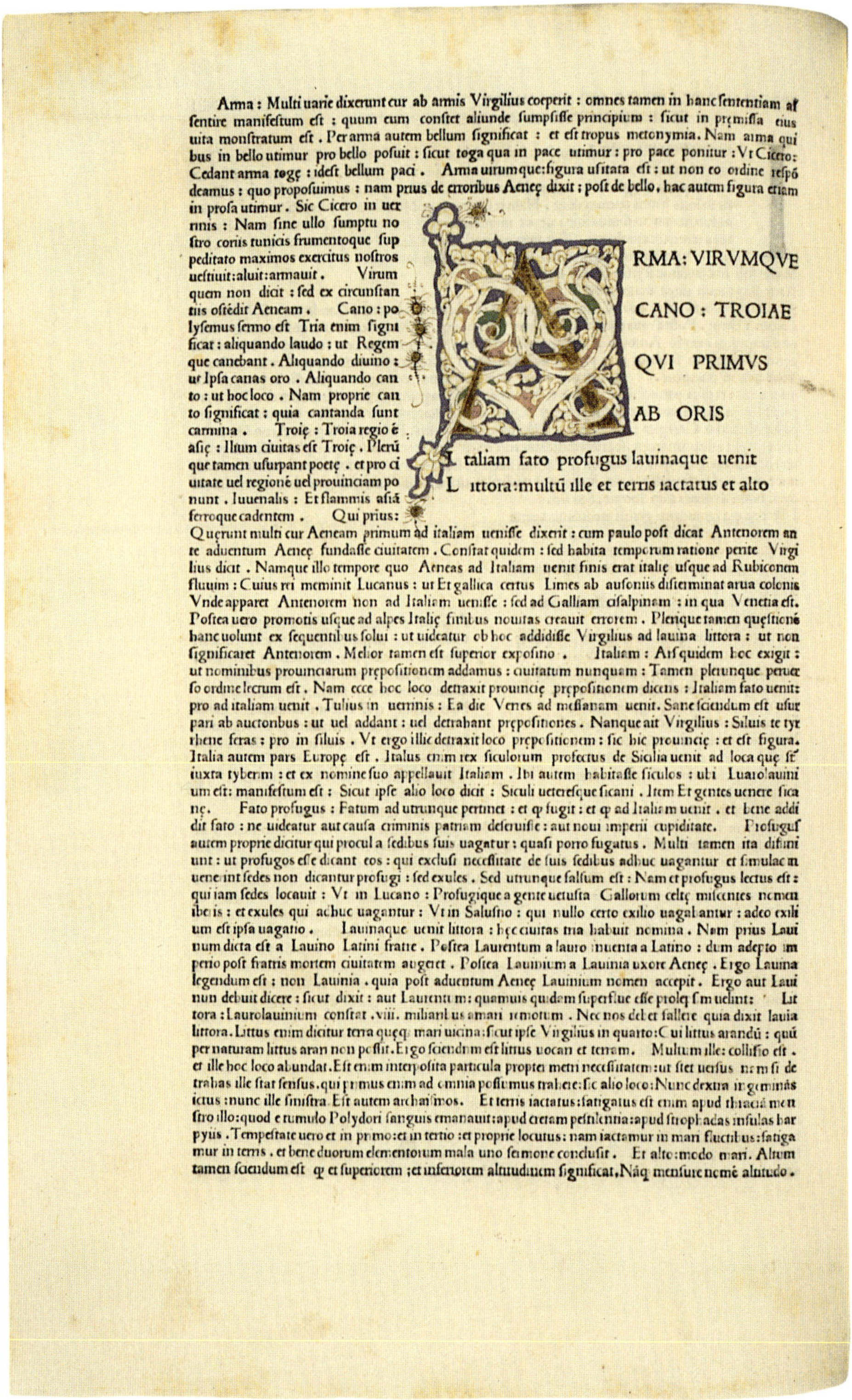
Arma : Multi uarie dixerunt cur ab armis Virgilius coeperit : omnes tamen in hanc ſententiam aſ
ſentire manifeſtum eſt : quum cum conſtet aliunde ſumpſiſſe principium : ſicut in pręmiſſa eius
uita monſtratum eſt . Per arma autem bellum ſignificat : et eſt tropus metonymia. Nam arma qui
bus in bello utimur pro bello poſuit : ſicut toga qua in pace utimur : pro pace ponitur : Vt Cicero:
Cedant arma togę : ideſt bellum paci . Arma uirumque: figura uſitata eſt : ut non eo ordine reſpó
deamus : quo propoſuimus : nam prius de erroribus Aeneę dixit ; poſt de bello, hac autem figura etiam
in proſa utimur . Sic Cicero in uer
rinis : Nam ſine ullo ſumptu no
ſtro coriis tunicis frumentoque ſup
peditato maximos exercitus noſtros
ueſtiuit: aluit: armauit . Virum
quem non dicit : ſed ex circunſtan
tiis oſtẽdit Aeneam . Cano : po
lyſemus ſermo eſt Tria enim ſigni
ficat : aliquando laudo : ut Regem
que canebant . Aliquando diuino :
ut Ipſa canas oro . Aliquando can
to : ut hoc loco . Nam proprie can
to ſignificat ; quia cantanda ſunt
carmina . Troię : Troia regio ẽ
aſię : Ilium ciuitas eſt Troię . Plerũ
que tamen uſurpant poetę . et pro ci
uitate uel regionẽ uel prouinciam po
nunt . Iuuenalis : Et flammis aſiã
ferroque cadentem . Qui prius:

ARMA: VIRVMQVE
CANO : TROIAE
QVI PRIMVS
AB ORIS
Italiam fato profugus lauinaque uenit
Littora: multũ ille et terris iactatus et alto

Quęrunt multi cur Aeneam primum ad italiam ueniſſe dixerit : cum paulo poſt dicat Antenorem an
te aduentum Aeneę fundaſſe ciuitatem . Conſtat quidem : ſed habita temporum ratione perite Virgi
lius dicit . Namque illo tempore quo Aeneas ad Italiam uenit finis erat italię uſque ad Rubiconem
fluuim : Cuius rei meminit Lucanus : ut Et gallica certus Limes ab auſoniis diſterminat arua colonis
Vnde apparet Antenorem non ad Italiam ueniſſe : ſed ad Galliam ciſalpinam : in qua Venetia eſt.
Poſtea uero promotis uſque ad alpes Italię finibus nouitas creauit errorem . Plerique tamen quęſtionẽ
hanc uolunt ex ſequentibus ſolui : ut uideatur ob hoc addidiſſe Virgilius ad lauina littora : ut non
ſignificaret Antenorem . Melior tamen eſt ſuperior expoſitio . Italiam : Ars quidem hoc exigit :
ut nominibus prouinciarum prępoſitionem addamus : ciuitatum nunquam : Tamen plerunque peruer
ſo ordine lectum eſt . Nam ecce hoc loco detraxit prouincię prępoſitionem dicens : Italiam fato uenit:
pro ad italiam uenit . Tulius in uerrinis : Ea die Veres ad meſſanam uenit. Sane ſciendum eſt uſur
pari ab auctoribus : ut uel addant : uel detrahant prępoſitiones . Nanque ait Virgilius : Siluis te tyr
rhene feras : pro in ſiluis . Vt ergo illic detraxit loco prępoſitionem : ſic hic prouincię : et eſt figura.
Italia autem pars Europę eſt . Italus enim rex ſiculorum profectus de Sicilia uenit ad loca quę ſũt
iuxta tyberim : et ex nomine ſuo appellauit Italiam . Ibi autem habitaſſe ſiculos : ubi Lauiolauini
um eſt: manifeſtum eſt : Sicut ipſe alio loco dicit : Siculi ueteresque ſicani . Item Et gentes uenere ſica
nę. Fato profugus : Fatum ad utrunque pertinet : et ꝙ fugit : et ꝙ ad Italiam uenit . et bene addi
dit fato : ne uideatur aut cauſa criminis patriam deſeruiſſe : aut noui imperii cupiditate. Profugus
autem proprie dicitur qui procul a ſedibus ſuis uagatur : quaſi porro fugatus . Multi tamen ita diffini
unt : ut profugos eſſe dicant eos : qui excluſi neceſſitate de ſuis ſedibus adhuc uagantur et ſimulac in
uenerint ſedes non dicantur profugi : ſed exules . Sed utrunque falſum eſt : Nam et profugus lectus eſt :
qui iam ſedes locauit : Vt in Lucano : Profugique a gente uetuſta Gallorum celtę miſcentes nomen
iberis : et exules qui adhuc uagantur : Vt in Saluſtio : qui nullo certo exilio uagabantur : adeo exili
um eſt ipſa uagatio . Lauinaque uenit littora : hęc ciuitas tria habuit nomina . Nam prius Laui
num dicta eſt a Lauino Latini fratre . Poſtea Laurentum a lauro inuenta a Latino : dum adepto im
perio poſt fratris mortem ciuitatem augeret . Poſtea Lauinium a Lauinia uxore Aeneę . Ergo Lauina
legendum eſt ; non Lauinia . quia poſt aduentum Aeneę Lauinium nomen accepit . Ergo aut Laui
num debuit dicere : ſicut dixit : aut Laurentum : quamuis quidam ſuperflue eſſe prolepſim uelint: Lit
tora : Laurolauinium conſtat . viii. miliaribus a mari remotum . Nec nos debet fallere quia dixit lauia
littora. Littus enim dicitur terra quęq; mari uicina: ſicut ipſe Virgilius in quarto: Cui littus arandũ : quũ
per naturam littus arari non poſſit. Ergo ſciendum eſt littus uocari et terram. Multum ille: colliſio eſt .
et ille hoc loco abundat. Eſt enim interpoſita particula propter metri neceſſitatem : ut ſtet uerſus nam ſi de
trahas ille ſtat ſenſus. qui primus enim ad omnia poſſumus trahere: ſic alio loco: Nunc dextra ingeminãs
ictus : nunc ille ſiniſtra. Eſt autem archaiſmos. Et terris iactatus: fatigatus eſt enim apud thraciã mon
ſtro illo: quod e tumulo Polydori ſanguis emanauit: apud cretam peſtilentia: apud ſtrophadas inſulas har
pyiis . Tempeſtate uero et in primo: et in tertio : et proprie locutus: nam iactamur in mari fluctibus: fatiga
mur in terris . et bene duorum elementorum mala uno ſermone concluſit . Et alto: modo mari. Altum
tamen ſciendum eſt ꝙ et ſuperiorem ; et inferiorem altitudinem ſignificat. Nãq; menſure nomẽ altitudo .

30 Vergilius Maro: Opera. Mit Kommentar von Honoratus Servius Maurus. Venedig: Antonio Miscomini 1486 [recte 1476]. [Copinger 6044],

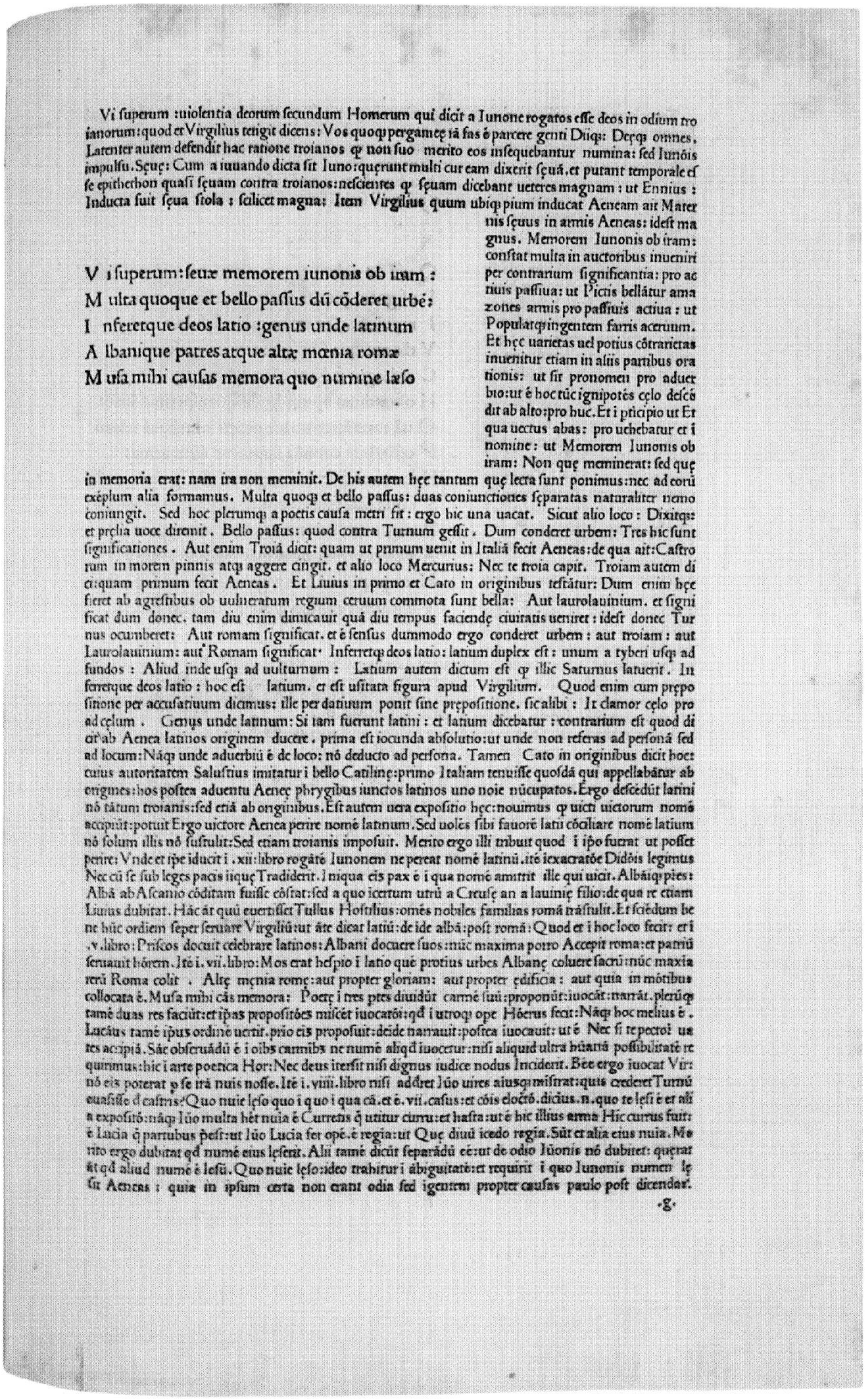

Vi superum :uiolentia deorum secundum Homerum qui dicit a Iunone rogatos esse deos in odium tro ianorum:quod et Virgilius tetigit dicens: Vos quoq; pergameę iā fas ē parcere genti Diiq;: Deęq; omnes. Latenter autem defendit hac ratione troianos ꝙ non suo merito eos insequebantur numina: sed Iunōis impulsu. Sęuę: Cum a iuuando dicta sit Iuno:quęrunt multi cur eam dixerit sęuā. et putant temporale es se epithethon quasi sęuam contra troianos:nescientes ꝙ sęuam dicebant ueteres magnam : ut Ennius : Inducta fuit sęua stola ; scilicet magna: Item Virgilius quum ubiq; pium inducat Aeneam ait Mater nis sęuus in armis Aeneas: idest ma gnus. Memorem Iunonis ob iram: constat multa in auctoribus inueniri per contrarium significantia: pro ac tiuis passiua: ut Pictis bellātur ama zones armis pro passiuis actiua : ut Populatq; ingentem farris aceruum. Et hęc uarietas uel potius cōtrarietas inuenitur etiam in aliis partibus ora tionis: ut sit pronomen pro aduer bio:ut ē hoc tūc ignipotēs cęlo descē dit ab alto:pro huc. Et i pīcipio ut Et qua uectus abas: pro uehebatur et i nomine: ut Memorem Iunonis ob iram: Non quę meminerat: sed quę in memoria erat: nam ira non meminit. De his autem hęc tantum quę lecta sunt ponimus:nec ad corū exēplum alia formamus. Multa quoq; et bello passus: duas coniunctiones sęparatas naturaliter nemo coniungit. Sed hoc plerumq; a poetis causa metri fit : ergo hic una uacat. Sicut alio loco : Dixitq;: et pręlia uoce diremit. Bello passus: quod contra Turnum gessit. Dum conderet urbem: Tres hic sunt significationes. Aut enim Troiā dicit: quam ut primum uenit in Italiā fecit Aeneas:de qua ait:Castro rum in morem pinnis atq; aggere cingit. et alio loco Mercurius: Nec te troia capit. Troiam autem di ci:quam primum fecit Aeneas. Et Liuius in primo et Cato in originibus testātur: Dum enim hęc fieret ab agrestibus ob uulneratum regium ceruum commota sunt bella: Aut laurolauinium. et signi ficat dum donec. tam diu enim dimicauit quā diu tempus faciendę ciuitatis ueniret : idest donec Tur nus ocumberet: Aut romam significat. et ē sensus dummodo ergo conderet urbem : aut troiam : aut Laurolauinium: aut Romam significat. Inferretq; deos latio: latium duplex est : unum a tyberi usq; ad fundos : Aliud inde usq; ad uulturnum : Latium autem dictum est ꝙ illic Saturnus latuerit. In ferretque deos latio : hoc est latium. et est usitata figura apud Virgilium. Quod enim cum prępo sitione per accusatiuum dicimus: ille per datiuum ponit sine prępositione. sic alibi : It clamor cęlo pro ad cęlum. Genus unde latinum: Si iam fuerunt latini : et latium dicebatur : contrarium est quod di cit ab Aenea latinos originem ducere. prima est iocunda absolutio:ut unde non referas ad personā sed ad locum:Nāq; unde aduerbiū ē de loco: nō deducto ad persona. Tamen Cato in originibus dicit hoc: cuius autoritatem Salustius imitatur i bello Catilinę:primo Italiam tenuisse quosdā qui appellabātur ab origines:hos postea aduentu Aeneę phrygibus iunctos latinos uno noie nūcupatos. Ergo descēdūt latini nō tātum troianis:sed etiā ab originibus. Est autem uera expositio hęc:nouimus ꝙ uicti uictorum nomē accipiūt:potuit Ergo uictore Aenea perire nomē latinum. Sed uolēs sibi fauorē latii cōciliare nomē latium nō solum illis nō sustulit:Sed etiam troianis imposuit. Merito ergo illi tribuit quod i ipo fuerat ut posset perire: Vnde et ipe iducit i .xii:libro rogātē Iunonem ne pereat nomē latinū. itē i exacratōe Didōis legimus Nec cū se sub leges pacis iiquę Tradiderit. Iniqua eis pax ē i qua nomē amittit ille qui uicit. Albāiq; pres: Albā ab Ascanio cōditam fuisse cōstat:sed a quo icertum utrū a Creusę an a lauinię filio:de qua re etiam Liuius dubitat. Hāc āt quū euertisset Tullus Hostilius:omēs nobiles familias romā trāstulit. Et sciēdum be ne hūc ordiem sēper seruare Virgiliū:ut āte dicat latiū:de ide albā:post romā: Quod et i hoc loco fecit: et i .v. libro: Priscos docuit celebrare latinos: Albani docuere suos:nūc maxima porro Accepit roma:et patriū seruauit hōrem. Itē i. vii. libro: Mos erat hespio i latio quē protius urbes Albanę coluere sacrū:nūc maxia rerū Roma colit. Altę męnia romę:aut propter gloriam: aut propter ędificia : aut quia in mōtibus collocata ē. Musa mihi cās memora: Poetę i tres ptes diuidūt carmē suū:proponūt:iuocāt:narrāt. plerūq; tamē duas res faciūt:et ipas propositōes miscēt iuocatōi:qđ i utroq; ope Hōerus fecit:Nāq; hoc melius ē. Lucāus tamē ipus ordinē uertit. prio eis proposuit:deide narrauit:postea iuocauit: ut ē Nec si te pectoī ua tes accipiā. Sāc obseruādū ē i oibs carmibs ne numē aliqđ iuocetur:nisi aliquid ultra hūanā possibilitatē re quirimus:hic i arte poetica Hor: Nec deus itersit nisi dignus iudice nodus Inciderit. Bēe ergo iuocat Vir: nō eis poterat ꝓ se irā nuis nosse. Itē i. viiii. libro nisi addret Iūo uires aiusq; misrat:quis crederet Turnū euasisse d castris? Quo nuie lęso quo i quo i qua cā. et ē. vii. casus:et cōis elocto. dicius. n. quo te lęsi ē et ali a expositō:nāq; Iūo multa hēt nuia ē Currens ꝗ utitur curru:et hasta:ut ē hic illius arma Hic currus fuit: ē Lucia ꝗ partubus pest:ut Iūo Lucia fer opē. ē regia:ut Quę diuū icedo regia. Sūt et alia eius nuia. Me rito ergo dubitat qđ numē eius lęserit. Alii tamē dicūt separādū eē:ut de odio Iūonis nō dubitet: quęrat āt qđ aliud numē ē lesū. Quo nuie lęso:ideo trahitur i ābiguitatē:et requirit i quo Iunonis numen lę sit Aeneas : quia in ipsum certa non erant odia sed igentem propter causas paulo post dicendas.

·g·

Doppelseite Fol. 60 verso / 61 recto, Anfang der Aeneis.
Ex.: SuUB Göttingen, Sign.: 4° Auct. Lat. II, 6966 Inc.

31 Vergilius Maro: Opera. Hrsg. v. Sebastian Brant. Straßburg: Johannes Grüninger 1502. Ex.: Herzog August Bibliothek Wolfenbüttel, Sign.: 11.2 Poet. 2°.

umfassenden Anmerkungen bei Johann Froben in Basel herausgebracht hatte. Vier weitere Ausgaben dieser wichtigen Edition, welche die Grundlage für Luthers Bibelübersetzung bildete, erschienen in den Jahren 1519, 1522, 1527 und 1535 jeweils mit textlichen Veränderungen und zusätzlichen Anmerkungen. In seinen einleitenden Vorbemerkungen äußerte sich Erasmus zu seinen hermeneutischen Prinzipien und zu seinem Vorhaben, den Text der Bibel künftig auch den Laien in der Volkssprache zugänglich zu machen. Dieses griechische Neue Testament war der erste vollständige Griechisch-Druck im deutschen Sprachgebiet, 1515 wurde auch der erste gräzistische Lehrstuhl in Leipzig eingerichtet. Bis dahin waren die interessierten Humanisten entweder auf eine Ausbildung in Italien oder auf private Studien angewiesen, zum Beispiel bei Conrad Celtis in Wien.

Als Autodidakt hatte sich auch der Nürnberger Patrizier Willibald Pirckheimer (1470–1530) mit den Grammatiken und Wörterbüchern des Griechischen vertraut gemacht und sich nach und nach die griechischen Schriftsteller angeeignet. Pirckheimer steigerte seine Bemühungen um die griechische Sprache kontinuierlich und mit großem Erfolg, so daß er heute als einer der führenden Vermittler griechischer Literatur für Deutschland gelten kann. Zu seinen ersten Übertragungen in das Lateinische gehörte die 1515 bei Friedrich Peypus (1485–1535) in Nürnberg gedruckte Übersetzung von Lukians Abhandlung *Wie man Geschichte schreiben soll*, deren Vorbildcharakter er den deutschen Humanisten vor Augen stellte, um sie zu größeren historischen Arbeiten anzuspornen. Nicht zufällig widmete er diese Schrift Kaiser Maximilian I., der begierig war, die Geschichte des Reiches und der Habsburger für die Nachwelt zu erhalten. Philologische Arbeiten für Maximilian I. erstellte er mehrfach gemeinsam mit seinem Freund Albrecht Dürer, so z. B. bei den monumentalen Holzschnitt-Tafelwerken *Ehrenpforte* und *Triumphzug*, die zwischen 1515 und 1517 angefertigt wurden.
Einer Übersetzung von Lukians Dialog *Piscator seu reviviscentes*, 1517 bei Friedrich Peypus in Nürnberg gedruckt, gab er eine Widmungsvorrede an Johannes Reuchlin bei, die *Epistola apologetica*. Er entwarf darin das Idealbild eines modernen Theologen, der über umfassende Kenntnisse aller Wissenschaften verfügen sollte: In Grammatik, der lateinischen, griechischen und hebräischen Literatur solle er bewandert sein, die

aristotelische und die platonische Philosophie kennen und ebenso im Quadrivium wie in der Geschichtsschreibung zu Hause sein. Die enge Verbindung zwischen Theologie und den humanistischen Studien wird durch dieses Bildungsprogramm Willibald Pirckheimers überaus deutlich.

Zu Pirckheimers für die Wissenschaftsgeschichte wichtigen Übersetzungen gehören die *Moralia* des Plutarch, die 1513 bei Friedrich Peypus in Nürnberg erschienen, und 1525 die *Geographie* des Ptolemaios, die Johannes Grüninger in Straßburg in Kooperation mit Anton Koberger aus Nürnberg mit aufwendigem Buchschmuck herausgab.

Mit der Wiederentdeckung der antiken Sprachen ging auch die im Mittelalter weitgehend verschüttete Kenntnis des Hebräischen einher. Am Ende des 15. Jahrhunderts wurden in Italien hebräische Manuskripte gesammelt und ediert, z.B. Avicennas *Canon Medicinae*, 1491 in Neapel bei Azriel ben Josef Askenazi Gunzenhausen gedruckt (GW 3113). Die ersten Hebraistik-Professuren im deutschsprachigen Gebiet wurden erst 1518 in Wittenberg, Erfurt und Leipzig, 1520 in Rostock, 1521 in Greifswald, 1522 in Heidelberg und dann 1525 in Tübingen und Freiburg eingerichtet. Die Reformation begünstigte anfangs die Hebräischstudien, reduzierte sie aber bald zu einer Hilfswissenschaft der Theologie. Hebräisch-Druck findet sich seit Beginn des Jahrhunderts in den Ausgaben verschiedener Humanisten; der erste Versuch, von christlicher Seite die hebräische Sprache zu erläutern, sind die *Rudimenta hebraica* von Johannes Reuchlin, in Pforzheim bei Thomas Anshelm 1506 gedruckt (vgl. Abb. 38). 1503 war bereits eine kurzgefaßte hebräische Grammatik in der Anthologie *Margarita philosophica* von Gregor Reisch (1467–1525) in Straßburg bei Johannes Grüninger erschienen. In der *Margarita* wurde ein Kompendium des zeitgenössischen Schulwissens geboten; zwischen 1503 und 1517 erlebte dieses Nachschlagewerk zahlreiche Auflagen.

Vadian und die Bereitstellung von Unterrichtstexten

Die Notwendigkeit, im wissenschaftlichen Unterricht mit gesicherten Texten zu arbeiten, kann am Beispiel des seit 1508 – in der Nachfolge des Conrad Celtis – in Wien Philosophie und Poetik lehrenden St. Gallener Humanisten Vadian (Joachim von Watt, 1484–1551) gezeigt werden. Er betonte diese Sorge um gute Schulausgaben besonders in der Dedikationsepistel an seinen Schüler Christophorus Crassus (um 1490–1549) bei der Herausgabe von Sallusts *De coniuratione Catilinae et bello Iugurthino historiae* 1511 in Wien. Vadian gab diese Texte im Anschluß an seine Vorlesung über die historischen Schriften Sallusts heraus. Er habe bei der Vorbereitung gemerkt, formuliert er in dem Widmungsbrief, in welchem schlechten Zustand sich die bisherigen Sallust-, Lukrez- und Plinius-Ausgaben befänden. Besonderen Anstoß nimmt er an einer Edition von Pomponius Laetus, einem Schüler von Lorenzo Valla und dem Begründer der Accademia Romana in Rom, die dieser 1490 in Rom besorgt hatte. In metaphernreicher Sprache beschreibt Vadian, wie er in dieser Not Zuflucht zu der neuen Ausgabe von Aldus Manutius (Venedig 1509) genommen habe, und vergleicht diese Möglichkeit – mit den Worten Homers in der *Odyssee* – mit einer »Rettung aus großer Seenot«. Vadian ließ die Ausgabe von Aldus Manutius in einer Auflage von eintausend Exemplaren in Wien bei den Druckerverlegern Hieronymus Vietor (1480–1546) und Johannes Singrenius (um 1480–1545) im Jahre 1510 nachdrucken.

Von den wichtigen Editionen Vadians wäre auch die *Praefatio* zur *Naturalis historia* des älteren Plinius, die Kaiser Vespasian gewidmet war, zu erwähnen (Wien 1513). In der Widmung an seinen Kollegen Georg Collimitius (1482–1535) gibt Vadian detailliert Rechenschaft über die bisherigen, seiner Meinung nach unzureichenden Editionen durch italienische Humanisten. Er wolle sich nun zur Textsicherung und auch zum Wohl der Studenten um eine zuverlässige Ausgabe bemühen.

Zu den mathematischen und astronomischen Editionen Vadians gehört die dem Proklos Diadochus (410–485 n. Chr.) zugeschriebene *Sphaera*, deren lateinische Übertragung ebenfalls bei Aldus Manutius im Jahre 1499 in einer Sammlung der *Scriptores astronomici veteres* erschienen war. Vadian gab diesen Einzeldruck im Jahre 1511 bei den mit ihm befreundeten Druckerverlegern Vietor und Singrenius heraus. Auch hier hebt er einleitend die Textsicherung, die Vorlage für einen künftigen Kommentar und die Bereitstellung der Texte der Antike für die »weniger bemittelten Jugendlichen« hervor. Der Ausbildung der Studenten dienten ferner einige von ihm betreute Nachschlagewerke, Wörterbücher und Regestausgaben. So edierte Vadian im Jahre 1513 eine kleine Schrift mit den Inhaltsangaben zu Ovids *Metamorphosen* (die Lactantius Placidus zugesprochen wurden) und dedizierte sie seinem jüngeren Bruder Melchior, da er sich »für dessen geistige Entwicklung verantwortlich« fühlte. Und da die Schriften des Ovid die geistigen Anlagen formen könnten, wolle er alles tun, zu ihrer Verbreitung beizutragen.

Die besondere Bedeutung der antiken Texte für die Bildung und die Erziehung der Schüler wird aus Vadians Dedikationsepistel an die Wiener Sängerknaben vom April 1515 deutlich. Er widmete ihnen seine Ausgabe des siebten Buches der *Naturalis historia* des älteren Plinius. Mit Berufung auf Plato – und in engem Anschluß an die Ideen von Pico de la Mirandola – schreibt Vadian, daß eine gute Kenntnis des menschlichen Wesens die Grundlage für alle philosophischen und naturwissenschaftlichen Disputationen sei.
Vadian edierte aber nicht nur die Schriften der Antike, sondern auch die der italienischen und deutschen Humanisten, so etwa von Lorenzo Valla oder von Conrad Celtis. Bei seinem Wiener Verleger Lukas Alantsee (gest. 1522) gab er 1513 (gedruckt bei Matthias Schürer in Straßburg) das lyrische Werk des Celtis *(Oden, Epoden, Carmen saeculare)* heraus. Auch hier betont er in einem Geleitschreiben, daß die Texte der Erziehung der Jugend, aber auch allgemein zur Förderung der Tugend dienen sollten. Die theologische Fakultät in Wien konnte sich allerdings dieser Einschätzung nicht anschließen und lud den Verleger Alantsee 1514 zur Rechtfertigung wegen des als unsittlich und unchristlich empfundenen Inhalts einiger Orden vor.
Bei den Wiener Universitätslehrern und ihren Druckern zeigte sich wiederum, in welchem engen Verhältnis die Wissenschaftler, die sich um die geeignete Textgrundlage bemühten, und die Verleger, die auf die beratende Tätigkeit der Gelehrten angewiesen waren, standen.

Die Bereitstellung von griechischen und hebräischen Texten für Unterrichtszwecke blieb noch lange Zeit schwierig. Reuchlin klagte im Jahr

1520, daß er bei seinem Lehrauftrag für Griechisch und Hebräisch in Ingolstadt nicht ein einziges gedrucktes griechisches oder hebräisches Buch vorgefunden habe. Zwei Jahre später berichtet Reuchlin von seiner Tätigkeit an der Universität Tübingen, daß er mehrere hundert hebräische Bibeln habe aus Venedig kommen lassen, um überhaupt Unterricht halten zu können. Auch von Xenophon habe er nur ausländische Editionen zur Verfügung. 1524 stand Melanchthon in Wittenberg bei seiner Demosthenes-Vorlesung nur ein einziges Textexemplar zur Verfügung, aus dem er zu Beginn der Vorlesung immer nur wenige Sätze diktierte, um sie dann interpretieren zu können. Der Buchdruck war zwar in der Lage, Texte in größerer Zahl und kostengünstig zur Verfügung zu stellen, aber es dauerte noch lange Zeit, um alle Gelehrten und Studenten mit den Texten in griechischer und hebräischer Typographie versorgen zu können.

Allerdings läßt sich eine zahlenmäßig relevante Bereitstellung von lateinischen Unterrichtstexten etwa seit dem Jahr 1480 feststellen. Äußerlich hatte sich zu diesem Zeitpunkt die Buchgestaltung von der Handschriftenproduktion gelöst, Titelblatt und Kolophon hatten sich entwickelt, Oktav- und Quartformate das Folioformat abgelöst. Die individuelle Illuminierung wurde weitgehend durch die vorgefertigte Holzschnittillustration abgelöst. Der Buchpreis sank in den siebziger Jahren auf die Hälfte bis ein Viertel des ursprünglichen Preises. Vor allem kommt es zu einer Änderung in der Titelauswahl: Nachdem die ersten Jahre durch Bibelausgaben, Liturgica sowie einfache Gebrauchstexte, Grammatiken und Wörterbücher gekennzeichnet waren, finden nun die Schriften der humanistischen Schriftsteller und die Editionen antiker Autoren stärkere Berücksichtigung bei den Druckerverlegern.

Durch den Buchdruck wurde die Wissensvermittlung mit erschwinglichen Textausgaben möglich, die eine angemessene äußere Gestaltung und philologische Exaktheit auszeichneten. Den Fortschritt in der Philologie durch die Möglichkeiten des Buchdrucks und die Notwendigkeit, im wissenschaftlichen Unterricht mit gesicherten Texten zu arbeiten, betonte vor allem Joachim Vadian in einem Geleitgedicht zu einem Wiener Druck von 1511 bei Vietor und Singrenius. Da Vadian hierbei über die zeitgenössische Topik hinausgeht, die Erfindung der Buchdruckerkunst in einen weltgeschichtlichen Zusammenhang stellt und sie zu einem kulturhistorischen Quantensprung stilisiert, der nur mit der Erfindung der Schrift in der Antike zu vergleichen ist, wird der Text nachfolgend im lateinischen Original und in Übersetzung wiedergegeben:

In artis Impressoriae meritam laudem
Scazon Ioachimi Vadiani.

Aegiptii quos fertilis fovet Nilus.
Hermem suum subinde laudibus tollunt
Quod litterarum primus ipse repertor
Dederit Nepotibus scientiae lumen.
Agenoris natum vigil beat Graecus
Cadmum / figurae cultioris auctorem:
Phoenice dum suis refert Characteres:
Quos Atticus coluit lepor bona fruge
Dum posteris tam digna lectu compegit.
Latina lingua gloriatur Carmentem
Quae mater et nutrix veteris est Euandri
Cum patriam linquens novas sedes quaerit
Latio attulisse formulas: quarum est usus
In litteris politioribus. Verum
Germanus is qui litteras fudit Stanno
Docuitque tantum comprimi semel praelo
Quantum celerrimae manus die longo
Scribunt: beatus et perenniter foelix
Praecellit Hercle cuncta priscorum inventa
Quanto melius animum polire quam corpus.
Iam Chalcitypus humanus est: siquidem scribit:
Iam quod legas praestat benignitas aeris:
Et quo frequenter percolas diam mentem.
Si vivat Hermes gratias ageret Rheno:
Et Cadmus ipse si rediret ex umbris:
Carmentis ipsa / si veniret ex Orco
Cum Graeca cernerent rudi imprimi plumbo.
Hebraeque et quaecunque sunt prius scripta:
Tam insigniter quam nunc latina cuduntur.

Ein »Hinkjambus« von Joachim Vadian
auf das wohlverdiente Lob der Buchdruckerkunst

Die vom fruchtbaren Nilstrome mit seiner Gunst beschenkten Ägypter wiederholen immer wieder ihre Lobpreisungen für ihren Gott Hermes, da er als der allererste Erfinder der Buchstaben der Nachwelt das Licht der Wissenschaft geschenkt hat.
Der Grieche preist in seiner Aufmerksamkeit Cadmus, den Sohn des Agenor, als Schöpfer einer bereits weiter entwickelten Schrift. Die Buchstabenbilder, die er seinen Landsleuten von seinem Bruder Phoinix mitgebracht hatte, führte attischer Feingeist auf ein noch höheres Niveau und fügte sie zu Literatur, würdig, der Nachwelt überliefert zu werden.
Die Lateiner schreiben Carmentis, der Mutter und Nährerin des alten Euander, den Ruhm zu, jene Buchstabenformen, die in kultivierten Schriften Verwendung finden, nach Latium gebracht zu haben, als sie auf der Suche nach einem neuen Wohnsitz ihre Heimat verließ.
Der Deutsche jedoch, der Buchstaben aus Metall goß und den Beweis antrat, daß durch einen einzigen Druckvorgang in der Presse durchaus die Tageshöchstleistung flinker Schreiberhände wettgemacht wird, überstrahlt sämtliche Erfindungen der Alten; gepriesen und unendlich glücklich sei er!
Um wieviel höher sind doch die Leistungen des Geistes vor denen des Körpers zu bewerten! Selbst wenn der Mensch heute noch [mit der Hand] schreibt, so ist er doch im allgemeinen bereits ein Drucker. Denn dafür, was man liest und womit man seinen gottgegebenen Verstand regelmäßig speist, bürgt nunmehr die Qualität der Metallegierung.
Wenn Hermes am Leben wäre, so würde er dem Rhein danken, ebenso Cadmus, käme er direkt aus dem Reich der Schatten, und auch Carmentis, käme sie aus der Unterwelt zurück, wenn sie alle sähen, wie Griechisch, Hebräisch und alles, was früher von Hand geschrieben wurde, mit bloßem Metall in ebenso ausgezeichneter Qualität wie das Lateinische gedruckt wird.

Das bei den Lobpreisungen der Erfindung der Buchdruckerkunst häufig verwendete nationale Argument, daß die Erfindung Gutenbergs nun auch den Deutschen ermögliche, an der geistigen Welt der Antike zu partizipieren, wird bei Vadian in einen kulturhistorischen, weltgeschichtlichen Zusammenhang gestellt. In Form einer vierfachen Klimax, an deren Zielpunkt die Erfindung der Metall-Lettern Gutenbergs steht, wird an den ägyptischen Gott Toth (mythologisch verschmolzen mit Hermes) erinnert, der als der Erfinder der Schriftzeichen gilt. Cadmus als Nachfahre des Stammvaters der Phönizier, Agenor, gilt seit Herodot als der Erfinder des griechischen Alphabets und damit als Vater abendländischer Kultur. Die arkadische Quellnymphe Carmentis, die mit ihrem Sohn Euander nach Italien auswanderte, gilt schließlich als die Erfinderin des ältesten lateinischen Alphabets mit fünfzehn Buchstaben. Mit dem Wortspiel *litterae politiores* spielt Vadian nicht nur auf die kultivierte lateinische Literatur der Antike an, sondern auch auf die neulateinische humanistische Dichtung der Gegenwart, die mit derselben Phrase bezeichnet wurde. Vadian spannt damit nicht nur den Bogen zwischen den Werken der römischen Antike und seiner Gegenwart, sondern spielt mit *litterae politiores* auch auf die Verwendung lateinischer Typen (der Antiqua) für die Werke seiner humanistischen Zeitgenossen an.

Gutenberg kumuliere alle bisherigen Menschheitsfortschritte durch seine Erfindung, die es erlaubt, nun durch einen einzigen Druckvorgang ein Vielfaches mehr zu publizieren, als es jeder Schreiberfleiß ermöglicht hätte. Aber nicht nur die neuen Quantitäten, sondern vor allen Dingen die Qualität der Publikationen bürgt dafür, daß nun das Licht der Bildung überall aufleuchten kann.

Vadian zeigt im Jahr 1511 nicht nur, daß sich die Buchdruckerkunst quer durch Europa ausgebreitet hat, sondern daß es nun bereits möglich war, auch in griechischer oder hebräischer Typographie zu setzen und zu drucken. Die überaus enge Verbindung zwischen der Technikgeschichte und der Geistesgeschichte wird in diesem Gedicht Vadians prägnant ausgedrückt: Erst durch die Erfindung der Buchstaben und ihre neuen Vervielfältigungsmöglichkeiten verbreitet sich Wissen und Bildung in der Welt.

Einige Gegenstimmen

Von humanistischer Seite wurden fast ausschließlich positive Argumente für den Buchdruck gebracht: aber es finden sich auch vereinzelte Stimmen gegen ihn. Bekannt sind die Sätze von Abt Johannes Trithemius in einer Schrift mit dem bezeichnenden Titel *De laude scriptorum* (1515). Er beginnt bei der Haltbarkeitsfrage, da er die Handschrift immer noch mit dem Pergament in Verbindung bringt, die Buchdruckerkunst aber mit dem relativ neuen Papier:

> »Geschriebenes, wenn man es auf Pergament bringt, wird an die tausend Jahre Bestand haben; Gedrucktes aber, da es auf Papier steht, wie lange wird es halten? Wenn Gedrucktes in einem Band aus Papier 200 Jahre Bestand haben wird, wird es hoch kommen, indessen gibt es viele, die der Meinung sind, daß durch den Stoff an sich der Druck sich verbrauche. Das wird die Zukunft entscheiden. Aber wenn auch viele Bücher gedruckt vorliegen sollten, so werden sie doch niemals in dem Umfang gedruckt werden, daß man nicht immer etwas zum Schreiben finden könne, was noch nicht gedruckt ist [...] Wer dem Buchdruck zuliebe die Tätigkeit des Handschreibens aufgibt, ist kein echter Freund des handschriftlich Tradierten: da er höchstens den Blick auf die Gegenwart richtet, sich aber keine Mühe gibt, die Nachfahren zu erbauen. [...] Mit geschriebenen Büchern nämlich lassen sich gedruckte niemals auf die gleiche Stufe stellen. Denn um die Rechtschreibung und sonstige Ausstattung der Bücher kümmern sich die Drucker gewöhnlich nicht. Wer aber abschreibt, verwendet darauf große Mühe.«

Das philologische Argument, daß in den Setzereien nicht genügend sorgfältig gearbeitet wird, ist durchaus bei den Humanisten verbreitet. Dieser generellen Sorge schließt sich auch Erasmus von Rotterdam an, der in der Vorrede der *Adnotationes* des Laurentius Valla zur lateinischen Übersetzung des Neuen Testamentes beklagt, daß »früherhin ein einzelner Schreiberfehler nur in einem Exemplar wirksam wurde, nun aber in einer tausendfachen Auflage«.
Die Druckerverleger erkannten diese Gefahr, und daher beruhigte schon Peter Schöffer in einem Verlagsprospekt von 1472 seine Kunden: »Niemand möge sich vom Kauf dieser Bücher aus dem Grund abhalten

lassen, weil sie durch Flüchtigkeitsversehen oder regelrechte Fehler entstellt sind [...]. Mit welch peinlicher Sorgfalt und Bemühung und wieviel geistiger und körperlicher Arbeit der Druck dieser Bücher verbessert und durchgesehen wurde, wird jedermann sehen.« Aber allein die Tatsache, daß der korrekte Druck in der Werbung hervorgehoben wird, zeigt deutlich, daß das Gegenargument durchaus verbreitet war.

Die theologischen Bedenken richten sich nicht gegen den Buchdruck selbst, sondern gegen die Übersetzung aus den »heiligen« griechischen und lateinischen Sprachen ins Deutsche und gegen einen möglichen Mißbrauch. In einem der ersten Zensuredikte äußert sich der Erzbischof von Mainz, Berthold von Henneberg, am 22. März 1485, über die Übersetzungen aus dem Griechischen und Lateinischen ins Deutsche:

> »Wenn man zur Aneignung gelehrten Wissens dank der sogenannten göttlichen Kunst des Druckens an die Bücher der verschiedenen Wissenschaften in reichlichem Maß und leicht herankommen kann, so haben wir trotzdem vernommen, daß gewisse Menschen, verführt durch die Gier nach eitlem Ruhm und Geld, diese Kunst mißbrauchen und daß das, was den Menschen zur Kultivierung des Lebens geschenkt wurde, auf die Bahn des Verderbens und der Verfälschung gelenkt wird. Denn wir mußten sehen, daß Bücher, die die Ordnung der Heiligen Messe enthalten, und außerdem solche, die über göttliche Dinge und die Hauptfragen unserer Religion verfaßt worden sind, aus der lateinischen in die deutsche Sprache übersetzt wurden und nicht ohne Schande für die Religion durch die Hand des Volkes wandern.«

Die Ehre der Buchdruckerkunst solle nicht angetastet werden, aber darauf geachtet werden, daß »die unbefleckte Reinheit der göttlichen Schriften erhalten werde. Und so befehlen wir, daß man keine Werke, welcher Art sie seien, welche Wissenschaft, Kunst und Erkenntnis sie auch immer betreffen, aus der griechischen, lateinischen oder einer anderen Sprache in die deutsche Volkssprache übersetze oder übersetzte Werke, öffentlich oder heimlich, unmittelbar oder mittelbar jeweils vor dem Druck, die gedruckten vor dem Vertrieb, durch eigens dazu bestellte Doktoren und Magister der Universität in unserer Stadt Mainz beziehungsweise solche in unserer Stadt Erfurt durchsehen und mit einem Sichtvermerk zum Druck oder zum Vertrieb freigeben« lassen muß.

Als Strafe werden die Exkommunikation angedroht, der Verlust der Bücher sowie eine Geldbuße in Höhe von 100 Goldgulden. Die bedenkenswerte Frage nach der philologischen Exaktheit der Übersetzung wird mit der generellen Furcht vor theologischen Texten in der Volkssprache vermengt.

In einer Bulle bringt Papst Leo X. – noch zwei Jahre vor Luthers erstem reformatorischen Auftreten im Jahre 1515 – diese Sorge auf den Punkt, indem er wiederum die Verbreitung der Texte in der Volkssprache anprangert. Er behauptet, daß die Übersetzungen »Glaubensirrtümer sowie verderbliche, der christlichen Religion widersprechende Lehren und gegen das Ansehen hochgestellter Würdenträger gerichtete Dinge enthalten, die sie zu drucken und öffentlich zu verkaufen wagen, Schriften, aus deren Lektüre die Leser nicht nur keine Erbauung ziehen, sondern durch sie vielmehr zu den größten Verirrungen im Glauben wie im Leben und ihrer Gesittung verführt werden. Daraus sind, wie die Erfahrung als Lehrmeisterin zeigt, mannigfache Ärgernisse entstanden, und es ist zu befürchten, daß Tag um Tag noch größere entstehen.« Zum Ruhme Gottes werde daher die Zensur erlassen, und zum Heil der Christgläubigen die Aufsicht auf den Druck der Bücher ausgeübt, »damit nicht in Zukunft Dornen mit dem guten Samen zusammen heraufwachsen oder Gifte sich mit Arzneien vermischen«.

Trotz der metaphorischen Sprache wird die Angst der Kirchenoberen deutlich, durch die Verbreitung von theologischem und religiösem Wissen in der Volkssprache an Macht und Einfluß verlieren zu können. Die humanistischen Zeitgenossen wandten gegen den Buchdruck nur ein bibliophiles Argument ein, nämlich die Ästhetik der Handschrift und die philologische Mahnung, daß die Texte bei einer Massenverbreitung in den Druckereien genauso gut kontrolliert werden müßten wie in den Skriptorien. Darüber hinaus aber sprechen alle Briefzeugnisse, Werkvorreden und die Buchprogramme selbst dafür, daß der Buchdruck dem Bildungsbestreben des Humanismus deutlich entgegenkam.

Populäre, volkssprachige Unterweisung

»Volksbücher«

Von den ersten Büchern Gutenbergs bis zum Jahre 1500, dem aus rein bibliographischen Gründen festgelegten Ende der Inkunabelzeit (lat. *incunabula*, die Wiege), erschienen etwa 30 000 unterschiedliche Drucke, die man heute noch nachweisen kann. 80 Prozent davon waren in lateinischer Sprache geschrieben, der sowohl für die Kirche wie für die Gelehrtenzunft verbindlichen europäischen Sprache. Dies hatte natürlich ungeheure Vorteile für viele Offizinen quer durch Europa, da ihr Absatzgebiet nicht auf ein eng umgrenztes Territorium beschränkt war. Schon früh entwickelte sich daher zum Beispiel die Frankfurter Messe auch zu einem Umschlagplatz von Büchern aus Frankreich, den Niederlanden oder Italien.

Nur etwa 20 Prozent der Drucke verwendeten die Volkssprache, deren Anteil aber kontinuierlich anstieg. In deutscher Sprache wurden sowohl unterhaltende frühe Romane als auch kleinere belehrende Schriften, Kräuterbücher und Lebenslehren publiziert. Die Dominanz der lateinischen Sprache auf dem Buchmarkt wurde erst am Ende des 17. Jahrhunderts gebrochen, das 16. Jahrhundert mit der Reformation in Mitteleuropa hatte daran einen nicht unerheblichen Anteil.

Die Verbreitung von deutschsprachiger Erzählliteratur hatte aber bereits in der Handschriftenära des Spätmittelalters begonnen. Die Rezeptionsbedingungen begannen sich zu verändern, nicht mehr nur kirchliche und adelige Kreise stellten die neuen Leserschichten, sie kamen auch aus Handwerk und Handel der Städte und der laikalen Intelligenz an den Herrschaftshöfen. Ein äußeres Zeichen für die bereits zahlenmäßig ansteigende Lektüre deutschsprachiger Texte bietet die spätmittelalterliche Handschriftenwerkstatt von Diebold Lauber in Hagenau im Elsaß, in der zwischen 1427 und 1467 zeitweise bis zu fünf Schreiber und sechzehn Illustratoren beschäftigt waren. Durch »Verlagsanzeigen« und zahlreiche erhaltene Handschriften sind wir über sein Verlagsprogramm von 38 Titeln recht genau informiert. Lauber stellte die Handschriften in einer Serienproduktion her und ließ sie gleich mit Federzeichnungen ausstatten. Wir finden bei ihm Historienbibeln, höfische und Heldenepik, religiöse und lehrhafte Texte wie juristische und naturwissenschaftliche Schriften. Allein achtzehn Handschriften der Historienbibel haben sich erhalten, eine populäre, volkssprachige Textgattung, die sich auf die Erzählungen des Alten Testamentes stützt und sie durch apokryphe und profangeschichtliche Erzählungen anreichert, unter Vernachlässigung der prophetischen Bücher. Konrad von Megenbergs *Buch der Natur* gehörte zu den naturwissenschaftlichen Informationen, der *Schwabenspiegel* oder der *Belial* zu den juristischen Texten. Die höfische und die Heldenepik waren mit Wolframs von Eschenbach *Parzival* vertreten oder mit dem *Tristan* des Gottfried von Straßburg. Ebenso erfolgreich vertrieb Lauber ein Sterbebüchlein, Gebetbücher, die kommentierten *Zehn Gebote*, die *Legende der heiligen drei Könige* oder den *Pfaffen Amis* des Stricker. Lauber produzierte bereits auf Vorrat und mußte daher Werbung für seine Verlagsartikel unternehmen. Er ließ die Texte jeweils klar gliedern und durch Register, Überschriften und auch Bilder zusätzlich erschließen. Auch die kolorierten Federzeichnungen sind auf eine serielle Produktion ausgerichtet, da sie mit multifunktionalen Bildtypen arbeiten.

Wie sehr diese Titel dem allgemeinen Zeitgeschmack entsprechen, macht die Tatsache deutlich, daß gerade die volkssprachige Unterhaltungsliteratur sofort den Weg in den Druck gefunden hat. Die Werke Wolframs von Eschenbach gab Johann Mentelin in Straßburg 1477 heraus, ebenso den *Tristan* des Gottfried von Straßburg. Der Augsburger Frühdrucker Günther Zainer hatte bei Johann Mentelin in Straßburg gelernt und brachte auf diesem Wege nicht nur die Technik, sondern auch die Programmerfolge nach Schwaben. Augsburg wird in den siebziger und achtziger Jahren zu einem Zentrum des deutschsprachigen Prosaromans; neben Zainer widmeten sich ihm Johann Bämler (ca. 1425 bis 1507), Anton Sorg (ab 1475) und Johann Schönsperger d. Ä. (1481 bis 1520). 1484 druckte Anton Sorg den *Tristrant*, 1481 und 1491 den *Wilhelm von Österreich*, ab 1483 gab Schönsperger mindestens viermal den angeblich von Eleonore von Tirol übersetzten Roman *Pontus und Sidonia* heraus, ebenso erschienen der *Alexander-Roman* ab 1472 mindestens neunmal und ebenfalls neunmal die Novelle *Griseldis*. Häufig wurden die Texte in Straßburg nachgedruckt, so etwa ab 1489 der *Troja*-Roman, der seit 1474 bei Bämler, Sorg und Schönsperger erschienen war. Neben der

Übernahme der deutschen Literatur des Spätmittelalters wurde auch die populäre italienische Literatur des 15. Jahrhunderts in Übersetzungen verbreitet, so die schon genannte Petrarca-Novelle *Griseldis* oder *Florio und Biancefora* nach Boccaccio. Größte Beliebtheit bei den Romanen nach französischen Vorlagen erreichte die *Melusine* des Thüring von Ringoltingen neben *Pontus und Sidonia* oder dem *Ritter von Turn*, in der Übersetzung von Marquart von Stein.

Für diese Texte hatte sich seit dem frühen 19. Jahrhundert die Bezeichnung »Volksbücher« eingebürgert, heute bevorzugt die Literaturwissenschaft den Terminus »Prosaromane«. Hans Joachim Kreuzer hat 1977 in seiner Studie *Der Mythos vom Volksbuch* herausgearbeitet, daß der aus der Zeit der Romantik stammende Begriff des »Volksbuches« falsche Konnotationen in bezug auf die Entstehungssituation der Texte, aber auch in bezug auf ihre Verbreitung und ihre Rezeptionsbedingungen erweckt. Der neutralere Begriff des »Prosaromans« macht darauf aufmerksam, daß diese Texte nun nicht mehr in Versform verfaßt wurden (also zum Vortrag), sondern in Prosa, das heißt zur individuellen Lektüre bestimmt waren. Nicht wenige mittelhochdeutsche Epen sind nach der Erfindung der Buchdruckerkunst von der Versform in die Prosaform überführt worden. Der zeitgenössische Begriff für diese Texte war »Historia«: Er kennzeichnet romanhafte Erzählungen, die zumindestens für wahr gehalten werden konnten. Verbindendes Element war der Wahrheitsbegriff der populären Historiographie und der Exempelcharakter der für wahr gehaltenen Erzählungen. In Anlehnung an die Geschichtsschreibung wurden zum Beispiel Quellenbelege verwendet, etwa Augenzeugenberichte in *Alexander des Großen Historie* Johannes Hartliebs oder biographische Bezüge und vermeintliche hinterlassene Schriften etwa beim *Eulenspiegel* oder beim *Doktor Faustus* zitiert. »Historia« kennzeichnet insgesamt den Versuch, Wahres und für wahr Gehaltenes glaubwürdig zu einer allgemeinen lehrhaften Aussage zu verbinden, zum Beispiel in der *Melusine* die Warnung vor der Zerbrechlichkeit irdischen Glücks oder beim *Fortunatus* die Lebenslehre »Weisheit statt Reichtum«. Konkrete Orte, Jahreszahlen oder Entfernungstabellen tragen zur Glaubwürdigkeit bei.

Gerade die Augsburger Drucke sind in aller Regel mit aussagekräftigen Holzschnitten versehen, die das Erzählte anschaulich illustrieren. Die bereits in den Erzählungen häufig zu beobachtende stereotype Darstellung von Gefühlsregungen wiederholt sich in den Holzschnitten: Als Zeichen der Liebe wird eine Schachtel mit einem Herzen überreicht, Abschied und Willkommen werden an einer Stadtmauer oder am Meeresstrand dargestellt. Die Holzstöcke wurden oft weiterverkauft, recht grob auf das neue Format zugeschnitten und in verschiedenen Kontexten wiederverwendet. Wurde gerade den frühen Historien noch eine Nutzanwendung beigegeben (»Hye endet sich das Buch und Histori, wie die reiche, köstlich und mächtig Stadt Troya wart zerstört durch die Verhängnuß Gottes. Zu einem Exempel der ganzen Welt«), so wird bald darauf verzichtet und der unterhaltende Aspekt betont (*Tristan*-Ausgabe von 1484: »Hienach folget die Histori von Herren Tristrand und der schönen Isalden von Irlande, welche Histori einer Vorrede wohl würdig wäre, und doch unnutz, dann die Lesenden und Zuhörenden in langen Vorreden verdrießen …«).

Der deutschsprachige Prosaroman des 15. Jahrhunderts ist ohne die Übersetzungsleistung bzw. die Anregung zum Übersetzen durch zwei Frauen des deutsch-österreichischen Hochadels, Elisabeth von Nassau-Saarbrücken (1393–1456) und Eleonore von Tirol (1430–1480), nicht vorstellbar. Beide waren selbst politisch tätig und beschäftigten sich intensiv mit französischer und lateinischer Literatur. Auf Eleonore von Tirol geht eine der Übersetzungen des um 1400 in Frankreich entstandenen Prosaromans *Pontus und Sidonia* zurück. Er schildert die Flucht des Königssohnes Pontus vor den Mauren aus dem heimatlichen Spanien, schließlich vielfache Heldentaten zur Erringung der Gunst der Prinzessin Sidonia von Britannien und den Sieg über zahlreiche Intrigen. Johann Schönsperger druckte diese »schöne Hystori« 1483, 1485, 1491 und 1498. Unsere Abbildung 39 zeigt die Ausgabe 1498 mit der Vermählung von Pontus und Sidonia. Der noch recht einfache Holzschnitt ohne Tiefenwirkung oder Landschaftsdarstellung und mit nur sehr groben Schraffuren erfährt durch die zeitgenössische, möglicherweise bereits in der Werkstatt erfolgte Kolorierung eine deutliche Belebung.

Verläuft der äußere Handlungsrahmen noch nach dem Schema der klassischen Brautwerbungsfahrt mit der Überwindung vielerlei Gefahren und Bewährung des Helden durch Aventiuren, so repräsentiert Sidonia bereits den Typus einer selbstbewußten Heldin, die im Rahmen ihrer Möglichkeiten selbständig im persönlichen und politischen Bereich handelt.

Die Übertragung der Ritterromantik in eine realistischere Schilderung der zeitgenössischen Möglichkeiten gelingt auch Elisabeth von Nassau-Saarbrücken durch die Übertragung eines französischen Chanson de geste in einen deutschen Prosaroman. 1437 übersetzte sie *Huge Scheppel* ins Deutsche. Der Titelheld ist Hugo Capet, Sohn eines Fürsten und einer Metzgerstochter. Durch seine großen Heldentaten gelingt es ihm, die Tochter des letzten Karolingers Ludwig (hier als der Sohn Karls des Großen vorgestellt) zu erringen. In einem nur in der deutschen Fassung erhaltenen zweiten Teil muß sich der Held vieler Neider erwehren. Wegen seiner niederen Abkunft und seiner unnachahmlichen Lauterkeit war der Titelheld bekannt und der Stoff begehrt. Als erste von Elisabeths Übersetzungen erschien *Hug Schappler* als eine »wahrhaftige Hystori« in einer Überarbeitung von Konrad Heindörffer im Jahr 1500 in der Straßburger Offizin von Johannes Grüninger. Grüninger druckte und verlegte in erster Linie Liturgica und theologische Schriften, daneben zahlreiche Klassikerausgaben. Seine deutschsprachigen Drucke zeichnen sich durch eine herausragende Holzschnittillustrierung aus (vgl. Abb. 40). Durch die an Kupferstiche erinnernde feine Schraffierung gelang eine Tiefenwirkung und Lebendigkeit der Darstellung, die jede Form der Kolorierung überflüssig machte. Der werbende Effekt dieses erzählenden Holzschnittes unterstreicht die neue Funktion des Titelblattes, das in fünf Zeilen eine kurze, prägnante Inhaltsangabe enthält und in einem großen Schriftgrad für ein »lieplich lesen« dieser »wahrhaftigen Hystori« wirbt.

Neben diesen Übersetzungen aus dem Französischen und Italienischen und den Übertragungen mittelhochdeutscher Epen in eine frühneuhochdeutsche Prosaform finden sich ab 1500 zunehmend deutschsprachige »Originalromane«, wie der *Fortunatus* 1507, der *Eulenspiegel*, etwa 1510, oder die *Historia von D. Johann Fausten* 1587. Neben den Einzeldrucken erschienen dann im 16. Jahrhundert Sammlungen einzelner Novellen und Erzählungen wie das großartige Kompendium *Das Buch der Liebe*, das Sigmund Feyerabend 1587 in Frankfurt herausbrachte.

Zu den beliebten Prosatexten in deutscher Sprache gehörten aber nicht nur die fiktionalen Erzählstoffe, sondern auch die Lehrdichtung der Fabel und die frühen Sachbücher. Kräuterbücher, medizinische Ratgeber und Enzyklopädien fanden ein neues, städtisches Publikum.

Enzyklopädien

»Nimm deinen Weg, o Buch, und schwinge dich rasch in die Lüfte;
Nie ward etwas gedruckt, das mit dir sich vergleicht.
Tausend Hände greifen nach dir mit eifriger Liebe,
Lesen wird man dich stets, mit emsigem Fleiß.
Menschliche Taten folgen in dir den göttlichen Werken,
Jede Seite verziert glänzender Bilderschmuck.
Du berichtest von Urbeginn an die Schöpfung der Dinge,
Alles, was jemals geschah, kündest du lückenlos.«

In dieser (ursprünglich lateinischen) Buchhändleranzeige aus dem Jahre 1493 wird poetisch eine buchkünstlerische Meisterleistung angekündigt, eine Weltchronik aus der Feder des Nürnberger Stadtarztes Hartmann Schedel. Mit humanistischer Gelehrsamkeit werde hier ein Kompendium des überlieferten und des zeitgenössischen Wissens in Wort und Bild geliefert und zuverlässig durch umfangreiche, detaillierte Register erschlossen. Anknüpfend an die aktuellen Zeiterfahrungen, ob kriegerische Bedrohungen oder Naturkatastrophen, wird dieses Werk als ein umfassendes Kompendium für die Hand jedes gebildeten Menschen empfohlen, der nicht nur das theologisch tradierte, sondern auch das empirisch erfahrbare Wissen in zuverlässiger Darstellung lesen könne. Die Gesamtheit der wissenschaftlichen Bildung, für die schon die Antike den Begriff der »Enzyklopädie« prägte, sei in diesem monumentalen Werk enthalten, das darüber hinaus durch die Illustrationen lebendige Anschaulichkeit besitze.

Etwa 1400 Exemplare der lateinischsprachigen Weltchronik und etwa 700 Exemplare der deutschen Ausgabe wurden 1493 in Nürnberg bei dem dortigen Großverleger Anton Koberger hergestellt. Bekannt ist die Chronik bis in die Gegenwart durch ihre zahlreichen, häufig erstmaligen Stadtansichten im Holzschnitt. Sie sind allerdings nur zu einem geringeren Teil authentisch, zum Beispiel muß ein und derselbe Holzstock für Mainz, Neapel, Aquila, Bologna und Lyon herhalten: Gemäß der Tradition des mittelalterlichen Städtelobes erscheinen dann diese Städte durch hohe Mauern wohl bewehrt, an einem Fluß liegend, damit Handel getrieben werden kann und in der Nähe eines Gebirges, das für gutes Klima sorgt. Andere Abbildungen, wie etwa die von Regensburg oder Nürnberg, sind wegen ihrer detailgetreuen Darstellung bis heute geschätzt. Zur Herstellung hatte sich in Nürnberg ein Konsortium zusammengefunden. Michael Wohlgemut und sein Stiefsohn Wilhelm Pleydenwurff schufen in ihrer Werkstatt die Holzschnitte; da bei ihnen in den Jahren 1486 bis 1489 auch Albrecht Dürer lernte, wird immer wieder spekuliert, daß auch der junge Dürer an den Vorzeichnungen der Illustrationen dieser Weltchronik beteiligt war.

Die Anregung zu diesem Projekt gaben die beiden als Mäzene bekannten Nürnberger Bürger Sebald Schreyer und Sebastian Kammermeister. Der vermögende Händler Schreyer war Ratsherr und 1482 bis 1503 Kirchenmeister von St. Sebald. Zusammen mit seinem im Montanwesen tätigen Schwager Sebastian Kammermeister trug er das finanzielle Risiko dieses Buchprojektes.

Der von ihnen beauftragte Hartmann Schedel gliederte seine Chronik gemäß der Schöpfungsgeschichte in sieben Abschnitte. Wenn er auch zu Beginn verschiedene Schöpfungsmythen vorstellt, so läßt er jedoch an der heilsgeschichtlichen Dimension keinen Zweifel: »Aber diese Dinge alle hat nit der Jupiter gemacht, sondern der Werkmeister der Welt, der Ursprung des Besseren, der genennet wird Gott ...« Das erste Weltalter gibt die Schöpfungsgeschichte wieder (vgl. Abb. 41), das zweite Weltalter beginnt mit dem Bau der Arche Noah und endet mit dem Auszug Loths aus dem zerstörten Sodom. Das dritte Weltalter enthält die Geschichte Abrahams, Moses, Josephs und des Königs Saul. Hier werden weitreichende Beschreibungen der Geschichte Griechenlands, der antiken Götter oder auch Städtebeschreibungen von Paris, Mainz, Venedig und Padua eingefügt, da Schedel deren Gründung direkt oder indirekt auf die Trojaner zurückführt.

Das vierte Weltalter beginnt mit König David und Salomo und endet mit der Zerstörung Jerusalems. Hier fließt die Geschichte Roms ein mit weiteren Exkursen zu antiken Dichtern und Philosophen. Das fünfte Weltalter reicht dann von der Babylonischen Gefangenschaft bis hin zur Enthauptung von Johannes dem Täufer, aber auch die Geschichte der Perser, die Feldzüge Alexanders und der weitere Verlauf der römischen Geschichte finden sein spezielles Interesse.

Das sechste Weltalter beginnt mit der Geburt Christi und endet in der Gegenwart, umfaßt also 1500 Jahre; es ist daher das umfangreichste Kapitel mit über 300 Seiten. Im Anschluß sollte jeder Leser die Möglichkeit erhalten, auf einigen Leerseiten handschriftliche Nachträge einzufügen, um die Chronik bis in seine Lebenszeit fortführen zu können. In diesem Kapitel befinden sich die meisten der authentischen Stadtansichten in der Reihenfolge ihrer Gründungsdaten: Regensburg, Wien, Nürnberg, Metz, Genf, Konstantinopel, Budapest, Straßburg u.a.

Das siebente Weltalter enthält wiederum heilsgeschichtliche Betrachtungen vom Ende der Welt, korrespondiert also mit der Einleitung. Die am Ende des Buches aufgenommene Deutschlandkarte ist die erste im Druck erschienene Karte Mitteleuropas, eine Überarbeitung der sogenannten Cusanuskarte von 1439 durch den Nürnberger Kosmographen Hieronymus Münzer (1437–1508).

Buchhistorisch ist diese Enzyklopädie für uns auch von großem Interesse, da sich die handschriftlichen Vorlagen sowohl für die lateinische wie die deutsche Version in der Nürnberger Stadtbibliothek vollständig erhalten haben. Wir können darin sehen, wie nicht nur der Text vorgeschrieben, sondern auch die Illustrationen vorskizziert wurden. Bei der großen Anzahl von über 800 benötigten Holzstöcken griff Anton Koberger auf seine reiche Buchproduktion zurück, so z.B. auch auf seine deutschen Bibeln.

Der Text wird von Hartmann Schedel additiv aneinandergereiht; in einem seiner Bücher benannte er sein Arbeitsprinzip: *»Colligite fragmenta, ne pereant«* – »Sammelt das Zerstreute, damit es nicht verlorengeht«, die Worte der wunderbaren Brotvermehrung. Die Enzyklopädie bot auf diese Weise eine umfassende Aufarbeitung des Wissens ihrer Zeit, noch gehalten in theologischen Denkweisen, doch aufgeschlossen für die Erfahrungen der Gegenwart. Wir finden daher im gesamten 16. Jahrhundert vielfältige Bezugnahmen auf diese gedruckte Chronik, sowohl in anderen historisch-geographischen Weltbeschreibungen, wie etwa Sebastian Münsters *Cosmographey* (Basel 1550), aber auch in zahlreichen Erzählwerken der Zeit, für die sie die Grundlage fiktiver Reisebeschreibungen bot. Zum Beispiel hat D. Johannes Faustus bei der ersten literarischen Fixierung des Stoffes im Jahre 1587 bei seiner Luftreise auf einem geflügelten Pferd eine ungewöhnliche Reiseroute genommen, sie führte ihn von Trier nach Paris, um dann über Mainz Neapel zu erreichen. Wir können daran sehen, wie der bis heute unbekannte Autor der *Historia von D. Johann Fausten* die frühe Flugreise an seinem Schreibtisch rekonstruierte, während er in der Schedelschen Weltchronik blätterte

(Folio 23–42). Die Reiseroute folgt nämlich exakt der Abfolge der Holzschnitte dieser Chronik. Der Autor dieser Erzählung, die ein gutes Jahrhundert später verfaßt wurde (1587 publiziert), übernahm aber nicht nur die Reihenfolge der Holzschnitte, sondern wertete die Chronik auch in bezug auf ihre Faktenangaben zu den verschiedenen großen europäischen Städten und deren Handelsstruktur und die dort gebotene Etymologie der Stadtnamen aus. An diesem prominenten Beispiel wird sichtbar, welche Bedeutung das großartige Nürnberger Buchunternehmen für die Kultur-, Buch- und Geistesgeschichte der frühen Neuzeit besitzt.

Es lassen sich aber auch die weitreichenden Handelsbeziehungen von Anton Koberger nachzeichnen, der Exemplare nach Florenz, Venedig, Bologna, Mailand, Lyon, Basel und Paris verkaufte, aber auch nach Graz, Wien und Budapest oder Breslau, Krakau und Danzig. Die erhaltene Endabrechnung zeigt, daß er neben eigenen Handelspartnern, also Buchhändlern, Buchführern und Buchbindern, auch Großkaufleute und Fernhändler in diesen Vertrieb einbezog, darunter die Faktoren der Augsburger und Nürnberger Fugger, und die Vermittlung einzelner Gelehrter nutzte.

Selbstverständlich wird in einer solchen Enzyklopädie auch die Erfindung Gutenbergs gewürdigt. Schedel preist sie wegen ihrer Vermittlungsfähigkeit und rechnet sie zu den großen Menschheitsfortschritten:

> »Die Kunst der Druckerei hat sich erstlich in Deutschem Land in der Stadt Mainz am Rhein gelegen im Jahre Christi 1440 ereignet und fürdahin schier in alle Örter der Welt ausgebreitet. Dadurch die kostbarsten Schätze schriftlicher Kunst und Weisheit, so in alten Büchern lange Zeit als der Welt unbekannt in dem Grabe der Unwissenheit verborgen gelegen sind, danach an das Licht gelanget sind [...]. Und wenn diese Kunst eher erfunden und in Wissenheit und Gebrauch gewesen wäre, so wären ungezweifelt viele Bücher von Titus Livius, Tullius oder Plinius und anderer hochgelehrter Leute nicht aus Unachtsamkeit der Zeiten verloren worden. Und so nun die Erfinder der handwerklichen Kunst des Buchdrucks nicht wenig Lobes würdig sind, wer kann dann aussprechen, mit was für Lob, Preis, Ehre und Ruhm die Deutschen zu erheben sind, die aus ihrer erleuchtenden, sinnreichen und schicklichen Kenntnis diese Druckerei erfunden haben, durch die der lang verschlossene

Brunn' unaussprechlicher Weisheit menschlicher und auch göttlicher Kunst dem gemeinen Menschen zugeführt wird.«

Fabeln

Die Fabel ist besonders geeignet, Grundkonstanten menschlichen Verhaltens, ethischer Wertmaßstäbe und praktischer Lebenslehren zu vermitteln. Bereits Aristoteles schätzte in seiner *Rhetorik* die Fabel als ein Mittel der Überzeugung durch erfundene Beispiele. Die Fabel gehört einerseits der Tierdichtung an, andererseits aber der Lehrdichtung, die durch die Verhüllung der Wahrheit mittels ihrer Fiktion Belehrungen erteilt. Durch die Wahl vorwiegend aus der Tierwelt stammender Protagonisten, die jeweils über menschliche Verhaltensmuster verfügen, ist die Fiktionalität vorgegeben; durch die Konstruktion besonders eindringlicher Beispiele, die auf das menschliche Handeln übertragen werden können, ist der lehrhafte Aspekt dieser literarischen Kleinform vorbestimmt. Dazu kommt, daß bei diesen pointierten Beispielerzählungen in Vor- oder Nachbemerkungen ausführliche geistliche, moralische oder politische Belehrungen beigegeben werden können: »Und die Moral von der Geschicht ...«

So verwundert es nicht, daß sich bei den wenigen frühen deutschsprachigen Texten der Inkunabelzeit mehrfach exponierte Drucke mit Fabeln befinden. Nur sechs Jahre nach der Erfindung des Drucks wird bei Pfister in Bamberg das erste in deutscher Sprache verfaßte und illustrierte Buch gedruckt: Ulrich Boners Fabelsammlung *Der Edelstein*. Fünfzehn Jahre später erscheint eine andere Sammlung, die als *Ulmer Aesop* bekannte lateinisch-deutsche Ausgabe von Heinrich Steinhöwel.

Die Fabelsammlung *Der Edelstein* des Dominikaners Ulrich Boner aus Bern wurde 1349 abgeschlossen und bemüht sich, ein »Spiegel der Lebensweisheit« zu sein. Die hundert Exempel nach Äsop stammen aus der Tier- und Pflanzenwelt, nur zum geringen Teil aus dem Menschenleben. Die gereimten mittelhochdeutschen Fabeln sind so gruppiert, daß ein natürliches Fortschreiten der Moral erzielt werden kann. Oft stehen zwei Fabeln zusammen, so daß sich ihre Nutzanwendung ergänzt: Kern und Schale, untreue und treue Frauen, unverdienter und verdienter Spott, Verrat und Aufrichtigkeit, stehen und fallen, Habsucht und Geist. Seine Morallehre richtet sich gegen »Falschheit, Betrug, Hinterlist, Heuchelei, Neid, Habgier, Geiz, Zank, Gewalttat, Eitelkeit« und tritt dagegen ein für »Freiheit, Ehre, Kunst«. Der Titel entstammt der ersten Fabel, die von einem Hahn erzählt, der auf dem Mist einen Edelstein findet, dessen Wert jedoch nicht erkennt und sich statt dessen ein Korn wünscht, weil er das fressen kann. Ebenso wie dieser Edelstein sei auch die Dichtung nur für weise, verständige Menschen geschaffen und nicht für die Toren, denen die rechte Einsicht fehlt. Die gleiche Moral ist in der zweiten Fabel dargelegt, die in dem Druck den Anfang macht: Sie erzählt von dem Affen, der nie zur Süße des Nußkerns gelangt, weil ihm die Schale zu hart und zu bitter ist. Wir sehen dies auf unserer Abbildung 42, die auch deutlich macht, daß dieser frühe Druck ohne Titelblatt im modernen Sinne gedruckt wurde, der Text beginnt mit der ersten Fabel ohne Vorrede.

Boner sagt in seinem Epilog, daß er sein Werk »zu tütsche bracht von latein«, daß er also vom Lateinischen ins Deutsche übersetzt hat. Dies ist nicht im Sinne einer wörtlichen Übertragung, sondern generell als eine Art Quellenbeleg zu verstehen. Einige seiner Gewährsleute für die Vorlagen nennt er selbst im Text, in der 55. Fabel spricht er von Äsop, dem antiken Stammvater der Gattung.

Boner übernimmt vorgegebene Inhalte und schreibt sie für seine Leser um. Bekannte Stoffe kleidet er zur Belehrung und Unterhaltung in das Gewand seiner Zeit, um sie so seinem Publikum verständlich zu machen. Er verhält sich seinen Quellen gegenüber meist recht frei und schreibt sie ausführlich aus, bisweilen braucht er das Fünffache an Versen gegenüber der Vorlage. Wie stets in der Fabeldichtung, verkörpern die Tiere menschliche Eigenschaften und Charaktere: Der Löwe ist stolz, der Fuchs ist listig, der Esel ist töricht usw. Die Personen und Tiere sind Repräsentanten eines Typus, Träger eines bestimmten Charakters. Boner verwendet paarweise gereimte vierhebige Verse. Die Verse werden aber im Satzbild nicht deutlich, da der Text nicht in Verse abgesetzt ist, sondern – um Platz zu sparen – fortlaufend in Zeilen gesetzt wurde. Die Lesbarkeit ist nicht nur wegen dieses Satzproblems, sondern auch wegen seiner holprigen Verse nicht einfach. Schönheit der Sprache und Eleganz des Ausdruckes fehlen ihnen oft. Dazu kommt, daß für die Druckfassung in der zweiten Hälfte des 15. Jahrhunderts eine handschriftliche Vorlage gedient hat, die einhundert Jahre alt und daher auch schon zeitgenössisch veraltet war.

Doch kann man von einer Beliebtheit der Handschriften des *Edelsteins* im 14. und frühen 15. Jahrhundert sprechen, da wir heute noch gut zwei Dutzend Handschriften bzw. Fragmente davon kennen. Es ist daher nicht verwunderlich, daß *Der Edelstein* vom frühen Buchdruck aufgegriffen wurde, der sich ja generell an die »Bestseller« der Handschriftenzeit anschloß. Der frühe Bamberger Buchdruck ist mit dem Namen von Albrecht Pfister verbunden. Er brachte etwa neun Drucke in den Jahren 1460 bis 1464 heraus, zu ihnen gehörten die *Vier Historien*, freie Erzählungen der alttestamentlichen Geschichten von Joseph, Daniel, Judith und Esther, eine deutsche und lateinische *Armenbibel*, 1464 der *Belial* des Jakob von Theramo und etwa 1470 der Druck des *Ackermanns aus Böhmen* des Johannes von Tepl. Alle Drucke von Pfister sind in der großen Missal-Type gesetzt, und er verwendet ausschließlich die deutsche Sprache. Zusätzlich sind alle seine Werke mit Holzschnittillustrationen ausgestattet, dies war etwas völlig Neues in der frühen Druckperiode. Der Boner-Druck ist nur in einem einzigen Exemplar in der Herzog August Bibliothek in Wolfenbüttel vollständig erhalten geblieben. Er wurde – wie der Kolophon ausweist – am Sankt Valentinstag 1461 vollendet: »Zu Bamberg dies Büchlein geendet ist nach der Geburt unseres Herrn Jesu Christ, do man zalt 1400 Jahr und im 61., das ist wahr, am Sankt Valentinstag. Gott behüt uns vor seiner Plag. Amen«

Der Edelstein ist mit den Typen der B 36 gedruckt, die in ihrer Monumentalität eigentlich weder zum Text noch zu den Illustrationen passen. Für den Satz standen 192 Buchstaben, Satzzeichen, Abkürzungszeichen und Ligaturen zur Verfügung. Ein Hinweis auf die immer noch lebendige Handschriftentradition ist wieder, daß ein Rubrikator die Versanfänge und die Großbuchstaben rot strichelte und damit die Lesefähigkeit erhöhte. Ansonsten wird nur am Satzanfang ein Großbuchstabe verwendet, aber auch nur soweit er im Typenvorrat vorhanden war: »W« und »Z« als Großbuchstaben fehlen völlig, ein Hinweis darauf, daß die Schrift ursprünglich für lateinische Texte gegossen worden war. Da auch das kleine »w« fehlte, behalf sich Pfister damit, daß er ein punktloses »i« mit einem »v« zu einem »w« zusammenfügte; da er aber keine Anschlußformen hatte, lassen sich diese künstlichen Zusammenfügungen leicht erkennen. Der Druck des Bogens erfolgte in drei verschiedenen Arbeitsgängen: Zunächst wurde der Text gedruckt, dann der Holzschnitt mit der Darstellung und schließlich der Holzschnitt mit der Erzählerfigur. Wir sehen dies in der Abbildung 43, daß die Einpassung der Holzschnitte in den freigelassenen Raum nicht mehr gelang, hier gab es Überschneidungen, der Holzstock wurde über den Text, über den Bildholzschnitt noch der Erzählerholzschnitt gedruckt. Es bedurfte einer Vielzahl drucktechnischer Versuche, das bleierne Typenmaterial und die hölzerne Illustrationsvorlage in einem gleichen Anpreßdruck auf das Papier zu bringen.

Die Holzschnitte in dem einzig erhaltenen Exemplar sind bereits zeitgenössisch koloriert worden. Sie sind noch sehr einfach, zeigen keine Innenräume, keine größeren Architekturdarstellungen oder Landschaften. Die Darstellung von Tieren ist ungelenk, Wolf und Hund, Pferd und Esel sind kaum zu unterscheiden. Der Löwe ähnelt mehr einem heraldischen Löwen als einem wirklich gefährlichen Tier.

Die Erzählerfigur wird leitmotivisch immer wieder aufgenommen; wir finden diese Tradition bereits in den Boner-Handschriften. Aus diesen mittelalterlichen Handschriften stammen auch die Vorlagen für einige Bildmotive, obwohl wir die spezielle Handschrift nicht kennen, die die Vorlage für diesen Satz bot.

Ulmer *Aesop*

Die Einführung des Buchdrucks in Ulm ist einer direkten Initiative des dort ansässigen Humanisten und Stadtarztes Dr. Heinrich Steinhöwel zu verdanken, der von 1450 bis zu seinem Tod 1478 in Ulm wirkte. Seine umfangreiche literarische Tätigkeit zeichnete sich dadurch aus, humanistische Texte durch Übersetzung einem deutschen Publikum zu erschließen. Sein erstes literarisches Opus war die deutsche Übersetzung des spätantiken lateinischen Prosaromans von *König Apollonius von Thyrus*, die er 1461 vollendete. Er gab sie 1471 bei dem Augsburger Drucker Günther Zainer heraus.

Sein nächstes Werk wurde zu einer Schlüssel-Publikation des süddeutschen Frühhumanismus, seine berühmte deutsche Übersetzung von Petrarcas lateinischer Bearbeitung der *Griseldis*-Novelle aus Boccaccios *Decamerone*. Die Erstausgabe erschien ebenfalls 1471 bei Zainer in Augsburg und erlebte innerhalb eines Jahres zwei Neuauflagen. Bei dieser Gelegenheit lernte Steinhöwel Günther Zainers jüngeren Bruder Johannes kennen und überzeugte ihn, als Drucker nach Ulm umzuziehen, wobei er ihm versprach, ihn beim Aufbau seiner Offizin finanziell zu unterstützen. Am 11. Januar 1473 verließ der erste datierte Druck die neue Ulmer Presse. Es handelte sich um ein Werk Steinhöwels aus seinem beruflichen Fachgebiet: *Das büchlein der ordnung der pestilenz*, die erste gedruckte Pestschrift eines zeitgenössischen Autors und eine der ersten deutschsprachigen medizinischen Schriften überhaupt.

Die Ausgabe des *Aesop* enthält zwar einen Druckvermerk, aber keine genaue Datierung; durch einen Vergleich der Drucktypen läßt sich jedoch das Winterhalbjahr 1476/77 relativ sicher erschließen. Der *Aesop* wurde zu seinem erfolgreichsten Buch. Das 171 Kapitel umfassende Werk besteht aus acht Teilen, zunächst einer romanhaften *Vita Aesopi*, in lateinischer und deutscher Fassung, dann im Hauptteil achtzig gleichmäßige, auf vier Bücher verteilte Fabeln unterschiedlicher Herkunft. Wie auch bei seinen übrigen Übersetzungsarbeiten ging Steinhöwel frei mit den Vorlagen um. Vor allem durch das Einflechten von Sprichwörtern, Reimen, volkstümlichen Redensarten oder Anspielungen auf aktuelle Ereignisse überstieg er oft den Umfang seiner Vorlagen um die Hälfte und machte das Buch auch dadurch einem breiteren Lesepublikum verständlich. Auf welches große Interesse seine Zusammenstellung stieß, wird daran deutlich, daß bis zum Jahr 1500 der illustrierte *Aesop* in ungefähr zwanzig Ausgaben erschien, deren Holzschnitte direkt oder indirekt auf diese Ulmer Ausgabe zurückgingen. Die europäische Resonanz fußte auf einer Edition des lateinischen Textes, der 1480 bei Anton Sorg in Augsburg erschienen war. Neben dem Eingangsholzschnitt mit dem Autorbild finden wir bei Zainer 190 Holzschnitte, die durch die Vielfalt der Themen ein Panorama spätmittelalterlichen Lebens bieten. Die Personen repräsentieren die Zeit der Herstellung, oft werden auch Mobiliar und Inventar von Räumen sehr detailliert angegeben. Tierszenen spielen hier vor landschaftlichem Hintergrund, der noch formelhaft reduziert ist. Eine differenzierte Kolorierung der verschiedenen Bildzonen vermittelt jedoch den Eindruck räumlicher Tiefe (vgl. Abb. 44). Zu den meisten Fabeln gab es keine Bildvorlagen oder keine, die einem Ulmer Vorzeichner oder Reißer zugänglich gewesen sein könnten. Die Ausnahme war natürlich die Bamberger Ausgabe von Ulrich Boners *Der Edelstein*, von der wir in einigen wenigen Fällen eine gewisse Abhängigkeit erkennen können, wie zum Beispiel bei der Fabel vom Wolf und

Kranich mit der seitenverkehrten Wiedergabe des Holzschnittes von Boners Fabel vom Wolf und Storch. Die beiden erhaltenen Exemplare dieses ebenso populären wie durch die Ausstattung wertvollen Buches sind durchweg koloriert worden, auch die hundert Tierinitialen (Kontur-Lombarden) sind alle ausgemalt. Sie wurden höchstwahrscheinlich in Ulm, vielleicht sogar im Auftrag des Druckers, in derselben Werkstatt ausgestaltet wie die Bildillustrationen.

Sachbücher

Es ist wissenschaftsgeschichtlich von großem Interesse, daß dank des Buchdruckes die Fachliteratur nicht nur für die theoretische Ausbildung an den Universitäten in lateinischer Sprache verbreitet wurde, sondern daß die *artes*-Literatur der sieben freien Künste, Grammatik, Rhetorik, Dialektik, Astronomie, Geometrie, Arithmetik und Musik, auch in beachtlichen Auflagenziffern in deutscher Sprache für ein städtisches Bildungspublikum erschien. 1484 hatte Peter Schöffer in Mainz einen lateinischen *Herbarius* (wohl in Anlehnung an das erste 1483 in Rom hergestellte Kräuterbuch) herausgegeben und in einer Vorrede ausdrücklich für ein breiteres Publikum bestimmt. Das einzige Zugeständnis an die Lateinunkundigen waren neben den 150 Holzschnitten die deutsche Namensbezeichnung der Pflanzen, der Text selbst war durchweg in Latein gehalten. Bereits im Jahr darauf gab er allerdings einen viel reicher gestalteten *Gart der Gesundheit* mit 381 Holzschnittillustrationen in deutscher Sprache heraus. Neben reinen Umrißholzschnitten finden wir auch Abbildungen mit lebhaften Schraffuren und dreidimensionaler Wirkung. Durch die zeittypische, wohl bereits im Verlag organisierte Kolorierung gewinnen die Abbildungen deutlich an Anschaulichkeit. Die Verbindung der umfangreichen Texte mit den zahlreichen Abbildungen machen dieses Kräuterbuch zu einem Meisterwerk des Layouts (vgl. Abb. 45). In 435 nach den lateinischen Namen geordneten Kapiteln beschreibt der *Gart der Gesundheit* 382 Pflanzen, 25 Tiere und 28 Mineralien. Der Autor, der Frankfurter Stadtarzt Johann Wonnecke von Kaub, griff auf deutsche Quellen des 12. bis 14. Jahrhunderts zurück. Beginnend mit einem Augsburger Nachdruck des Erscheinungsjahres 1485 fand dieser *Gart der Gesundheit* eine fulminante Rezeption, die sich in fünfzehn weiteren Inkunabeln und in 55 Ausgaben bis in das 18. Jahrhundert fortsetzte. Der Mainzer Druckerverleger Jacob Meydenbach übersetzte ihn 1491 und gab im selben Jahr seinen *Hortus Sanitatis* mit über 900 Seiten und 1073 Holzschnitten heraus. Auch in Italien und Frankreich wurden zur Inkunabelzeit reich illustrierte Herbarien gedruckt.

Nicht so sehr die Pflanzenkenntnis, sondern deren heilbringende Wirkung stand dabei im Mittelpunkt; mit gleichem Erfolg verbreiteten sich auch medizinische populäre Ratgeber in hohen Auflagen. Der Augsburger Stadtarzt Bartolomäus Metlinger gab 1473 bei Günther Zainer sein *Kinderbüchlein* heraus, das bis 1571 über dreißig Auflagen erlebte. Metlinger hatte in Padua – wie allgemein üblich – studiert und von seinem dortigen Lehrer Paolo Bagellardi die anatomische Anordnung der Krankheitsbilder gelernt. Darüber hinaus bietet der Text Anweisungen zur Säuglingspflege und Ratschläge zur Kindererziehung. Er richtet seine Vorrede ausdrücklich an die »vätter und müter«.

Der praktischen Seite der Medizin wandte sich Hieronymus Brunschwig (um 1450–1512) mit seiner Schrift *Dis ist das Buch der chirurgia. Hantwirkung der wund artzeney* (1497) zu. Dieses erste medizinische Lehrbuch in deutscher Sprache und mit anschaulichen Illustrationen war für Ärzte, Studierende der Medizin und das Pflegepersonal bestimmt. In dem Verleger Johann Grüninger aus Straßburg fand er einen erfahrenen Verleger, der bereits vielfältige großformatige Holzschnittillustrationen bester Qualität in seine Publikationen aufgenommen hatte. Die 61 Holzschnitte sind nur von 18 unterschiedlichen Stöcken gedruckt worden. Es überwiegen zwei gleich große Stöcke, die durch Kombinationen mehrere Bildvarianten ergeben. Die gelungene Schraffierung haben wir bereits bei den Holzschnitten zum Terenz (Abb. 28) und beim Roman vom *Hug Schapler* (vgl. Abb. 40) kennengelernt. Sie wirken durch die Schwarzweißkontraste und die durch die Schraffuren erzielten Grauwerte und mußten nicht mehr nachträglich koloriert werden. Auch dieses medizinische Lehrbuch ist mehrfach nachgedruckt worden, Grüninger selbst legte es 1513 mit sechzig neuen Holzschnitten noch einmal auf.

Noch stärker an der Praxis orientiert war ein Hebammen-Ratgeber, den der Stadtarzt von Frankfurt und Worms, Eucharius Rößlin, 1513 bei Martin Flach in Straßburg herausgab. Als gelehrter, die theoretische

Medizin pflegender Arzt schrieb er ein geburtshilfliches Kompendium für die Laien. Um die Geburtshilfe selbst kümmerten sich weder die Doktoren noch die Wundärzte, sondern fast ausschließlich die »weisen Frauen«. Der in deutscher Sprache verfaßte Ratgeber hatte einen riesigen Erfolg, über 100 Ausgaben in den nachfolgenden Jahrzehnten sind bekannt. Daß Rößlin diesen Ratgeber aus vielen Quellen zusammenstellte, selbst aber wohl wenig oder keine eigene Praxiserfahrung hatte, zeigt eine Vielzahl von falschen Angaben. So schreibt er, daß es normal sei, daß das Kind mit dem Kopf voran käme, »sein Angesicht über sich gekehrt, es sehe gegen den Hymmel oder gegen den Nabel seiner Mutter«. In der Realität der normalen Hinterhauptslage ist das Gesicht aber gerade nach unten ausgerichtet. Rößlin folgt hier dem Kirchenvater Albertus Magnus, der wohl auch keine praktische Erfahrung besaß. Der Ratgeber enthält Hinweise für das Verhalten der Mutter in der Schwangerschaft, für Ernährung und Pflege. Ein Gebärstuhl wird empfohlen, der anschaulich mit einer Skizze und im Gebrauch dargestellt wird, und die normalen und die abnormalen Kindslagen werden detailliert mit den notwendigen Eingriffen der Hebamme erläutert. Unsere Abbildung 46 zeigt zwei Varianten, einmal die Fehllage eines Einzelkindes in dem flaschenartig gezeichneten Uterus, bei der die Hebamme eingreifen soll: »Soll sie das Kind ordnen und richten all so.« Bei den richtig liegenden Zwillingen soll die Hebamme »eins nach dem andern ußfüren«. Ausführlich werden alle möglichen Komplikationen bei der Geburt erörtert, auch Fehlgeburten oder ein Kaiserschnitt.
Die letzten Kapitel widmen sich der Pflege der gesunden und auch krank geborener Kinder und empfehlen das Stillen. Ein lateinisch-deutsches Glossar schließt sich an, damit alle verwendeten lateinischen Fachbegriffe vom deutschen Leser leicht verstanden werden können.

Andere Fachschriften widmen sich den Bereichen der theoretischen und der angewandten Mathematik, etwa Adam Rieses *Rechenung auff der Linihen* (1518) oder eine *Geometria deutsch* des Regensburger Dombaumeisters Matthäus Roritzer (Nürnberg 1498). Für die Anwendung der Mathematik in der bildenden Kunst stehen an prominenter Stelle Albrecht Dürers kunsttheoretische Schriften, so vor allem seine *Underweyssung der messung* (Nürnberg 1525) und seine 1528 bei Hieronymus Andräae in Nürnberg publizierten *Vier Bücher von menschlicher Proportion.*

Sie wurden zu einem Meilenstein in der Kunstliteratur, da sie die Lehre vom menschlichen Körper schriftlich und bildlich systematisierten und nachvollziehbar exemplifizierten. Seinen Bemühungen um eine exakte Fachprosa verdanken wir zahlreiche neue Wortschöpfungen. Durch die Übersetzung von Joachim Camerarius ins Lateinische (1532–34) konnte diese »Proportionslehre« europaweit rezipiert werden, unter anderem in Italien von Michelangelo; eine französische Übersetzung erschien 1557, eine italienische 1591 und eine niederländische 1622.

Der humanistische Rückgriff auf die klassischen Texte der Antike und eine neue Öffnung für die Empirie schufen ein kreatives Klima für eine fruchtbare universitäre Forschung und Weiterentwicklung. Die Öffnung der Universitäten für die Laien und das neue politische Gewicht der städtischen Eliten bildeten den Hintergrund für Texte in der Volkssprache. Der Buchdruck brachte nun die Möglichkeit, diese Bildungsbedürfnisse in (relativ) hohen Auflagen und zu günstigen Preisen zu befriedigen. Auf die langsame Steigerung des Anteils an volkssprachiger Literatur folgte sein fulminanter Anstieg im Jahrhundert der Reformation.

Einblattdrucke und »newe Zeytungen«

Im 15. Jahrhundert veränderte sich die Kommunikation grundlegend. Hatten jahrhundertelang nur der mündliche Vortrag, die Predigt und die Handschrift zur Kommunikation gedient, so stellten der Holzschnitt und das nun auch in Mitteleuropa hergestellte Papier eine neue Möglichkeit dar, religiöses und profanes Wissen zu vervielfältigen. Die kirchliche Unterweisung hatte neben der Predigt auf die jahrhundertealte Tradition der bildlichen Veranschaulichung geistlicher und theologischer Inhalte durch ihre ikonographische Umsetzung in Kirchenfenstern oder in Bronzetüren und belehrenden Bronzesäulen gesetzt. Als prominente Beispiele kennen wir den reichen Bilderzyklus der Kirchenfenster der Kathedrale von Canterbury oder der Cathédrale St. Étienne in Bourges. Der für die Reform des religiösen Lebens in Frankreich unermüdlich tätige Kanzler der Pariser Universität, Johannes Gerson (1363–1420), gab zu Beginn des 15. Jahrhunderts die Anregung, »um der religiösen Unwissenheit des Volkes zu steuern, belehrende Tafeln in den Kirchen aufzuhängen«. In Deutschland nahm drei Jahrzehnte später Nikolaus von Kues diese Anregung auf. Als er bei seinen Konsultationen innerhalb der deutschen Diözesen 1451 und 1452 erfahren mußte, daß vielfach auch die Grundgebete des Glaubens nicht bekannt waren, ließ er in verschiedenen Kirchen sogenannte »Vaterunser-Tafeln« anbringen. In Hildesheim hat sich eine solche hölzerne Tafel erhalten. In der Einleitung kann man lesen: »Als der deutsche Kardinal Nikolaus Kues zu Zeiten Papst Nikolaus' V. in dem Jahr, das dem goldenen Jahr folgte [1451], nach Deutschland gesandt wurde, da tadelte er vor allem das gemeine, weltliche Volk deswegen, weil es das Vaterunser und das Glaubensbekenntnis nicht recht sprechen konnte. Darum ordnete er an, daß es geschrieben und öffentlich in den Kirchen aufgehängt werden solle. So getan, folgt also hier das Vaterunser ...«
Dabei hätte sich Nikolaus von Kues einer anderen Verbreitungsform von religiöser Bildlichkeit und Gebetstexten bedienen können: dem – seit mindestens fünfzig Jahren bekannten – auf Papier vom Holzstock abgeriebenen Einblattdruck. Ein prominentes frühes Beispiel, das Bild des heiligen Christophorus, hat sich aus dem Jahre 1423 erhalten (vgl.

Abb. 47). Sowohl die populäre bildliche Darstellung als auch der zweizeilige lateinische Text mit der Datierung wurden in einen Holzstock geschnitten und abgerieben. Die Abbildung enthält weitere Details aus seiner legendären Lebens- und Wirkungsgeschichte, die einer eigenen erläuternden Unterweisung bedurften. Auch der Text mußte aus dem Lateinischen übersetzt werden. Er enthält aber die entscheidenden Worte, die die besondere Position des heiligen Christophorus in der Volksfrömmigkeit deutlich machten: »An dem Tag, an dem du das Bild des heiligen Christophorus ansiehst, wirst du nicht eines plötzlichen Todes sterben.« Die Angst vor der *mors repentina* oder *mala*, dem plötzlichen oder dem bösen Tod, der keine Gelegenheit zur Reue, Buße und Umkehr gibt, war ein häufig zitiertes Schreckenselement theologischer Verkündigung. Dies erklärt die weite Verbreitung von bildlichen Darstellungen des heiligen Christophorus in Kirchenfenstern, Fresken oder auf Bilderstelen, gerade im süddeutschen Raum.

Das auf Papier abgezogene Heiligenbild verdeutlicht die neue und großartige Möglichkeit, theoretisch in jedem Haushalt einen Einblattdruck mit dem heiligen Christophorus im Herrgottswinkel aufzuhängen und damit seine segenverheißende Funktion aus der öffentlichen Sphäre der Kirchen in den privaten, häuslichen Bereich zu übertragen. Heiligenbilder gehören daher zu den bevorzugten Motiven der neuen Holzschnitttechnik. Die Abbildung und der Text wurden seitenverkehrt von einem Vorzeichner auf den Holzblock übertragen, dann von einem Reißer die nichtdruckenden Teile herausgeschnitten, die druckenden Stege eingefärbt, ein angefeuchtetes Blatt Papier darübergelegt und mit einem Ballen aus Tuch abgerieben. Je nach Art des verwendeten Holzes konnten in diesem Hochdruckverfahren 200 bis 400, oft auch mehr Abzüge hergestellt werden. Die Ausbrüche bei einigen Stegen zeigen, wie stark der jeweilige Holzstock beansprucht worden war.

Neben dem heiligen Christophorus finden wir auch Blätter von anderen Schutzpatronen und besonders verehrten Heiligen, so vom hl. Georg, der hl. Barbara, der hl. Katharina, dem hl. Michael und dem hl. Franziskus, selbstverständlich auch Darstellungen der Muttergottes oder der Kreuzigungsszene. Ab Mitte des Jahrhunderts wird neben dem Holzschnitt auch der Metallschnitt verwendet.

Wenn mehrere mit Holzschnitten bedruckte Blätter zusammengebunden werden, sprechen wir von einem »Blockbuch«. Die enge Verbindung zwischen bildlicher und textlicher Information steht dabei im Vordergrund, denn auch die Texte wurden in den Holzstock eingeschnitten. Die erhaltenen Exemplare stammen alle aus der Zeit nach Gutenbergs Erfindung, so daß diese beiden Techniken parallel nebeneinander existierten. In Blockbüchern wurden kürzere Texte aufgenommen, wie zum Beispiel die *Zehn Gebote*, das *Hohelied der Liebe*, die weitverbreitete Textgattung der *Ars moriendi*, die in lateinischer und in deutscher Sprache Anleitung zur Sterbebegleitung bot, aber auch die sogenannte Armenbibel *(Biblia pauperum)*. Darin wird in einem sehr klaren didaktischen Aufbau eine Predigtanweisung gegeben, werden Zusammenhänge zwischen dem Alten und Neuen Testament hergestellt und in einen engen Text-Bild-Bezug gesetzt. Das Beispiel einer *Biblia pauperum* in deutscher Sprache (Nürnberg 1471, vgl. Abb. 48) zeigt die Verkündigung des Engels an Maria mit den zwei alttestamentlichen Erläuterungen, links Eva als Antitypus zu Maria, die von der Schlange im Paradies verführt wird, und rechts als Zeichen für die Allmacht Gottes, in den Lauf der Natur einzugreifen, die Bekehrungsgeschichte von Gideon. Gideon erbittet vom Herrn ein Zeichen und findet am nächsten Morgen das vor das Zelt gelegte Fell trocken vor, während das ganze Land vom Tau feucht ist (Buch der Richter 6,36–40). Dies wird, wie der untere Text ausweist, als ein Zeichen göttlicher Macht gesehen, wie auch Maria »ohnzerstörung irs leibs unnd der jungfrawschafft durch den heiligen geist geschwengert ward«. Zitate von vier Propheten stellen darüber hinaus die Verbindung von Altem und Neuem Testament her.

Aber auch weltliche Themen begegnen bei den Blockbüchern, zum Beispiel Kalender, eine Handlesekunst, die *Chiromantia* von Johannes Hartlieb, einzelne Fabeln oder auch *Donate*, die – wie wir gesehen haben – weitverbreiteten lateinischen Kurzgrammatiken.

Typographische Einblattdrucke finden wir bereits bei Gutenberg, der einen Aderlaß- und Laxierkalender druckte wie auch den Merkkalender *Cisioianus*. Die Kalender wurden mit Beginn des Typendrucks zu einem echten Massenartikel. Als Einblattdruck konnten sie in den Wohnstuben aufgehängt und täglich eingesehen werden. Aus diesem Grunde haben sich nur wenige Exemplare bis in die Gegenwart erhalten. Einige Kalender zeigen nur die Daten und Symbole, etwa für die Sonn- und

32 Corpus iuris civilis. Codex Iustinianus. Mainz: Peter Schöffer 1475 [GW 7722].
Ex.: SuUB Göttingen, Sign.: Gr. 2° Jus. Rom. 15 / 430.

33 Vergrößerte Widmungsinitiale aus der ›Cosmographia‹ des Ptolemaeus, Ulm 1472: Nicolaus von Kues überreicht den Band Papst Paul II.

CAII PLINII SECVNDI NATVRALIS HISTORIAE LIBER .II.

AN Finitus sit mundus: & an unus. Ca.I.

MVNDVM ET HOC QVOD NOMINE alio cælū appellari libuit: cuius circūflexu tegūt cuncta: numen esse credi par est æternū: imēsū: neq; genitum: neq; interiturū unq̄. Huius extera indagare nec interest hominū: nec capit hūanæ coniectura mentis. Sacer est: æternus: imensus: totus in toto: immo uero ipse totū: infinitus: ac finito silis. Omniū rerū certus & similis icerto. Extra intra cūcta cōplexus in se: idēq; rerū naturæ opus: & rerū ipsa natura. Furor est mensurā eius animo quosdā agitasse: atq; ꝓdere ausos. Alios rursus occasione hinc sūpta: aut his data inumerabiles tradidisse mūdos: ut totidē rerū naturas credi oporteret. Aut si una oēs icubaret: totidē tamen soles: totidēq; lunas: & cætera etiā in uno & immensa & innumerabilia sydera: quasi nō eadē quæstiōe semp in termino cogitatiōis occursura desyderio finis alicuius. Aut si hæc infinitas naturæ oiū artifici possit assignari: nō illud idē in uno facilius sit itelligi tāto præserti ope. Furor est ꝓfecto furor egredi ex eo: & tāq̄ iterna eius cūcta plane iam sit nota: ita scrutari extera: quasi uero mensurā ullius rei possit agere: qui sui nesciat: aut mens hominis uidere quæ mundus ipse nō capiat.

DE Forma eius. Cap.II.

FOrmā eius in speciē orbis absoluti globatā esse nomen in primis & consensus in eo mortaliū orbē appellantiū. Sed & argumenta rerū docent: non solū quia talis figura oībus sui partibus uergit in sese: ac sibi ipsa toleranda est: seq; includit & continet nullarū egens cōpaginū: nec finē aut initiū ullis sui partibus sentiens: nec quia ad motum quo subinde uerti debeat: ut mox apparebit: talis aptissima est: Sed oculorū quoq; ꝓbatiōe: q̄ conuexus mediusq; quacunq; cernatꝰ: cum id accidere i alia non possit figura.

DE Motu eius. Cap.III.

HAnc ergo formam eius æterno & irrequieto ābitu inenarrabili celeritate .xxiiii. horarū spatio circūagi solis exortus & occasus haud dubiū reliquere: an sit imēsus: & ideo sensum aurū facile excedens tantæ molis rotata uertigine assidua sonitus non equidē facile dixerī: nō hercle magis q̄ circūactorū simul tinnitus syderū suosque uoluentium orbes. An dulcis quidē & incredibili suauitate concentus nobis qui itus agimur iuxta diebus noctibusq; tacitus labitꝰ mundus: esse innūeras ei effigies aīaliū rerūq; cunctarū ipressas. Nec ut in uolucrum notamus ouis leuitate continua lubricū corpus: quod clarissimi auctores dixere tenerū argumētis idicatꝰ: quoniā inde deciduis rerū oiū seminibus innūeræ in mari præcipue: ac plerūq; cōfusis mōstrificæ dignerātꝰ effigies. Præterea uisus probatiōe alibi plaustra: alibi ursi: tauri alibi: alibi lræ figura cādidiore medio sup uerticē circulo.

Cur Mundus dicatꝰ. Cap.IIII.

EQuidem & consensu gentium moueor. Nā quē κόσμον cosmon græci noīe ornamēti appellauerūt: eum & nos a perfecta absolutaq; elegantia mundum. Cælum quidem haud dubie cælati argumento diximus: ut interpretatur. M. Varro. Adiuuat rerū ordo descripto circulo: qui signifer uocatꝰ: in .xii. aīaliū effigies: & p illas solis cursu cōgruens tot sæculis ratio.

DE Quattuor elementis. Cap.V.

NEc de elemētis uideo dubitari quattuor esse ea. Ignitū summo: īde tot stellarū collucētium illos oculos. Proximū spiritus: quē græci nrīq; eodē uocabulo aera appellāt. Vitalē hunc: & p cuncta rerū meabilē totoq; consertum: cuius ui suspensam

34 Gaius Plinius Secundus: Historia naturalis. Venedig: Nikolas Jenson 1472 [HC 13089]. Folio 4 recto. Ex.: SuUB Göttingen, Signatur 2° Auct. Lat. IV, 723.

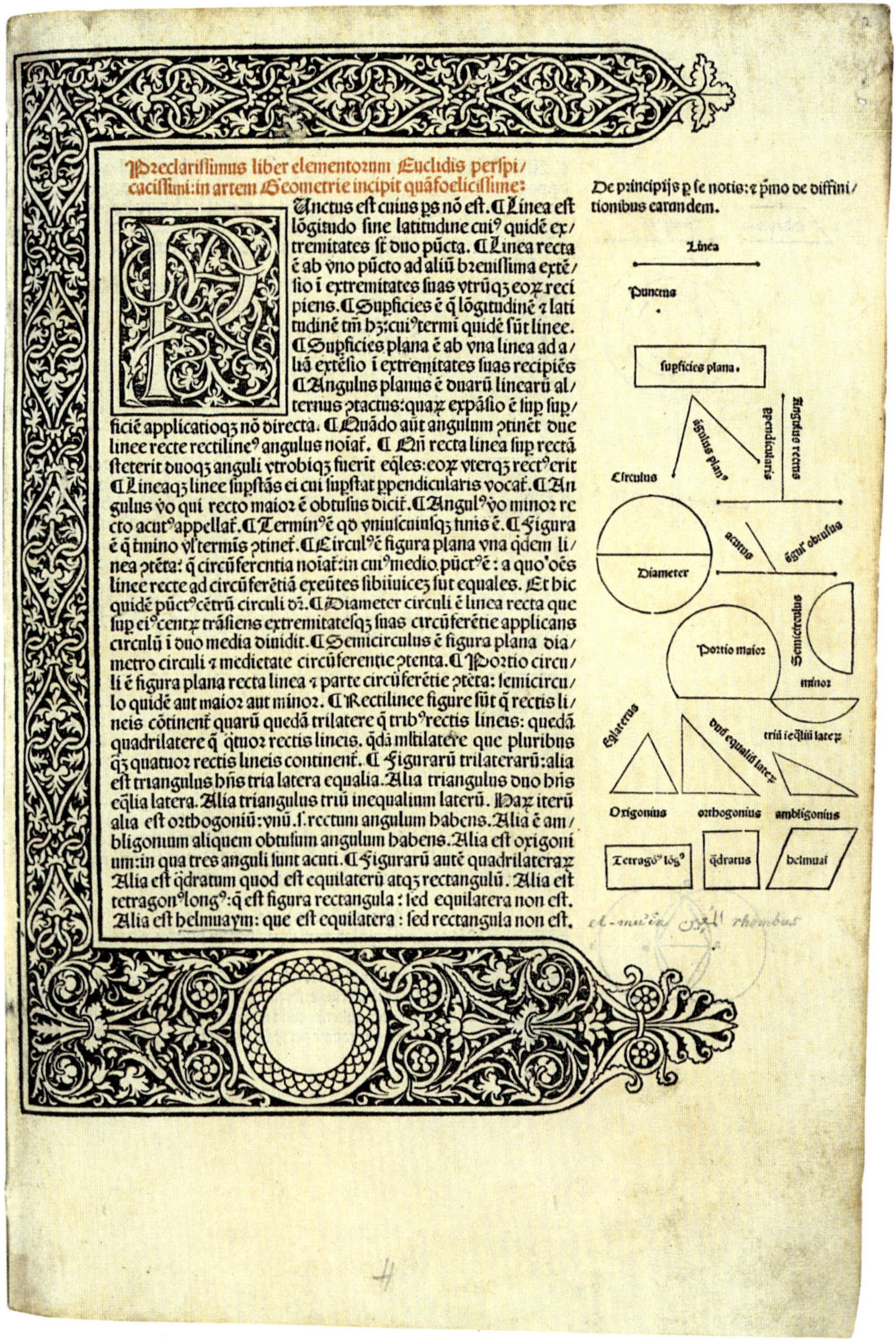

Preclarissimus liber elementorum Euclidis perspi/
cacissimi: in artem Geometrie incipit quã foelicissime:

Punctus est cuius ps nõ est. ¶ Linea est
lõgitudo sine latitudine cui⁹ quidẽ ex/
tremitates sũt duo pũcta. ¶ Linea recta
ẽ ab vno pũcto ad aliũ breuissima extẽ/
sio i extremitates suas vtrũqз eorũ reci
piens. ¶ Supficies ẽ q̃ lõgitudinẽ ⁊ lati
tudinẽ tm̃ hз: cui⁹ termi quidẽ sũt linee.
¶ Supficies plana ẽ ab vna linea ad a/
liã extẽsio i extremitates suas recipiẽs
¶ Angulus planus ẽ duarũ linearũ al/
ternus ɔtactus: quarũ expãsio ẽ sup sup/
ficiẽ applicatioqз nõ directa. ¶ Quãdo aũt angulum ɔtinẽt due
linee recte rectiline⁹ angulus noiat̃. ¶ Qñ recta linea sup rectã
steterit duoqз anguli vtrobiqз fuerit eq̃les: eorũ vterqз rect⁹ erit
¶ Lineaqз linee supstãs ei cui supstat ppendicularis vocat̃. ¶ An
gulus vo qui recto maior ẽ obtusus dicit̃. ¶ Angul⁹ vo minor re
cto acut⁹ appellat̃. ¶ Termin⁹ ẽ qd vniuscuiusqз finis ẽ. ¶ Figura
ẽ q̃ timino vl' termis ɔtinet̃. ¶ Circul⁹ ẽ figura plana vna q̃dem li/
nea ɔtẽta: q̃ circũferentia noiat̃: in cui⁹ medio pũct⁹ ẽ: a quo oẽs
linee recte ad circũferẽtiã exeũtes sibiinuicẽ sũt equales. Et hic
quidẽ pũct⁹ cẽtrũ circuli dr̃. ¶ Diameter circuli ẽ linea recta que
sup ei⁹ centrũ trãsiens extremitatesqз suas circũferẽtie applicans
circulũ i duo media diuidit. ¶ Semicirculus ẽ figura plana dia/
metro circuli ⁊ medietate circũferentie ɔtenta. ¶ Portio circu/
li ẽ figura plana recta linea ⁊ parte circũferẽtie ɔtẽta: semicircu/
lo quidẽ aut maior aut minor. ¶ Rectilinee figure sũt q̃ rectis li/
neis cõtinent̃ quarũ quedã trilatere q̃ trib⁹ rectis lineis: quedã
quadrilatere q̃ q̃tuor rectis lineis. q̃dã mltilatere que pluribus
q̃з quatuor rectis lineis continent̃. ¶ Figurarũ trilaterarũ: alia
est triangulus hñs tria latera equalia. Alia triangulus duo hñs
eq̃lia latera. Alia triangulus triũ inequalium laterũ. Harũ iterũ
alia est orthogoniũ: vnũ .s. rectum angulum habens. Alia ẽ am/
bligonium aliquem obtusum angulum habens. Alia est oxigoni
um: in qua tres anguli sunt acuti. ¶ Figurarũ autẽ quadrilaterarũ
Alia est q̃dratum quod est equilaterũ atqз rectangulũ. Alia est
tetragon⁹ long⁹: q̃ est figura rectangula: sed equilatera non est.
Alia est helmuaym: que est equilatera: sed rectangula non est.

De principijs p se notis: ⁊ pmo de diffinitionibus earundem.

35 Euclid: Elementa Geometriae. Venedig: Erhart Ratdolt 1482 [GW 9428], Folio 2 recto.
Ex.: SuUB Göttingen, Sign.: 4° Auct. gr. IV, 3743 Inc.

185

ἈΡΙΣΤΟΤΈΛΟΥΣ ΠΟΛΙΤΙΚΩ͂Ν, ΤῸ Ἡ.

Περὶ πολιτείας ἀρίστης τὸν μέλλοντα ποιήσασθαι τὴν προσήκουσαν ζήτησιν, ἀνάγκη διορίσασθαι πρῶτον, τίς αἱρετώτατος βίος. ἀδήλου γὰρ ὄντος τούτου, καὶ τὴν ἀρίστην ἀναγκαῖον ἄδηλον εἶναι πολιτείαν. ἄριστα γὰρ πράττειν προσήκει τοὺς ἄριστα πολιτευομένους ἐκ τῶν ὑπαρχόντων αὐτοῖς. ἐὰν μή τι γίνηται παράλογον. διὸ δεῖ πρῶτον ὁμολογεῖσθαι τίς ὁ πᾶσιν ὡς εἰπεῖν αἱρετώτατος βίος. μετὰ δὲ τοῦτο, πότερον κοινῇ καὶ χωρὶς ὁ αὐτὸς ἢ ἕτερος. νομίσαντας οὖν ἱκανῶς πολλὰ λέγεσθαι καὶ τῶν ἐν τοῖς ἐξωτερικοῖς λόγοις περὶ τῆς ἀρίστης ζωῆς, καὶ νῦν χρηστέον αὐτοῖς. ὡς ἀληθῶς γὰρ πρός γε μίαν διαίρεσιν οὐδεὶς ἀμφισβητήσειεν ἄν. ὡς οὐ τριῶν οὐσῶν μερίδων, τῶν τε ἐκτὸς καὶ τῶν ἐν τῷ σώματι, καὶ τῶν ἐν τῇ ψυχῇ πάντα ταῦτα ὑπάρχειν τοῖς μακαρίοις δεῖ. οὐδεὶς γὰρ ἂν φαίη μακάριον τὸν μηθὲν μόριον ἔχοντα ἀνδρίας μηδὲ σωφροσύνης, μηδὲ δικαιοσύνης, μηδὲ φρονήσεως. ἀλλὰ δεδιότα μὲν τὰς παραπετομένας μυίας. ἀπεχόμενον δὲ μηθενὸς ἂν ἐπιθυμήσῃ τοῦ φαγεῖν ἢ πιεῖν τῶν ἐσχάτων. ἕνεκα δὲ τεταρτημορίου διαφθείροντα τοὺς φιλτάτους φίλους. ὁμοίως δὲ καὶ τὰ περὶ τὴν διάνοιαν οὕτως ἄφρονα καὶ διεψευσμένον, ὥσπερ τι παιδίον ἢ μαινόμενον. ἀλλὰ ταῦτα μὲν λεγόμενα

36 *Aristoteles: Opera (griechisch). Venedig: Aldus Manutius 1495–1498 [GW 2334], Ex.: SuUB Göttingen, Signatur: 4° Auct. Gr. IV, 2: 1,5, Inc.*

37 Claudius Ptolemaeus: Cosmographia. Ulm: Holl 1482 [HC 15539], Ex.: UB Leipzig. Doppelseite Italien.

·MARE·VENETVM·
·MARE·ADRIATICVM
ANEVM
AQVILA
ROMA
NAPOLI
SICILIE·PARS
Clima sextum·
Clima quinta

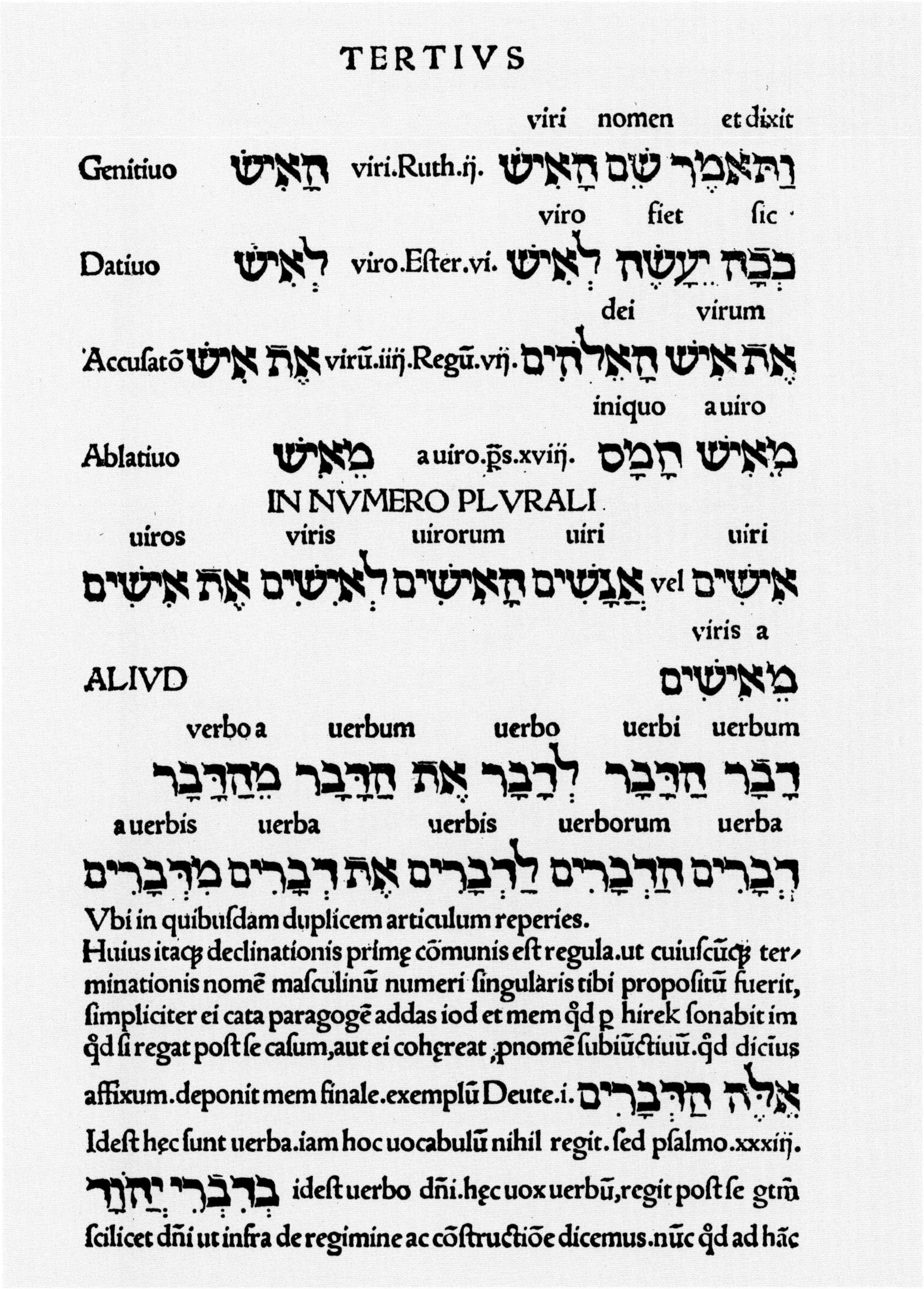

TERTIVS

viri nomen et dixit

Genitiuo הָאִישׁ viri.Ruth.ij. וַתֹּאמֶר שֵׁם הָאִישׁ

viro fiet ſic

Datiuo לָאִישׁ viro.Eſter.vi. כָּכָה יֵעָשֶׂה לָאִישׁ

dei virum

Accuſatõ אֶת אִישׁ viru͂.iiij.Regu͂.vij. אֶת אִישׁ הָאֱלֹהִים

iniquo a uiro

Ablatiuo מֵאִישׁ a uiro.p̃s.xviij. מֵאִישׁ חָמָס

IN NVMERO PLVRALI

uiros viris uirorum uiri uiri

אִישִׁים vel אֲנָשִׁים הָאִישִׁים לָאִישִׁים אֶת אִישִׁים

viris a

ALIVD מֵאִישִׁים

verbo a uerbum uerbo uerbi uerbum

דָּבָר הַדָּבָר לַדָּבָר אֶת הַדָּבָר מֵהַדָּבָר

a uerbis uerba uerbis uerborum uerba

דְּבָרִים הַדְּבָרִים לַדְּבָרִים אֶת דְּבָרִים מִדְּבָרִים

Vbi in quibuſdam duplicem articulum reperies.
Huius itaq; declinationis primę cõmunis eſt regula.ut cuiuſcu͂q; terminationis nomẽ maſculinu͂ numeri ſingularis tibi propoſitu͂ fuerit, ſimpliciter ei cata paragogẽ addas iod et mem q̃d p hirek ſonabit im q̃d ſi regat poſt ſe caſum,aut ei cohęreat ꝓnomẽ ſubiu͂ctiuu͂.q̃d dicitur affixum.deponit mem finale.exemplu͂ Deute.i. אֵלֶּה הַדְּבָרִים
Ideſt hęc ſunt uerba.iam hoc uocabulu͂ nihil regit.ſed pſalmo.xxxiij. בִּדְבַר יְהוָה ideſt uerbo dn̄i.hęc uox uerbu͂,regit poſt ſe gtm̄ ſcilicet dn̄i ut infra de regimine ac cõſtructiõe dicemus.nu͂c q̃d ad hãc

38 Johannes Reuchlin: De rudimentis Hebraicis ... libri tres. Pforzheim: Thomas Anshelm 1506. Ex.: Reprint. Hildesheim.

bent.'vnd als Pontus sölichs vernam vnd er auch nit anderst begerē
was.antwurt daraff vnd sprach.Er dancket dem künig vnnd seiner
landschafft fast vnd wie der künig sein erster herr wär gewesen. vnd
het jm vil eer vnd gůts erbotten. vnnd vil mer dann er nymmer kund
vnd mocht verdienen.vnd weñ er darzů würdig vnd geschickt wäre
das er die aller mächtigesten frawen in aller dyser welt möchte geha-
ben.so wolt er Sydoniam dar für nemen.vnd dancket aber fast vnd
vil dem künig.vnnd den herren vnnd freyen die do waren von seinem
land vnd sprach er wär gehorsam vnnd willig gefallen zů thůn.dann
er hett sy lieb für alle ander.dye wurden fro von seiner antwurt.vnnd
giengen vnd sageten die mär dem künig der ein groß wolgefallen dar
ab het.vnd schicket von stundan nach dem bischoff.vnnd liessen sy gegen einander versprechen.

Vnd darnach am montag vermäheln. es ist nit zů fragen ob
Sydonia vnd Pontus groß freüd hetten.wann sy hetten zů
tausent malen grössere freüd in jrem hertzen dañ sy beyde außwendig erzeygten.vnd yederman klein vnd groß reych vnd auch arm
erfreüten sich an jrer hochzeyt.Pontus der was weyß vnd wolt auch
nyemandts vnwill haben. vnd gieng zů dem burgunde vnnd zů des
hertzogen brůder ymbert cholans.vnd zů dem grafen montbeliart die
do kömen waren.vnd beredt sich gegen jn vnd sprach. Die abenteüer
die vngeuerlich geschehen wär die wär jm fast leyd von des herrē tod
wegen.vnnd fürwar als er mit jm stäch das er nit west wer er wär.

39 Pontus und Sidonia. Augsburg: Johann Schönsperger 1498 [H 13289], Ex.: SuUB Göttingen, Sign.: 4° Fab. Rom. III, 1110.

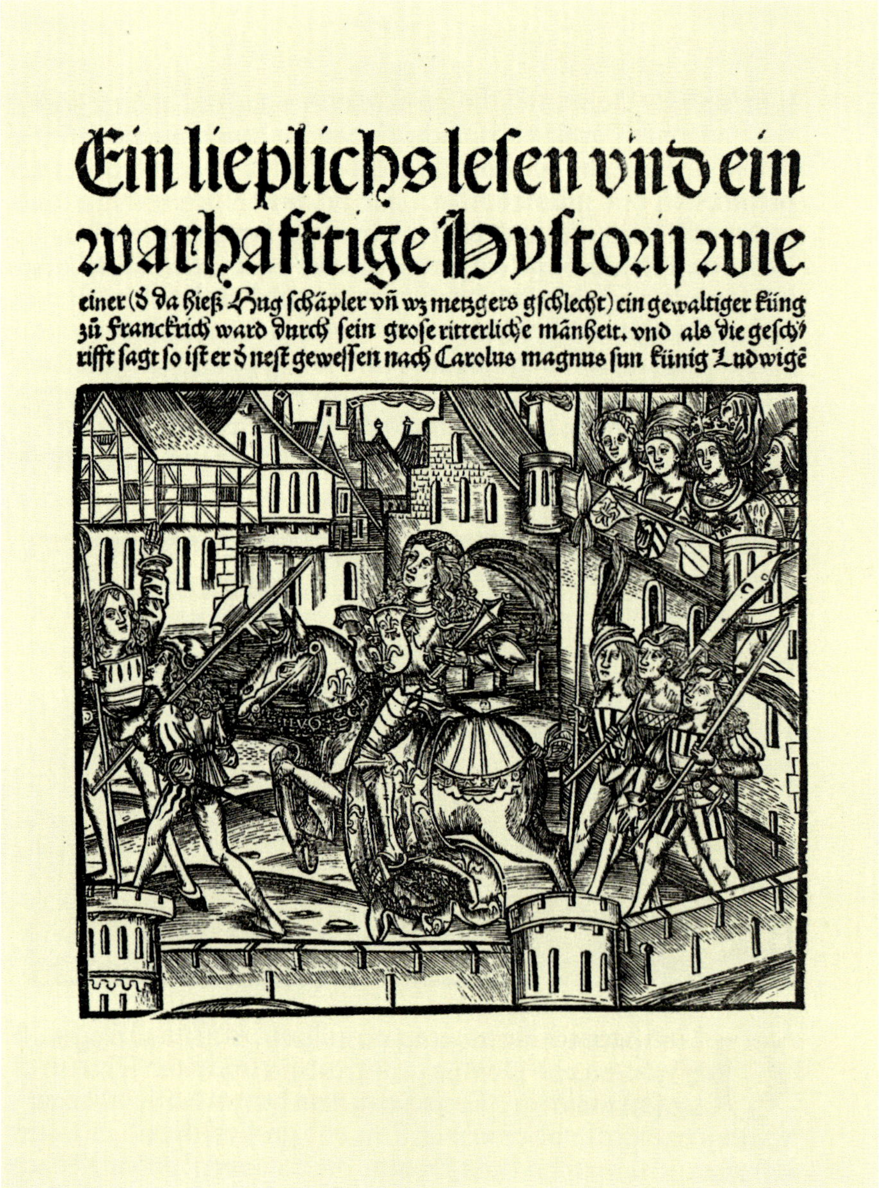
Ein lieplichs lesen vnd ein
warhafftige Hystorij wie
einer (d da hieß Hug schäpler vn̄ wz metzgers gschlecht) ein gewaltiger küng
zů Franckrich ward durch sein grose ritterliche mänheit. vnd als die gesch/
rifft sagt so ist er d neſt gewessen nach Carolus magnus sun künig Ludwigē

40 Ein lieblich Lesen von Hug Schapler. Straßburg: Johann Grüninger 1500 [H 8970], Titelblatt. Ex.: SuUB Göttingen, Sign.: 4° Fab. Rom. III, 1576.

Von beheyligung des sibenden tags

Als nw die werlt durch das gepew götlicher weißheit der sechs tag: volēdet vñ himel vñ erdē beschafft geordnet gezieret vñ zu letst volbracht wordē sind. do hat der glori wirdig got sein werck erfüllet vñ am sybendē tag von den wercken seiner hendt geruet. nach dē er die gantzē werlt vnd alle ding die dar in sind beschaffen hot do hat er auffgehört. nit als zewürcken muede. sunder zemachen ein newe creatur d' materi oder gleichnus nit vergangē wer dañ er hott nit auff zewürcken das werck der geperungen. vnd der herr hat den selbē tag gebenedeyet vñ geheiligt vnd ine geheyssē sabathū. das nach hebreyscher zūgē ein rūe bedeütet darūmb das er an dē selben tag ruet vō allem werck das er gemacht het. do vō auch die iuden an dem tag vō aigner arbait zefeiren erkant werdē. Dē selbē tag habē auch ettlich haidenische völker vor dem gesetz feirlich gehaltē. vnd also sein wir zū end der göttlichen werck komē. darumb so söllen wir dē in dem alle sichtliche vnd vnsichtliche ding sind förchten. liebhaben vnd eren. vnd von dem herren des himels. von dem herren aller güter. dem gewalt gegebē ist in himel vnd erden. die gegenwürtigen güter. souer die gut sind. vnd auch die waren seligkait des ewigen lebēs suchen.

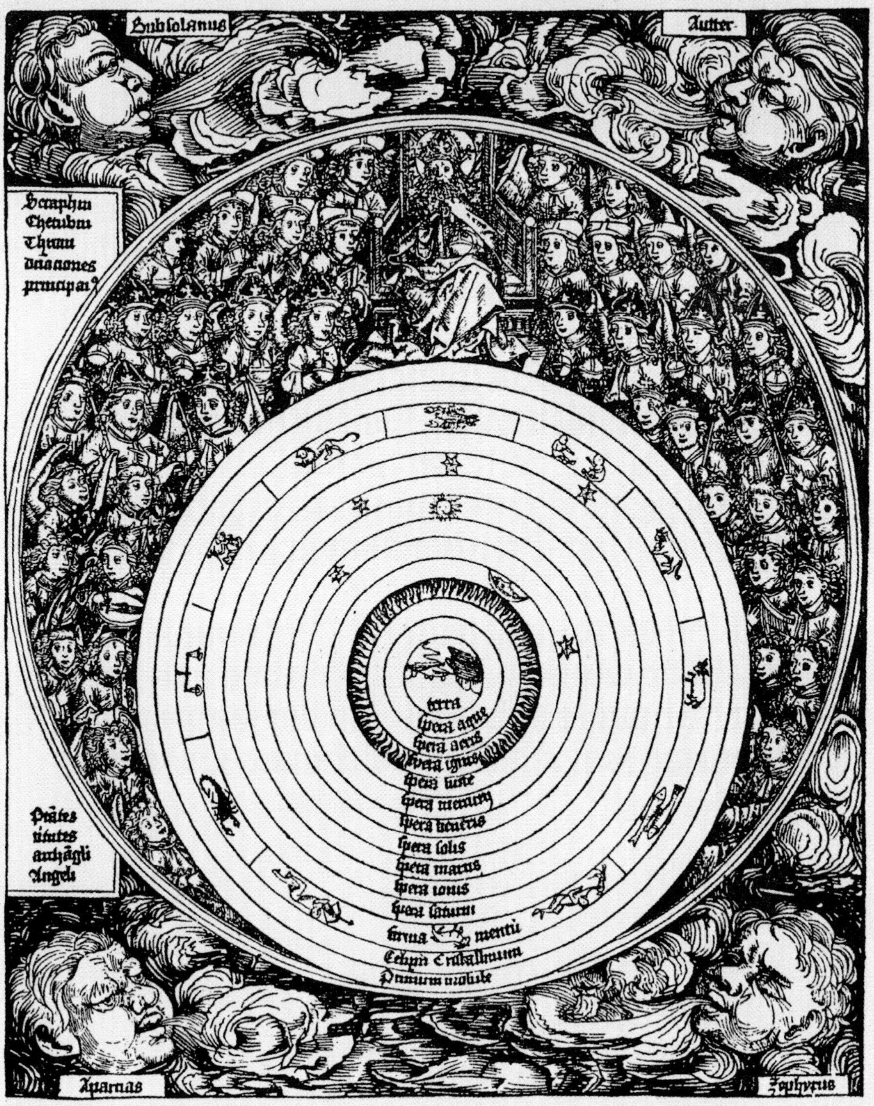

41 Hartmann Schedel: »Weltchronik«. Nürnberg: Anton Koberger 1493. Folio V verso »Der siebente Schöpfungstag«. Holzschnitt von zwei Händen. Die Windgötter in den Zwickeln werden dem jungen Albrecht Dürer zugeschrieben.

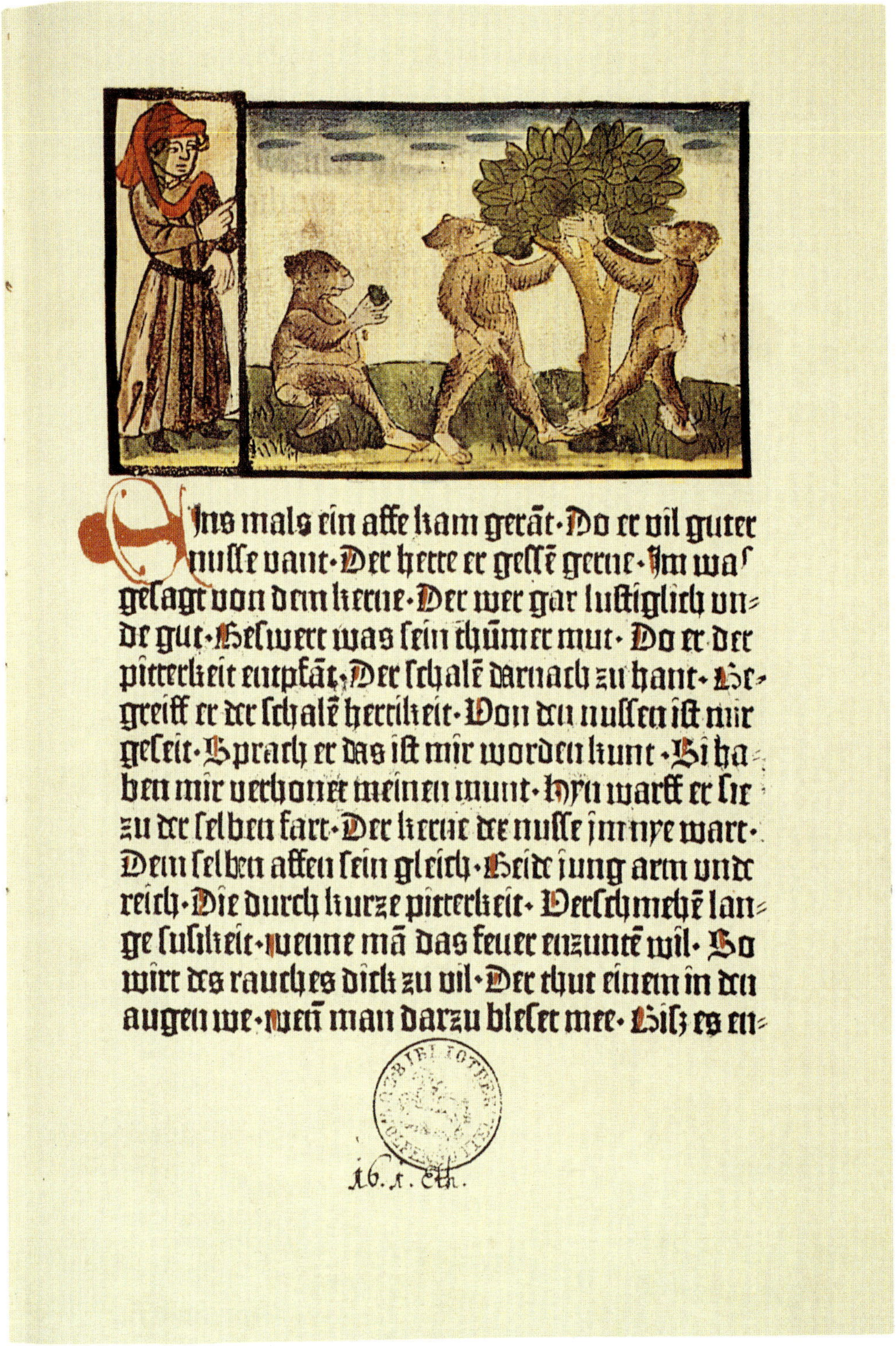

Ains mals ein affe kam gerāt· Do er vil guter
nusse vant· Der hette er gessē gerne· Im was
gesagt von dem kerne· Der wer gar lustiglich unde gut· Beswert was sein thūmer mut· Do er der
pitterkeit enpfāt· Der schalē darnach zu hant· Be-
greiff er der schalē hertikeit· Von den nussen ist mir
geseit· Sprach er das ist mir worden kunt· Si haben mir verhonet meinen munt· Hyn warff er sie
zu der selben fart· Der kerne der nusse im nye wart·
Dem selben affen sein gleich· Beide iung arm unde
reich· Die durch kurze pitterkeit· Verschmehē lange susikeit· wenne mā das feuer enzuntē wil· So
wirt des rauches dick zu vil· Der thut einem in den
augen we· weñ man darzu bleset mee· Biß es en-

42 Ulrich Boner: Der Edelstein. Bamberg: Albrecht Pfister 1461 [GW 4829].
Ex.: Herzog August Bibliothek Wolfenbüttel, Sign.: 16.1.Eth. 2° (1), Folio 1 recto, Kap. 1.

Vil leute das gros wůder nam · wañ er mit eisen
bedecket wart · So verlos er auff der selben vart ·
Sein schwere und alle sein krafft · Do sprach des
keisers meisterschafft · Der stein ist herre euch gleich
wañ uber alle kũgreich · Ist herre ewr gewalt · Als
des steĩs manigfalt · Die weil ir mugt das lebẽ ge=
hã · So mag euch nymãt widerstã · So seit ir schwe
re als der stein · Alle dise werlt was euch clein · Aber
wañ ir gevallet nyder · So kumpt ewr krafft nit
wider · Als schnelle ewr haubt wirt bedacht · So
habt ir verlorn ewr macht · Darumb so rat ich ·
Das ir seit bedechtiglich · wañ ir seit totlich · Das
sage ich euch sicherlich · Und sullet euch richtẽ auff

43 Ulrich Boner: Der Edelstein. Bamberg: Albrecht Pfister 1461. Kap. 72 [S. 143].

Noue

ayer legē soltēt · do sprach die katz · wie wol du vil vnd gnůgsam antwurt hast · so bin ich doch nit in mainung / daz ich fasten welle · ¶ Dise fabel wyset dz die bösen von natur wā sie ettwaz böses in iere gemůt seczent / ob sie wol nit vrsach findent das glimpflich ze volbringen · doch stand sie nit von ir angenomen boßhait ·

¶ Fabula · v · de Vulpe et rubo ·

STultū est auxilium implorare ab illis quibus a natura datum est obesse / potius q̄ alijs prodesse · de hoc audi fabulam · ¶ Vulpes cum sepem quandam ascenderet / vt periculum vitaret / quod sibi imminere videbat · rubu manibus apprehendit atq3 volam sentibus profudit · et cū grauiter saucia foret / gemens inquit ad rubuz · vt me iuuares ad te confugi · et tu deterius me periclitasti · Cui rub9 Errasti vulpes ait · que pari dolo me capere putasti qua cetera capi consueuisti · ¶ Fabula significat / q stulte implorat auxiliū ab illis q̄b9 natuale ē obeē

44 Heinrich Steinhöwel: Aesop. Ulm: Johann Zainer 1476. Faksimile.

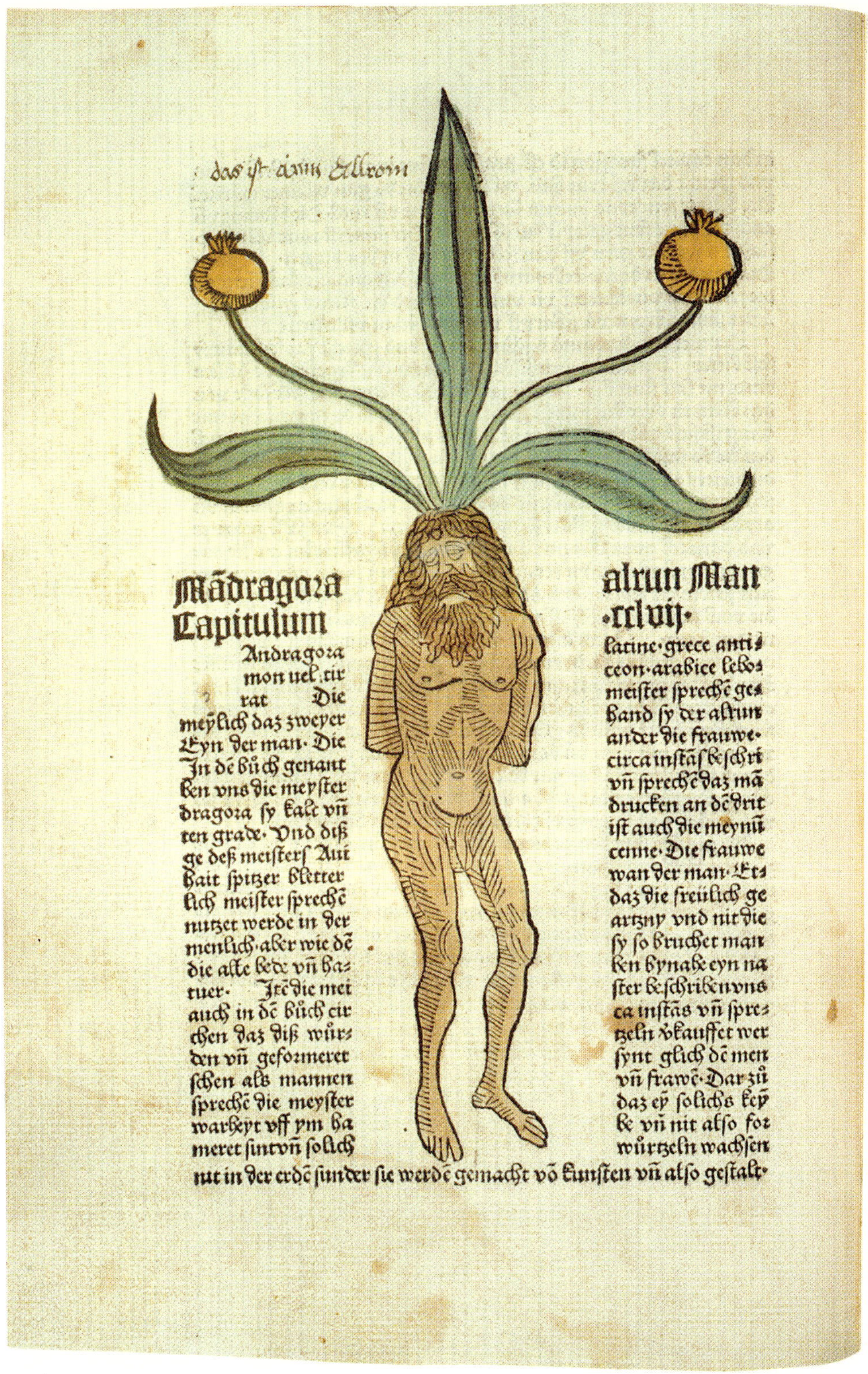
Mādragora Capitulum
Andragora
mon vel cir
rat Die
meÿlich daz zweyer
Eyn der man· Die
In dē bůch genant
ben vns die meyster
dragora sy kalt vn̄
ten grade· Vnd diß
ge deß meisters Aui
hait spitzer bletter
lich meister sprechē
nutzet werde in der
menlich· aber wie dē
die alte bede vn̄ ha=
tuer· Itē die mei
auch in dē bůch cir
chen daz diß wůr=
den vn̄ geformeret
schen als mannen
sprechē die meyster
warheyt vff ym ha
meret sint vn̄ solich

alrun Man
·cclvij·
latine· grece anti=
ceon· arabice lebo=
meister sprechē ge=
hand sy der alrun
ander die frauwe·
circa instās beschri
vn̄ sprechē daz mā
drucken an dē drit
ist auch die meynū
cenne· Die frauwe
wan der man· Et=
daz die freülich ge
artzny vnd nit die
sy so brucheт man
ken bynahe eyn na
ster beschriben vns
ca instās vn̄ spre=
tzeln verkauffet wer
synt glich dē men
vn̄ frawē· Dar zů
daz ey solichs key
be vn̄ nit also for
würtzeln wachsen
nit in der erdē sunder sie werdē gemacht vō kunsten vn̄ also gestalt·

45 *Gart der Gesundheit. Mainz: Peter Schöffer 1485 [H 8948], Cap. Cclvij: Alraune. Ex.: UB Leipzig.*

Rosegarten

¶ Jtem ob das kind gereilt lege oder vff seinem angesicht/ So soll die hebam leichtlich ynlassē ir finger/vñ das kind in der sei// ten der mů̊ter vmbkerē Oder ob sie ein handt mag ynlassen /soll sie das kind ordnen vnd richten also/ Welche theil des leibs dem vßgāg aller nechst seind/die sel// ben soll sie haltē vnd vßfůren. doch sol sie aller meist dz haupt sůchen/halten vnd vßfůren.

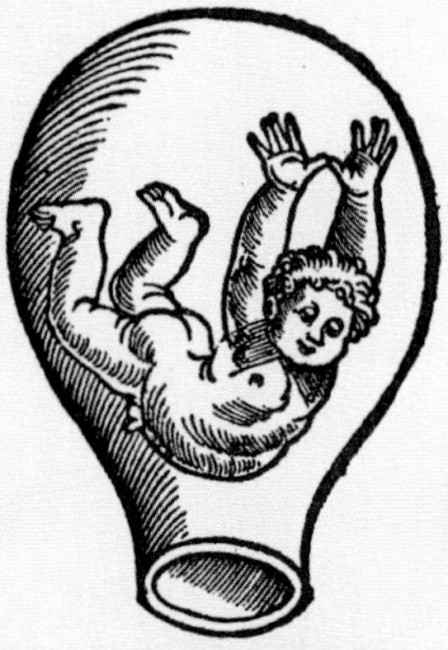

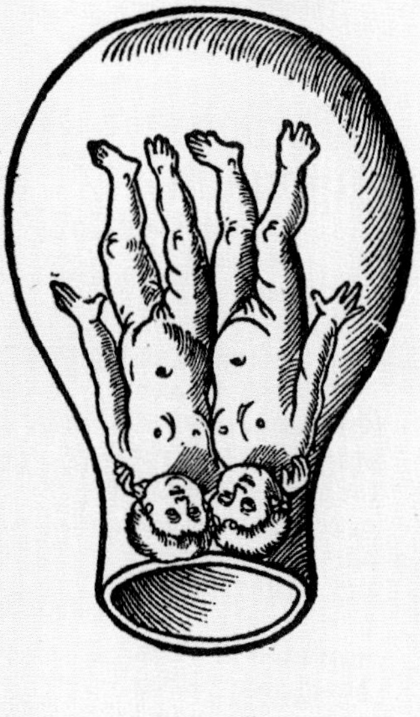

¶ Jtem ob der kinde mer dañ eins wer/als zwyling vnd sich gleich erzeugten mit den höuptern/So sol die hebam eins nach dem andern vßfůren/besonder das erst empfahen /als ob stadt/vnd das ander nitt verlassen.

Eiij

46 Eucharius Rößlin: Der Swangern Frauwen vnd Hebammen Rosegarten. Straßburg: Martin Flach 1513, Fol. Eiii recto. Faksimile. Dietikon-Zürich: Stocker 1976.

Werktage oder für die zum Aderlaß geeigneten Termine, die auch von den nur wenig Lesekundigen gedeutet werden konnten. Daneben gab es Kalender in lateinischer und deutscher Sprache, die nur aus Text bestanden. Das abgebildete, bisher unbekannte Blatt aus dem Besitz der Universitätsbibliothek Göttingen wurde für das Jahr 1478 gedruckt (Abb. 49). Ein Spruchband mit dem Neujahrsglückwunsch *Ein gut sälig iar* ziert diesen Kalender und wird mit dem neugeborenen Jesuskind, dem Symbol des Neuanfanges, geschmückt. Das gleiche Bildmotiv ziert auch die kolorierte Initiale »D«. In sechs Langzeilen werden zunächst die wichtigsten Orientierungsdaten für das Jahr 1478 geboten, der Sonntagsbuchstabe und die goldene Zahl genannt, danach die beweglichen Feiertage. Die linke Spalte gibt einen Überblick über die Jahreszeiten, die sich an den bekannten Feiertagen orientieren: »Mercz wirt new am nächsten Tag nach Liechtmeß«, »Augstmon wirt new an Mitwochen nach jacobi«. Die Informationen der rechten Spalte dienen den günstigen Tagen für den Aderlaß, wobei auf die unterschiedlichen Generationen und die speziellen Körperteile Rücksicht genommen wird: »Am montag nach Marie gepurt gut [für die] Alten [aber] ohne das Haupt.« Diese Art von Kalendern erlebte hohe Auflagen von mehreren tausend Exemplaren und wurde bis weit in das 18. Jahrhundert hinein mit großem Erfolg gedruckt.

Newe Zeytung

Weite Verbreitung erreichten auch die Einblattdrucke mit Sensationsnachrichten, aktuellen Informationen von Kriegsschauplätzen, von Wundergeburten oder Anlässen herrschaftlicher Repräsentation. Nach ihrer Titelzeile werden sie häufig »Newe Zeytung« genannt, wobei der mittelhochdeutsche Begriff »Zeitung« zunächst lediglich »Nachricht« bedeutet, dann aber nach und nach Namensgeber für eine eigene neue Mediengattung wurde. Aufreißerisch wurde in der ersten Zeile von einer »erschrecklichen«, »glücklichen« oder »neuen Zeitung« gesprochen. Im Unterschied zu der erst im 17. Jahrhundert einsetzenden periodischen Presse erschienen sie nur zu einem einzelnen Ereignis und wandten sich jeweils einem speziellen Publikum zu. Die meisten »newen Zeytungen« bestanden nur aus einer einzigen Nachricht, meist mit einem sprechenden (nicht immer aktuellen) Holzschnitt und einem zwei- oder dreispaltigen gereimten Text, was auf einen mündlichen Vortrag schließen läßt. Über viele Ereignisse des 15. und 16. Jahrhunderts, wie etwa über Naturkatastrophen, die Rechtspraxis oder die Türkenkriege und die Vorgeschichte des 30jährigen Krieges wären wir ohne dieses populäre und weitverbreitete Medium nicht oder nur unzureichend informiert. Nicht wenige Herrschaftshäuser nutzten das populäre Medium und beauftragten fürstliche Schreiber, die sowohl über repräsentative Ereignisse wie Hochzeiten etc. berichteten als auch über Pläne zur Aufrüstung und Kriegsführung. Kaiser Maximilian I. setzte als erster Regent systematisch diese Mittel zur Beeinflussung der öffentlichen Meinung ein. Nicht wenige reichstreu gesinnte Publizisten unterstützten seine Maßnahmen durch die journalistische Interpretation von Naturereignissen.

Einen Meteoritenfall in der Nähe von Ensisheim im Elsaß nutzte zum Beispiel Sebastian Brant, um Maximilians Politik zu unterstützen. Am 7. November 1492 war ein Meteorit in der Nähe von Ensisheim eingeschlagen. Sein Gewicht betrug ungefähr 260 Pfund. Heute noch wird ein großes Fragment von über hundert Pfund im Rathaus von Ensisheim aufbewahrt. Es handelt sich um den ältesten Meteoriten, von dem es Augenzeugenberichte und Quellen gibt, viele Bruchstücke werden in den wichtigsten naturhistorischen Museen der Welt aufbewahrt. Noch im Jahr 1492 erschien das Flugblatt von Sebastian Brant bei dem Baseler Drucker und Verleger Johann Bergmann von Olpe, der sich auf dem Blatt mit seiner Devise »Nüt ohn vrsach« und den Initialen J.B. zu erkennen gibt (vgl. Abb. 50). Der eigens angefertigte Holzschnitt gibt die exakte Situation des Meteoritenfalls, von Westen kommend, vor den Stadttoren von Ensisheim, wieder. Der Text ist zweisprachig, lateinisch und deutsch, und wendet sich sowohl durch die Sprache als auch durch die Anspielungen auf lateinische Klassiker an ein unterschiedlich gebildetes Publikum. In Form einer Klimax spricht Sebastian Brant von zahlreichen Wundererscheinungen aus den letzten Jahren, die mit diesem »Donnerstein« ihren Höhepunkt fanden. Der lateinische Text endet mit dem eher allgemeinen Wunsch, daß das durch den »Donnerfall« zu erwartende Unglück böse Feinde treffe, der deutsche Text spricht eindeutig von einem bösen Omen für die Franzosen und Burgunder. In einem

22zeiligen Gedicht in deutscher Sprache wendet sich der Autor dann direkt an König Maximilian. Er ermuntert ihn mit pathetischen Worten, nun, da das Schicksal günstig sei, mit Unterstützung von Österreich und Deutschland gegen die Franzosen vorzugehen. Als das Flugblatt erschien, war König Maximilian bereits auf dem Weg nach Burgund, um eine doppelte persönliche Schmach zu rächen. Karl VIII. hatte nämlich die Eheschließung mit Maximilians Tochter Margarethe verweigert und sich mit Anne de Bretagne verheiratet, die Maximilian selbst versprochen gewesen war. 1493 eroberte Maximilian große Teile von Burgund zurück und erhielt auch Teile der Mitgift seiner Tochter Margarethe wieder.

Dieses interessante Flugblatt berichtet detalliert über einen Meteoritenfall und schließt daran im lateinischen Text Betrachtungen über die Meteoriten seit der Antike an. Sebastian Brant beläßt es allerdings nicht bei der Information, sondern kommentiert und deutet dieses Wunderzeichen im Sinne einer Unterstützung der Politik König Maximilians. Durch den anschaulichen Holzschnitt und den Text in zwei Sprachen konnten weite Bevölkerungsschichten erreicht werden. Insgesamt kennen wir 25 erhaltene Flugblätter von Sebastian Brant, in denen er Naturkatastrophen schildert und ihnen eine politische Interpretation beigibt.

Aber nicht nur für Sensationsmeldungen stand das neue Medium Einblattdruck bereit, sondern auch zur Warnung vor Betrügereien, etwa vor Falschgeld. Abbildung 52 zeigt ein Flugblatt mit der »Warnung vor falschen Gulden«, das vermutlich 1482 bei Anton Sorg in Augsburg gedruckt wurde. 1481 waren in Göttingen einige Falschmünzer hingerichtet worden und dabei vier Tonnen falsche Münzen beschlagnahmt worden. Um vor den in Umlauf gebrachten Münzen zu warnen, erschienen in Augsburg, Basel, Magdeburg, München, Nürnberg, Reutlingen und Ulm elf weitgehend identische Drucke, die nach einem knappen Bericht die falschen Münzen beschreiben und mit Vorder- und Rückseite abbilden. Das Flugblatt bietet Sachinformationen, befriedigt aber auch die Neugier nach verbrecherischen Aktivitäten und gehört damit in die Vorgeschichte der Presse.

Die Neue Welt im Flugblatt

Die für uns so wichtige Nachricht von der Entdeckung Amerikas durch Kolumbus 1492 stieß zeitgenössisch nicht gleich auf das Interesse, daß man heute vermuten würde. Wir wissen, daß es sich hierbei um den entscheidenden Vorstoß in eine »Neue Welt« handelte, während die Zeitgenossen seit dem 14. Jahrhundert immer wieder davon hörten, daß Portugiesen und Spanier im westlichen Ozean »neue Inseln« entdeckt hätten: z. B. im 14. Jahrhundert die Kanarischen Inseln und im Verlaufe des 15. Jahrhunderts mehrfach neue, bis dahin unbekannte Völker entlang der Küste Afrikas, auf den Kapverdischen Inseln und in Guinea. »Neue Menschen« und »neue Inseln«, das waren in diesen Jahrzehnten geläufige Meldungen. Somit knüpfte der 1497 gedruckte Brief des Christoph Kolumbus mit seinem Titel *Von jüngst gefundenen Inseln* an eine lange Folge von Entdeckungsberichten an, so spektakulär uns dieser Brief heute auch erscheinen mag. Er erschien schon 1493 auf spanisch, im gleichen Jahr in Rom, Basel, Paris und Antwerpen in einer lateinischen Fassung, aber erst 1497 in Straßburg in einer deutschen Version. Sebastian Brant nahm in seinem *Narrenschiff* 1494 diese Botschaft auf und berichtet von der kulturellen Andersartigkeit und der Fremdheit eines neuen Volkes, die er mit Bildern der Antike von sagenumwobenen »Goldländern« verband:

Noch hat man seither funden viele
Land, hinter Norwegen und Thyle
Als Ißlant und Pylappenlandt
Das vorhyn als nit wart erkannt
Ouch hat man seit in Portugal
Und in Hispanyen überall
Gold Inseln funden und nacket lüt
Von den man vor wußt sagen nüt.

Auch in den ersten illustrierten Flugblättern mit den Entdeckungsberichten mischen sich die Sagen- und Schreckensgestalten antiker Weltreisender wie Herodot mit den Berichten der portugiesischen Seefahrer.

Eine ganz andere Wirkungsgeschichte hatten die Briefe des Florentiner Gelehrten Amerigo Vespucci seit dem Jahre 1503. Vespucci machte darin deutlich, daß es sich hier um etwas grundlegend Neues handelte, das den Alten noch nicht bekannt gewesen war. Er berichtete ausgesprochen anschaulich, mit exakteren geographischen Angaben und vielen kulturellen Details. Auf seine Veröffentlichung in Paris 1503 folgten Drucke in Venedig, Augsburg und Rom 1504 und 25 weitere Ausgaben in den nachfolgenden zwei Jahren, darunter 18 im deutschen Sprachgebiet. Aufgrund dieser ausführlichen Berichte haben die Gelehrten und Kosmographen Martin Waldseemüller und Mathias Ringmann 1507 in ihrer Schrift *Cosmographiae introductio* den neuen Kontinent nach ihm »America« genannt. Der von uns abgebildete Einblattdruck *Das sind die new gefunden Menschen oder Völker, in form und gestalt als sie hie stend durch den Christlichen Künig von Portugall, gar wunderbarlich erfunden* ist in einem einzigen Exemplar aus dem Jahre 1505 erhalten geblieben (vgl. Abb. 51). Er zeigt die Landung der drei Eroberungsschiffe in der Neuen Welt mit perspektivisch übergroßen Ureinwohnern. Der Holzschnitt, der etwa die Hälfte des Einblattdruckes einnimmt, ist getreu der Briefversion von Vespucci geschnitten, und auch die Kolorierung berücksichtigt die Angaben im Text. Die Menschen werden aus der Sicht eines Europäers geschildert, dem vor allem ihre Nacktheit und die vielfältigen und ungewohnten Formen des Körperschmuckes auffallen. Die Nacktheit wird aber nicht als positive Andersartigkeit, sondern als Zeichen des sittlichen Verfalls gewertet, so wie ihnen auch ihre (scheinbar) fehlende wirtschaftliche und politische Ordnung zum Vorwurf gemacht wird: »Sie leben nach der Natur.« Zu den Auswüchsen dieser Sittenlosigkeit gehört auch der Vorwurf des Kannibalismus, der in nachfolgenden Flugschriften immer wieder aufgenommen wird. Auch die Nachricht von der durch die Seefahrer von Amerika nach Europa eingeschleppten Syphilis wird aufgenommen, ebenso geheimnisvolle Andeutungen über Aphrodisiaka. Mit der Gesamtbeurteilung: »Sie halten kein Ordnung, haben auch kein Tempel und halten kein Gesetz«, wird die Eroberung und »Christianisierung« dieses Kontinentes legitimiert.

Kaiser Maximilian I.

Maximilian I. (1459–1518) war der erste Kaiser, der systematisch alle Vorteile der Buchdruckerkunst für seine Herrschaftsführung einsetzte. Er war 1486 auf dem Reichstag in Frankfurt zum Römischen König erwählt und in Aachen gekrönt worden. Nach dem Tode seines Vaters, Friedrichs III., 1493 übernahm er das Königsamt und strebte sogleich einen Kreuzzug gegen die »Ungläubigen« und einen Romzug zur Kaiserkrönung an; beide Ziele verfolgte er sein Leben lang vergeblich. Durch die Kämpfe in Oberitalien mehrfach verhindert, ließ er sich im Februar 1508 im Dom von Trient zum »Erwählten Römischen Kaiser« proklamieren. In seine Regierungszeit fallen wichtige, die weiteren Jahrhunderte prägende Entscheidungen, wie die Reichsreform, die Heeres- und Behördenneuorganisation (Wormser Reichstag 1495) und die Ausweitung der habsburgischen Heiratspolitik nach Burgund, Ungarn und Polen (mit der Grundlegung der österreichisch-ungarischen Donaumonarchie 1515). Kennzeichen seiner Regierungszeit waren die ständige Bedrohung durch die Türken und das erste Auftreten Luthers auf dem Augsburger Reichstag 1518, an dem auch die Nachfolge für Maximilians Enkel Karl V. (mit Hilfe der Fugger) entschieden wurde.

Die Künste und die Wissenschaften nahmen in der Ära Maximilians, die die Humanisten als Beginn der »Goldenen Zeit« feierten, einen deutlichen Aufschwung. Er öffnete die Universität Wien den humanistischen Studien und förderte die lateinische Poesie durch gezielte Aufträge und Dichterkrönungen, besann sich gleichzeitig auf die nationale volkssprachige Literatur *(Ambraser Heldenbuch)* und versuchte, die Renaissancekultur italienischer Fürstenhöfe zu imitieren (mit den Holzschnittfolgen *Triumphzug* und *Ehrenpforte*). Der Buchdruck eröffnete ihm die Möglichkeit, mit diesen »papiernen Triumphen« die Kultur der italienischen Fürsten nachzuahmen. Er stand allen technischen, wissenschaftlichen und künstlerischen Neuerungen aufgeschlossen gegenüber und förderte den Buchdruck ebenso wie den Geschützbau.

Sein Interesse am Buchdruck entwickelte sich in zwei Richtungen: einmal durch die Publikation von Flugschriften zur Beeinflussung der öffentlichen Meinung bis hin zum aktiven politischen Engagement, zum anderen durch die Erarbeitung umfangreicher Epen zur Steuerung seines Nachruhms.

Flugschriften Maximilians I.

Während noch in der Regierungszeit Friedrichs III. amtliche Publikationen in der Regel versiegelt an einen ausgesuchten Empfängerkreis versandt wurden *(litterae clausae)*, ließ Maximilian einen Großteil der

Reichstagsausschreibungen, Achterklärungen, Mandate und Patente als offene Schreiben *(litterae patentes)* herausgeben. Neben einer hohen Auflage von jeweils ca. drei- bis vierhundert Exemplaren ist die öffentliche Verbreitung durch Anschlag an den Rathäusern oder die Vermeldung von den Kanzeln bedeutsam. So wurde die Kanzel zu einem zuverlässigen Publikationsorgan und half bei der Durchsetzung der Rechtsordnung: Krieg und Frieden wurden dort ebenso verkündet wie die Reichssteuerordnung. Die Verschmelzung von kirchlichem und politischem Interesse findet sich in besonderem Maße bei den Aufrufen zur Beteiligung am Türkenkreuzzug, so zum Beispiel bei der Werbung zum Eintritt in den Sankt-Georgs-Orden im Jahr 1494. Dabei wird der weitreichende Empfängerkreis genau angegeben: »Wir entbieten allen und jeglichen unsern und des Heiligen Reichs Churfürsten, geistlichen und weltlichen, Prälaten, Grafen, Freien, Herren, Rittern, Knechten, Hauptleuten, Vitzthuemern, Vögten, Pflegern, Verwesern, Amtleuten, Schultheißen, Bürgermeistern, Richtern, Räten, Bürgern und Gemeinden, und sunst allen anderen unsern und des Reichs Untertanen und Getreuen in was Würden, Stands und Wesens die sein, den dieser unser königlicher Briefe oder Abgeschrift davon zu sehen oder zu lesen fürkommt oder gezeigt wird, unser aller Gnad und alles Gut.«

Eine theoretisch unbeschränkte Reichsöffentlichkeit, die diese Schreiben zu lesen oder vorgelesen bekam, wurde mit umfangreichen Erläuterungen zum aktuellen politischen Geschehen versorgt: Reichstagseinladungen enthielten ausführliche Kriegsberichte, Siegesnachrichten wurden in Form kaiserlicher Mandate verbreitet. Bevorzugte Themen waren neben der Türkenfrage die Kämpfe mit wechselnden Verbündeten in Oberitalien, die Romzugs- und Kaiserkrönungspläne, ebenso herausragende diplomatische Erfolge wie das österreichisch-ungarische Doppelverlöbnis im Jahre 1515. Noch weitere Kreise erreichten die »Feldmären« durch die gedruckten Volkslieder, das populärste Nachrichtenmedium der Zeit; einige Lieder meist unbekannter Verfasser verraten dabei eine direkte Abhängigkeit von offiziellen Verlautbarungen oder sind selbst versifizierte Mandate.

Maximilian ließ aber nicht nur im Inneren des Reiches durch diese gedruckten Flugblätter die politische Meinungsbildung beeinflussen, er war auch der Schöpfer einer besonderen Form von psychologischer Kampfführung. Bei seinen mehrjährigen Kämpfen gegen Venedig bemühte er sich dreimal, in den Jahren 1509, 1510 und 1511, mit propagandistischen Flugschriften in italienischer Sprache das Volk von Venedig gegen die Signorie aufzuwiegeln. Er ließ bei günstigem Wind diese agitatorischen Flugblätter an Ballons hinter die feindlichen Linien treiben und die Ballons dann von eigenen Bogenschützen abschießen. In wohlformulierter Sprache verspricht er darin Freiheit und Gleichheit und muntert die Bevölkerung auf, sich gegen die »Tyrannen« zu erheben.

Maximilians Sorge um die »Gedechtnus«

Maximilian nutzte die neuen Kommunikationsmöglichkeiten aber nicht nur zur politischen Beeinflussung der Zeitgenossen, sondern auch zur Gestaltung seines eigenen Nachruhms. In seiner Autobiographie *Weißkunig* hatte er formuliert: »Wer sich in seinem Leben kein Gedechtnus macht, der hat nach seinem Tod kein Gedechtnus, und denselben Menschen wird mit dem Glockenton vergessen und darum so wird das Geld, so ich auf die Gedechtnus ausgeb, nit verloren.«

Das Festhalten von historischen Ereignissen für die Nachwelt, die Sorge um die *Gedechtnus*, wird so zum genuinen Element seiner literarischen und künstlerischen Bestrebungen. Er wollte damit einerseits Traditionen bewahren und andererseits zum Vorbild für seine Nachfolger werden. Nicht mehr nur die Tat selbst, sondern auch ihre Archivierung wurde so in seinen Augen zu einer wesentlichen Aufgabe für jeden Herrscher. Sowohl in einer lateinischen Autobiographie als auch in dem volkssprachigen *Weißkunig* versuchte er, die Stoffe für die künftige Geschichtsschreibung zusammenzustellen. Der *Weißkunig* blieb allerdings ein Fragment, da ihm jeder erzählerische Rahmen fehlt und die Ereignisse nicht sehr exakt wiedergegeben werden. Komplexe historische Ereignisse werden auf Turniere und Kriege von »Gesellschaften«, die durch ihre Wappenfarbe charakterisiert werden, reduziert; politische Hintergründe und diplomatische Verhandlungen bleiben unerwähnt. Erhalten sind aber 236 historisch exakte Holzschnitte, die unter anderem von Hans Burgkmair, Leonhard Beck, Hans Schäufelein und Hans Springinklee 1514–1516 erstellt wurden. Eine zeitgenössische Rezeption erlebte der *Weißkunig* nicht, denn er wurde erstmals 1775 gedruckt.

Maximilian ließ allerdings 1517 von seinem Augsburger Hofbuchdrukker Johann Schönsperger d. Ä. ca. vierzig Pergament- und dreihundert

Papierexemplare seines Versepos *Theuerdank* drucken. Dieses Epos schildert in bewußter Anlehnung an mittelalterliche Heldenbücher achtzig Abenteuer Maximilians bei der Brautfahrt zu Maria von Burgund, die in einer »verborgenen« Weise präsentiert werden. Die einzelnen Aventiuren stehen im lockeren Zusammenhang mit der Brautwerbung, deren Ziel, die Erringung der edlen *frouwe*, entgegen dem klassischen Schema bereits im ersten Kapitel vorweggenommen wird. Ein Erzähler namens Ehrenhold begleitet den Helden durch die achtzig Abenteuer, die drei Gegenspieler mit den sprechenden Namen »Fürwittig«, »Unfallo« und »Neidelhart« böswillig für ihn inszeniert haben. Theuerdank meistert alle Gefahren, selbst Naturkatastrophen und Krankheiten, durch Besonnenheit, Weisheit und Tapferkeit. Der Vollzug der Ehe wird bis nach der Eroberung des Heiligen Landes und der damit verbundenen Erringung »göttlicher Huld« ausgesetzt.
Die Frakturschrift ist von Vincenz Rockner speziell geschaffen worden, ebenfalls die an den Handschriften orientierten Schreibmeisterschnörkel (vgl. Abb. 53). Um den Handschriftencharakter zu imitieren, wurden von einigen Kleinbuchstaben und den meisten Versalien unterschiedliche Formen verwendet, von D, E, J oder M gibt es jeweils mehr als acht Formen. Die Initialen und Schnörkel der Ober- und Unterlängen wurden gesondert angesetzt und nicht mit Metalltypen, sondern vom Holzstock gedruckt, so daß sie etwas fetter wirken, da das Holz die Druckerfarbe stärker annimmt und überträgt. Typische Ausbrüche bei den Schnörkeln verweisen zudem auf den Holzschnitt. Die Typen schnitt wahrscheinlich der Holzschneider Jost de Negker, der kurz zuvor von Antwerpen nach Augsburg gekommen war und auch die meisten der 118 Holzschnitte schuf. Die Buchdruckerkunst war beim *Theuerdank* von Maximilian nicht wegen ihrer einfachen und raschen Vervielfältigungsmöglichkeit gewählt worden, sondern um eine Handschrift im Druck zu imitieren und diesen damit durch Exklusivität zu erhöhen.

Buchdruck und Reformation

»Doctor Martinus Luther sprach: Die Truckerey ist *summum et postremum donum*, durch welches Gott die sache deß Evangelii fort treibet. Es ist die letzte Flamme für (vor) dem Auslöschen der Welt.« Mit dieser enthusiastischen Beurteilung der Buchdruckerkunst schließt Johannes Aurifaber 1566 seine *Tischreden oder Colloquia Doctor Martin Luthers*, in denen er die reformatorischen Ideen mit anschaulichen Exempeln in populärer Form weitergibt. Aurifaber (1519 bis 1575) erkennt mit diesem eingängigen Diktum Luthers die wichtige Rolle des Buchdrucks für die Verbreitung der reformatorischen Lehre und vor allem der Heiligen Schrift an. Das Zitat verweist indirekt auch auf die Zweisprachigkeit der Literatur im 15./16. Jahrhundert; der Anteil lateinischer Werke blieb dominierend, immerhin erschien aber zwischen 1518 und 1526 fast dreimal soviel deutschsprachige Literatur wie zwischen 1501 und 1517.

Deutsche Bibeln vor Luther

Die Geschichte der Buchdruckerkunst ist untrennbar mit der Verbreitung der Heiligen Schrift verbunden: Wie wir gesehen haben, druckte Johannes Gutenberg zu Beginn der fünfziger Jahre als erstes Buch von Bedeutung die seit der Spätantike übliche lateinische Bibelübertragung des heiligen Hieronymus, die *Vulgata*, opulent in einer prachtvollen Textura. Im 15. Jahrhundert wurden insgesamt 94 Gesamtausgaben der *Vulgata* gedruckt, davon 22 in Anlehnung an die Gutenberg-Bibel. Auch der früheste Straßburger Druck, ca. 1460, war eine 49zeilige *Vulgata* (GW 4203), das entsprechende Exemplar der Universitätsbibliothek in Freiburg wurde 1460 und 1461 rubriziert. Es stammte von dem Straßburger Erstdrucker Johannes Mentelin. Mentelin kam aus Schlettstadt, wo er als »Goldschreiber« und Notar beurkundet ist. Um 1447 hat er das Bürgerrecht in Straßburg erhalten und wohl ab 1458 dort gedruckt. 1466 gab er die erste deutschsprachige Vollbibel heraus, die auf einer verlorenen, über einhundertjährigen Übersetzung beruhte. Sie schloß sich eng an die lateinische Vorlage an, so daß der deutsche Text eigentlich nur verstanden werden konnte, wenn man auch die lateinische Grammatik beherrschte. Zudem war auch die Wortwahl bereits veraltet, wie ein Beispiel aus *Genesis* 1.3f. zeigen kann:

dixitque Deus	*fiat lux*	*et facta lux*
Vnd got der sprach.	liecht werde gemacht	Vnd das liecht ward gemacht.
et vidit Deus lucem	*quod esset bona.*	
vnd got der sache daz liecht	das es ward gut.	

Mentelin druckte in einem sehr kleinen Schriftgrad 61 Zeilen pro Spalte in einer noch ungelenken Gotico-Antiqua, so daß er den Gesamtumfang auf 812 Seiten begrenzen konnte. In der Ordnung richtete er sich weitgehend nach der *Vulgata*, nur stellte er die Apostelgeschichte hinter den Hebräerbrief und nicht hinter das Johannes-Evangelium.
Der Satzspiegel wurde großzügig mit weit auseinanderstehenden Kolumnen und breiten Papierrändern angeordnet, der Zeilendurchschuß dem Schriftgrad adäquat angepaßt, so daß trotz des kleinen Grades eine gute Lesbarkeit gegeben war. Wie auch in seinen anderen Drucken verwendete er keine gedruckten Initialen oder Holzschnitte, sondern ließ Raum, um Initialen von Rubrikatoren einfügen zu lassen. Unsere Beispielseite zeigt den Beginn des ersten Buches der Makkabäer (vgl. Abb. 54, Folio 301 *recto*): Der Rubrikator trug sowohl den Kolumnentitel als auch den Beginn des *Prologus* mit der Hand ein, daneben auch die Initialen über sieben Zeilen beim Prolog und über acht Zeilen beim ersten Buch.

Trotz ihrer veralteten Sprache wurde diese Bibel bis 1518 insgesamt dreizehnmal, darunter neunmal allein in Augsburg, nachgedruckt. In der zweiten und dritten Ausgabe, 1470 bei Heinrich Eggestein in Straßburg und 1475 bei Jodokus Pflanzmann in Augsburg, wurden vereinzelt ungebräuchliche Wörter ersetzt (z.B. »lützel« durch »klein, wenig«, »michelichen« durch »großmachen«), jedoch erst die 4. Ausgabe, um 1475 bei Günther Zainer in Augsburg gedruckt, wurde einer gründlichen Textrevision anhand der *Vulgata* unterzogen. In der Verlagsanzeige von 1476 (einer der ersten gedruckten Buchhändleranzeigen überhaupt) wirbt Zainer damit:

»Das buch der teutschen Bibel mit figuren mit größtem fleiß corrigiert vnd gerechtgemacht. Also daz alle frembde teutsch vnnd vnverstendtliche wort, so in den erstgedruckten klainen bybeln gewesen, gantz ausgethan, vnd nach dem latein gesetzt vnd gemacht seind.«

Neben der Besserung und Modernisierung des Textes gab Zainer zum ersten Mal in einer deutschen Bibel Illustrationen bei, 73 Bildinitialen zu Beginn jeden biblischen Buches; sie illustrieren 45 biblische Szenen oder zeigen Autorenbilder und die Übergabe der apostolischen Briefe (vgl. Abb. 55, Folio LXvij *recto*, die Übergabe des Briefes des Apostels Paulus an die Gemeinde in Ephesus). Es fällt auf, daß die Initiale etwas überproportioniert zwei Drittel der Spaltenbreite einnimmt. Die jeweiligen Prologe werden durch eine quadratische Maiblumen-Initiale (hier zweimal die Initiale P) geziert und die Kolumnentitel in Schwarz und die Kapitelüberschriften in Rot mitgedruckt. Zainers ausgefeilte Gotico-Antiqua schafft ein sehr ruhiges und ausgewogenes Gesamtbild, zu dem wiederum die freie Stellung der Kolumnen mit dem breiten Zwischenschlag beiträgt. Die gut ausgeglichenen Zeilen und die Qualität der Type wird auch im zweiten Beispiel deutlich, dem ersten Kapitel des Propheten Jesaja, und der überaus sprechenden Initiale des Stammbaums Jesu aus der Wurzel Jesse (Jesaja 11,1–9, vgl. Abb. 56). Die Holzstöcke verwendete Günther Zainer in einer zweiten Auflage von 1477 noch einmal, und man findet sie auch in der Ausgabe von Anton Sorg, Augsburg 1480, die nach Zainers Tod erschien.

Von dieser Art illustrativem Buchschmuck hin zu erzählenden Holzschnitten, die die Christen nicht nur erbauen, sondern auch zur Bibellektüre anregen und das Verständnis erleichtern sollten, führen zwei niedersächsische beziehungsweise niederrheinische Bibeln, die um 1478 in Köln erschienen und wahrscheinlich von Bartholomäus von Unkel im Auftrag eines Verlegerkonsortiums der Herren Johann Helmann und Arnold Salmonster aus Köln und von Anton Koberger aus Nürnberg gedruckt wurden. Die niedersächsische Ausgabe (GW 4307, aus der SuUB Göttingen, vgl. Abb. 57) besitzt 113 Abbildungen, die niederrheinische 123. Die Holzschnitte wurden namentlich bei den »Autorenbildern« (Evangelisten, Propheten und Apostel) von Zainers Ausgabe beeinflußt, schlossen sich aber auch an Miniaturen aus Bibelhandschriften und Historienbibeln aus dem kölnisch-niederländischen Raum an. Der deutlich narrative Charakter der Illustrationen und ein ausführliches Vorwort, das jeden Christen zur Bibellektüre ermuntert, zeigen die neue Intention der *devotio moderna*, auch dem Laien das Wort Gottes nahezubringen. Die Herausgeber waren wohl die Brüder vom Gemeinsamen Leben und Kölner Kartäuser, die sich in der Vorrede auf die überlieferten Bilddarstellungen in Klöstern und Kirchen beriefen, die ebenso der Unterrichtung der Gläubigen dienten. Die Übertragung aus dem Lateinischen in die beiden Dialekte, die im Bistum Köln gesprochen werden, bezeugt auch die Aktualität dieses Vorhabens. Die beherrschenden, zweispaltigen Holzschnitte prägen das Bild dieser Bibeln, die durch weitere kunstvolle Randleisten geziert wurden. Die Abbildung 58 (Folio 5 *recto*) zeigt den Anfang der Genesis mit der Schöpfungsgeschichte und der Erschaffung Evas aus einer Rippe Adams. Dieses aus der Buchmalerei der Handschriften übernommene Bildmotiv wurde im Holzschnitt höchst populär und in zahlreichen anderen Bibeln, aber auch in Enzyklopädien weiter verbreitet. Das Schöpfungsbild zeigt Gottvater im Kreis der Erzengel vor dem erschaffenen Firmament, dem Wasser, der Luft, der Tiere und der Pflanzen innerhalb einer Mittelgebirgslandschaft. Die vier Randleisten wurden mehrfach wiederverwendet, unter anderem auf der Eingangsseite und auf der ersten Seite der Geheimen Offenbarung.

Noch weitere Verbreitung fanden diese Holzschnitte durch den Mitgesellschafter der Kölner Bibel, den Nürnberger Großverleger Anton Koberger. Er hat die Holzstöcke in Köln erworben und ließ davon 109 in seiner Bibel vom Jahre 1483 eindrucken und zumindest teilweise gleich in seiner Werkstatt kolorieren. Der Text beruht auf Zainers Ausgabe, wurde aber wiederum nach der *Vulgata* gebessert. In seinem Kolophon, Blatt 586 *verso*, weist Koberger extra darauf hin: »Gegen den lateynischen Text gerechtfertigt [...] und mit schönen figuren.« Koberger verfügte über weitreichende Geschäftsbeziehungen in Europa und hat offensichtlich eine sehr hohe Auflage gedruckt. Als Schrift verwendet er eine ausgeprägte Druckbastarda, die noch Berührungen zur oberrheinischen Buchkursive besitzt, aber bereits eine deutliche Vorform einer in Nürnberg entstehenden Fraktur darstellt. Damit unterscheidet sich das

Schriftbild schon deutlich von den gleichzeitigen lateinischsprachigen Texten in Antiqua. Während Kolumnentitel und Kapitelüberschriften mitgedruckt wurden, ließ er den Platz für die Initialen frei, die im vorliegenden Band in der Göttinger Universitätsbibliothek jedoch auch reich und mit unterschiedlichen Techniken ausgemalt wurden (Abb. 59). Der aus der Kölner Bibel übernommene Holzschnitt der Schöpfungsgeschichte wurde mit Blattgold grundiert und mit leuchtenden Farben, bei denen blaue, grüne und gelbe Töne dominieren, ausgemalt. Das zweite Bildbeispiel (Abb. 60) zeigt den Beginn des Evangeliums nach Lukas: das Evangelistenbild mit dem Symboltier und einen Hinweis auf die besondere Bedeutung der Kindheitsgeschichte Jesu bei Lukas mit der Geburt zu Bethlehem, den Heiligen Drei Königen und der Darstellung im Tempel.

Diese Drucke wurden den Handschriften vergleichbar prachtvoll ausgestattet und auch zu einem hohen Preis verkauft, der den Erwerb durch den »gemeinen Mann« wohl unmöglich machte. Einfachere »Gebrauchsbibeln« druckten 1507 und 1518 Johann und Silvan Otmar in Augsburg, die Holzschnitte einer Ausgabe von Johann Schönsperger aus dem Jahre 1487 übernahmen.

Die Zahl der 18 deutschsprachigen Bibelausgaben vor Luther ist bemerkenswert; wenn ihre Wirkung dennoch eingeschränkt blieb, lag dies sicher an den hohen Preisen, dem veralteten Sprachstand und an dem Übersetzungsprinzip *verbum e verbo*, das sich eng an die lateinische Vorlage anschloß und dadurch häufig Verständnisschwierigkeiten und Sinnentstellungen bot. Die deutsche Fassung war daher nur demjenigen verständlich, der ohnehin den lateinischen Text lesen konnte. Da zudem die Kirche den Anspruch erhob, allein die Heilige Schrift auslegen zu können, fehlte die notwendige Anregung zum Erwerb der Ausgaben.

Erst der grundsätzlich neue Stellenwert, den Luther der Heiligen Schrift für das theologische Denken und die kirchliche Praxis zuerkannte, die Grundsätze von der Alleingültigkeit der Hl. Schrift in Glaubensfragen *(sola scriptura)* und der Mündigkeit der Laien, die selbst die Bibel lesen und zwischen geoffenbarter Wahrheit und verfälschter Praxis der »alten Kirche« entscheiden sollten, sowie die mit sprachschöpferischer Kraft aus den Urtexten neu gewonnene deutsche Fassung sicherte Luthers

Bibelübersetzung eine bis dahin unbekannte Resonanz: Von 1522 bis zum Tode Luthers (1546) erschienen über dreihundert hochdeutsche Bibelausgaben mit einer Gesamtauflage von über einer halben Million Exemplaren – bei dem sich erst entwickelnden Buchmarkt und der geringen Lesefähigkeit eine bis dahin unerreichte Zahl. Ein Drittel der gesamten deutschsprachigen Buchproduktion in der ersten Hälfte des 16. Jahrhunderts entfiel auf Luthers Schriften.

Luthers Werdegang

»Ich bin ein Bauernsohn, der Urgroßvater, mein Großvater, der Vater sind richtige Bauern gewesen. Ich hätte eigentlich, wie Philipp Melanchthon sagte, ein Vorsteher, ein Schultheiß und was sie sonst im Dorf haben, irgend ein oberster Knecht über die anderen werden müssen. Danach ist mein Vater nach Mansfeld gezogen und dort ein Berghäuer geworden. Dorther bin ich.« Luthers autobiographische Skizze in den *Tischreden* (Nr. 6250) führt in das Zentrum des aufstrebenden thüringischen Kupferbergbaus und zeigt den sozialen Wandel seiner Familie. Ein Jahr nach seiner Geburt, am 10. November 1483 in Eisleben, siedeln seine Eltern Hans und Margarethe Luder nach Mansfeld um, wo der Vater als Bergmann Arbeit fand. Mit dem beruflichen Wechsel war auch der wirtschaftliche und soziale Aufstieg der Familie verknüpft; 1491 wurde der Vater Hüttenmeister und kam als Betreiber einer Kupferschmelzhütte in das Gremium der Mansfelder »Vierherren«, die die Rechte der Bürger gegenüber dem städtischen Magistrat vertraten.

Der Sohn Martin konnte zunächst die Lateinschule in Mansfeld, 1496 die Domschule in Magdeburg und seit 1498 die Pfarrschule St. Georg in Eisenach besuchen. Im Sommersemester 1501 immatrikulierte er sich an der Artistenfakultät der Universität Erfurt, wurde bereits am 29. September 1502 zum *Baccalaureus artium* promoviert und erlangte im Januar 1505 den Magistergrad. Im anschließenden ersten Semester seines Jurastudiums in Erfurt änderte er radikal seinen Lebensweg und trat 1505 in das Erfurter Augustiner-Eremitenkloster ein. Nach seiner Priesterweihe am 3. April 1507 nahm er auf Weisung des Ordens ein Theologiestudium an der Universität Erfurt auf, das ihn erneut mit der aristotelischen Philosophie und der nominalistischen Schulphilosophie

und -theologie Wilhelm von Ockhams (um 1285–1349) und des Tübinger Professors Gabriel Biel (um 1410–1495) vertraut machte, gegen deren Offenbarungslehre und ihre scharfe Trennung von Vernunft und Glaube er später vehement Stellung bezog.
Im Oktober 1508 versetzte ihn der Generalvikar des Augustiner-Eremitenordens, Johannes von Staupitz (um 1469 bis 1524), in das Wittenberger Kloster und übertrug ihm kurzfristig ein Lektorat für Philosophie an der dortigen Universität. 1510/11 reiste er mit einem Ordensbruder im Auftrag oppositioneller Ordenskonvente nach Rom, um Streitigkeiten zwischen verschiedenen Richtungen innerhalb des Ordens zu klären. Seine später zum »Romerlebnis« stilisierten Erfahrungen vom Zustand der römischen Kirche unter Papst Julius II. (der u.a. für den Bau der Peterskirche im Jahre 1506 einen vollkommenen Ablaß ausgeschrieben hatte, gegen den sich zahlreiche Länder und zunächst auch die deutschen Landesherren aussprachen) legten den Grundstein zu seiner Kritik an der veräußerlichten Macht des Papsttums.
Im Oktober 1512 wurde Luther unter dem Vorsitz von Andreas Bodenstein von Karlstadt zum Doktor der Theologie promoviert und übernahm den Lehrstuhl für Bibelexegese *(lectura in biblia)* seines geistlichen Lehrers Johannes Staupitz. Staupitz hatte Luther im Geiste Augustinus' und der spätmittelalterlichen *devotio moderna* geformt. Als Professor für Bibelauslegung konzentrierte sich Luther in den Folgejahren auf die Deutung der Psalmen (1513–15) und des Römerbriefes (1515/16). Die paulinische Lehre von Sünde und Gnade stand im Mittelpunkt seiner genauen, streng auf das Wort der Schrift ausgerichteten Untersuchung. Beide Texte ließ er für seine Vorlesung mit weitem Zeilenabstand und breitem Rand neu drucken, damit die Zuhörer die Erläuterungen eintragen konnten; Luthers eigenes Exemplar des *Psalters* mit seinen handschriftlichen Anmerkungen wird heute in der Herzog August Bibliothek in Wolfenbüttel aufbewahrt.

Die reformatorischen Hauptschriften

Luthers theologischer Neuansatz zeigt sich vor allem in seiner Bewertung der Gerechtigkeit Gottes und der Rechtfertigung des Menschen. Er lehrt, daß Gottes Gerechtigkeit keine richtende, sondern eine schenkende Gerechtigkeit ist, die allein vom Glaubenden empfangen werden kann; er richtet sich damit nicht nur gegen die scholastische Theologie, sondern auch gegen die Frömmigkeitspraxis der Zeit. Seine erste deutschsprachige Schrift handelt folgerichtig von den *Sieben Bußpsalmen* (1517), in der er den Buß- und Gerichtsernst in den Vordergrund rückt und den Angriff auf die »Werkgerechtigkeit« der scholastischen Theologie vorformuliert. Zugespitzt wird diese Argumentation in seiner *Disputatio contra scholasticam theologiam* vom September 1517; in ihr wendet er sich gegen die zeittypische Verharmlosung der Sünde und die These, jeder »natürliche« Mensch könne aus eigener Kraft zu Gott finden. Er spricht dagegen von der radikalen Sündhaftigkeit des Menschen und der Notwendigkeit der Gnade für das Heil. Von dieser Position aus war es dann nur noch ein kleiner Schritt, die Ablaßpraxis der Kirche vehement anzugreifen. In den bekannten 95 Thesen, die Luther am 31. Oktober 1517 an den für die Ablaßpredigt zuständigen Erzbischof Albrecht von Mainz sandte und die als Beginn der Reformation gelten, beklagt er die falsche, verderbliche Sicherheit, die der Ablaß vorgaukelt (Thesen 31, 49, 52); Werke der Liebe und des Gebetes seien dagegen ungleich höher zu bewerten (Thesen 41 u. 74). Im Brief an Erzbischof Albrecht verwendet er zum ersten Mal die heute geläufige Schreibung seines Nachnamens »Luther«; bis dahin hatte er seinen Familiennamen Luder geführt. Da er parallel dazu zwischen 1517 und 1519 auch den griechisch-lateinischen Namen »Eleutherius« (»der Freie«) gebrauchte, wird deutlich, daß er sich zu diesem Zeitpunkt ganz bewußt und programmatisch »Luther« nannte. Er verband diese Namensform etymologisch mit »Eleutherius« und übertrug damit die Idee der christlichen Freiheit auf die eigene Person. Belegbar ist dies durch einen weiteren Brief vom 11. November 1517 an seinen Erfurter Freund Johann Lang, den er mit »F(rater) Martinus Eleutherius, imo dulos et captivus nimis, Augustinianus Wittenbergensis« unterzeichnete, was sinngemäß mit »Bruder Martin, der (durch Gott) Freie, oder vielmehr ganz Knecht und Gefangener (Gottes), Augustiner in Wittenberg« übersetzt werden kann und damit den Grundgedanken seines Freiheitstraktates vom Jahre 1520 *Von der Freiheit eines Christenmenschen* vorwegnimmt: »Ein Christenmensch ist ein freier Herr über alle Dinge und niemand untertan. Ein Christenmensch ist ein dienstbarer Knecht aller Dinge und jedermann untertan.« Der scheinbare Widerspruch, der in Anlehnung an Paulus (1. Kor.

9,19) formuliert wurde, löst sich, wenn man die »zweierlei Naturen« jedes Menschen mitbedenkt. Der »innere Mensch« braucht keine weltlichen, äußerlichen Dinge: »allein das Evangelium, das Wort Gottes«, »allein der Glaube macht fromm, frei und selig«. Der Freiheitsbegriff, zu dem sich Luther durch seinen Namenswechsel bereits 1517 bekennt, signalisiert, daß er sich selbst des eigenen Neuanfangs seiner theologischen Argumentation bewußt war.
Die 95 (lateinisch verfaßten) Thesen hatten sich rasch, gegen die ursprüngliche Absicht Luthers, verbreitet; um sie für weitere Kreise verständlich zu formulieren, gab er im März 1518 den *Sermon von Ablaß und Gnade* heraus, der auf so großes Interesse stieß, daß er in zwei Jahren 25mal nachgedruckt werden mußte. Wahre Christen, die Reue über ihre Sünden empfänden, würden die »Werke der Genugtuung« selbstverständlich leisten; der Ablaß dagegen schaffe nur »faule und unvollkommene Christen«, führte Luther in eingängiger Sprache aus. Diejenigen, die ihn wegen dieser Thesen einen Ketzer schelten würden, seien »finstere Gehirne, die nie in der Bibel gerochen, die christlichen Lehrer nie gelesen, ihre eigenen Lehrer nie verstanden, sondern in ihren durchlöcherten und zerrissenen Schulmeinungen beinahe verwesen ...«

Nur zwei Monate darauf begann in Rom der Prozeß gegen Luther; am Rande des Augsburger Reichstages verhörte ihn auf Anordnung von Papst Leo X. (1475–1521) Kardinal Cajetan (1469–1534), er verweigerte aber den Widerruf; im Dezember lehnte sein Landesherr, Kurfürst Friedrich der Weise, den Antrag Cajetans ab, Luther an Rom auszuliefern oder des Landes zu verweisen. Die sich überstürzenden Gespräche, Vorträge und Predigten fanden 1519 ihren Höhepunkt in der »Leipziger Disputation« zwischen dem Ingolstädter Theologieprofessor Johann Eck, Andreas Karlstadt und Luther. Luther führte die Rechtfertigungslehre so weit, daß er jede Autorität der Kirche außerhalb der Heiligen Schrift verwarf, dem kirchlichen Amt lediglich funktionale Bedeutung zuerkannte und folgerte, daß auch Konzilien irren könnten. Zum Widerruf aller seiner Thesen innerhalb von sechzig Tagen forderte ihn Papst Leo X. mit der Bannandrohungsbulle *Exsurge, Domine* vom 15. Juni 1520 auf, während Luther seine reformatorischen »Hauptschriften« verbreitete: *An den Christlichen Adel teutscher Nation von des Christlichen standes besserung*, *De captivitate Babylonica ecclesiae* und *Von der Freiheit eines Christenmenschen.* Allein von diesem Traktat erschienen in knapp zwei Jahren 36 Ausgaben in deutscher, niederländischer, englischer, spanischer, tschechischer und lateinischer Sprache. Diese und weitere seiner Schriften ließ der päpstliche Nuntius Girolamo Aleandro (1480–1542) in Köln und Mainz verbrennen; Luther wiederum verbrannte am 10. Dezember in Wittenberg die Bannandrohungsbulle und ein Exemplar des kanonischen Rechts. Am 3. Januar 1521 sprach Papst Leo X. in der Bulle *Decet Romanum pontificem* den Bann gegen Luther aus. Im April 1521 mußte sich Luther vor Kaiser Karl V. (1500–1558) und dem Wormser Reichstag verantworten. Seine Fahrt dorthin glich an vielen Orten einem Triumphzug; im Wormser Edikt jedoch wurde die Reichsacht über Luther ausgesprochen und der Druck und die Verbreitung seiner Schriften verboten. Luther konnte sich unter dem Schutz von Kurfürst Friedrich von Sachsen als »Junker Jörg« von Mai 1521 bis März 1522 auf der Wartburg verstecken; dort entstanden zahlreiche Predigten und Schriften, darunter das *Magnificat verdeutscht und ausgelegt*, sowie von Dezember 1521 bis Februar 1522 in nur elf Wochen die Übersetzung des Neuen Testaments aus dem Griechischen.

Flugschriften

Nicht nur Luthers eigene Schriften wurden in Kleindrucken von vier, acht oder sechzehn Seiten publiziert, sondern auch die seiner Mitstreiter und Befürworter. Zu nennen sind besonders die Flugschriften in Dialogform von Ulrich von Hutten (1488–1523) oder von Hans Sachs (1494 bis 1576). Die aus der lateinischen Literatur übernommene Dialogform erwies sich mit ihrem belehrenden Charakter als besonders förderlich für die Verbreitung der neuen reformatorischen Ideen. Grundfragen der Theologie werden in einem Rede- und Antwortspiel für jedermann leicht verständlich diskutiert. Bei Hans Sachs disputieren etwa ein Chorherr und ein Schuhmacher (Nürnberg 1524) miteinander; in diesem Dialog entlarvt sich der Chorherr durch seine eigenen Formulierungen und wird als oberflächlich und unreflektiert dargestellt, während der Schuster »Hans« als bibelfester Gläubiger gezeigt wird. Er behandelt drei Problemfelder, die auch Luther in seinem Aufruf *An den christlichen Adel deutscher Nation* thematisiert hatte: das alleinige Recht des Papstes,

die Bibel auszulegen und ein Konzil einzuberufen, und die Herrschaft der geistlichen Macht über die weltliche.
Vertreter beider konfessioneller Seiten treten jeweils in diesen Prosadialogen auf und charakterisieren sich selbst durch ihre Worte und ihre Handlungen. Dabei werden nicht nur rein theologische Fragen in den Mittelpunkt gestellt, sondern auch die Auswirkungen religiösen Verhaltens für die Lebenspraxis, etwa in Dialogen über den Wucher, über das falsche Fasten oder über die Unterdrückung und Ausbeutung des Bauernstandes. Die Flugschriften haben daher auch eine grundlegende Bedeutung für die geistige Vorbereitung auf den Bauernkrieg von 1524/25 und die Auseinandersetzung mit ihm. Die Flugschrift mit den *12 Artikeln aller Bauernschaft und Hintersassen der geistlichen und weltlichen Obrigkeiten* wurde in einer hohen Auflage und mit sehr vielen Nachdrucken verbreitet. Es handelte sich ursprünglich um ein Verhandlungspapier zwischen Bauern und Städten bzw. adligen Herrschaften. Die Bauern wandten sich darin gegen den Zehnten, gegen die Leibeigenschaft, gegen die Herrendienste und für eine freie Nutzung der natürlichen Reichtümer, die Feld, Wald und Flüsse zur Verfügung stellen.

In den ersten dreißig Jahren des 16. Jahrhunderts erschienen etwa 9000 Flugschriften, mit der Reformation seit 1517 erreichte ihr Anteil etwa 17 Prozent der Gesamttitelproduktion. Von den *12 Artikeln* können innerhalb eines Jahres über 24 Ausgaben von 18 Druckern in 15 verschiedenen Städten nachgewiesen werden. Da sich zwischen 1519 und 1522 der Anteil volkssprachiger Texte um das Siebenfache erhöhte, konnte auch die Verbreitung der Inhalte deutlich gesteigert werden. Wenn wir auch nur von Auflagen von etwa 500 Exemplaren ausgehen, so ist doch ihre Wirkung ungleich größer, da die Flugschriften vielerorts in den Gemeinden vorgelesen und diskutiert wurden. Von Luthers reformatorischen Liedern wissen wir, daß sie zunächst in einer Auflage von 400 Exemplaren verbreitet und dann durch das Vorsprechen im Gemeindegottesdienst allen interessierten Gläubigen zugänglich gemacht wurden. Diese Praxis wird durch eine reformatorische Flugschrift aus dem Jahre 1524 besonders plastisch, die mit dem zunächst paradox klingenden Satz beginnt: »Lieber Leser, kannst du nit lesen, so such dir einen jungen Mann, der dir diesen Text vorliest.« Die Verbreitung der reformatorischen Ideen erfolgte durch den Buchdruck, und dessen Wirkung wurde durch die Verbreitung der Texte in der Predigt und im Gesang noch einmal potenziert.

Eine neue Qualität bekamen daneben auch die Flugblätter, meist einseitig bedruckte großformatige Bogen, die mit einem anschaulichen Holzschnitt und einem Text (meist in Versen) versehen waren. Unser Beispiel (vgl. Abb. 61) zeigt die suggestive Wirkung eines Holzschnittes mit dem erklärenden Text, der gleichzeitig die didaktische Form des Dialoges aufnimmt: *Ein neuer Spruch, wie die Geistlichkeit und etlich Handwerker über den Luther klagen.* Der Autor Hans Sachs stellt sich rhetorisch geschickt zunächst hinter die klagenden Handwerker, die in den Jahrhunderten zuvor als Auftragnehmer der Kirche große Gewinne hatten einfahren können: die Glockengießer, die Schneider von Meßgewändern etc. Während diese Schichten sich nun beschweren, daß die Reformation zu einer schlichten äußeren Form zurückkehrt, gelingt es Sachs, auf die wahren, inneren Werte des Glaubens aufmerksam zu machen und im Holzschnitt wie in dem Text Luther als Vermittler für den »gemeinen Mann« vorzustellen, der von Gottvater für diese Position gelobt wird. Die Versform legt wiederum nahe, daß dieser Text in den Gemeinden vorgetragen und diskutiert wurde. Durch diese Flugschriften und Flugblätter geschult und in den Ideenreichtum lutherischer Theologie eingeführt, waren die Gläubigen interessiert, mit der Heiligen Schrift näher vertraut zu werden. Da die Übersetzung des Neuen Testamentes zunächst in Lieferungen erfolgte, konnten die Texte zum erschwinglichen Preis und in einem rezipierbaren Umfang erworben werden und sich daher rascher verbreiten, als es durch den Verkauf einer Vollbibel möglich gewesen wäre. Das Geheimnis des großartigen Verkaufserfolges liegt aber sicherlich auch in der einmaligen Übersetzungsleistung Luthers.

Luthers Übersetzungsprinzipien

Wenn auch die erzwungene Verbannung auf die Wartburg und, nach Luthers eigenem Bekunden, eine dringliche Bitte Philipp Melanchthons den Anlaß für die Übersetzung boten, liegen die Ursachen jedoch tiefer.

Luthers offenes und deutliches Bekenntnis zur Heiligen Schrift als der höchsten Autorität in Glaubensfragen und sein beharrliches Argumentieren mit der Bibel hatten ein großes Bedürfnis nach einer verständlichen Übertragung geweckt. Im Zentrum seiner Bibelübersetzung stand die humanistische Hinwendung zu den Quellen, den griechischen und hebräischen Urtexten, im Unterschied zu den vorangegangenen Übersetzungen, die sich allein an der *Vulgata* orientiert hatten. Er löste sich von der sklavischen Nachahmung des lateinischen Sprachstils, indem er »nit wort vß wort, sunder sin uß sin« übertrug, wie es Heinrich Steinhöwel (1412 bis um 1477/78) für seine Prosaübertragungen bereits im 15. Jahrhundert postuliert hatte. Im *Sendbrief von Dolmetzschen* (1530) greift Luther die »Buchstabilisten« an:

> »Denn man mus nicht die buchstaben inn der lateinischen sprachen fragen / wie man sol Deutsch reden / wie diese esel thun / sondern / man mus die mutter im hause, die kinder auff der gassen / den gemeinen man auff dem marckt drumb fragen vnd den selbigen auff das maul sehen / wie sie erden / vnd darnach dolmetzschen, so verstehen sie es denn / vnd mercken / das man Deutsch mit jn(nen) redet.«

Zum Beispiel übersetzte er *Ex abundantia cordis os loquitur* nicht wörtlich: »Aus dem Überfluß der hertzen redet der mund«, sondern eingängig: »Wes das hertz vol ist, des gehet der mund über«, und Mk. 14,4: *Ut quid perditio ista ungenti facta est* nicht mit »Warum ist dise verlierung der salben geschehen?«, sondern mit »Es ist schade um die Salbe«. Die Freiheit in der Formulierung fand allerdings da ihre Grenzen, wo Gefahr bestand, den Sinn zu verfälschen, wie er in den *Summarien über die Psalmen und Ursachen des Dolmetschens* (1533) ausführt:

> »Widerumb haben wir zu weilen / auch stracks den worten nach gedolmetscht / ob wir wol hetten anders vnd deutlicher künnen geben / Darumb / das an denselben Worten etwas gelegen ist.«

Wenn der Wortsinn der Vorlage nicht durch eine freie Übersetzung wiedergegeben werden konnte (da in der Formulierung der Vorlage »mehr gelegen ist«, d. h. ein »feinerer reicherer Sinn« enthalten ist), dann zog er eine wörtliche Übersetzung vor. Oberste Richtschnur war für ihn, die »Meinung« des Textes unverfälscht zu übertragen und dies mit größter Gewissenhaftigkeit, »auff mein bestes vermügen vnd auff mein gewissen«, wie er im *Sendbrief* ausführte. Er ging davon aus, daß die

Schrift selbst ihre beste Interpretin ist *(scriptura sui ipsius interpres)* und daher bei Übersetzungsproblemen vergleichbare Textstellen herangezogen werden müßten. Er überprüfte die einzelnen Verse an der Gesamtaussage der Heiligen Schrift, zu deren Verständnis er, im hermeneutischen Zirkel verfahrend, durch Analyse aller Detailfragen gekommen war, jeweils vom Einzelnen zum Ganzen, vom Buchstaben zum Geist. Das zentrale Beispiel für das Ineinander von sprachlicher und theologischer Argumentation ist seine Übersetzung von *Römerbrief* 3,28: »So halten wir es nun / das der Mensch gerecht werde / ohn des Gesetzes Werck / allein durch den Glauben.« Auf die Vorhaltungen, daß das Wort »allein« weder in der griechischen noch in der lateinischen Vorlage zu finden sei, verteidigte sich Luther engagiert, daß nur durch die Einführung von »nur« oder »allein« ein »Hauptstück christlicher Lehre« deutlich formuliert werden könne, nämlich die zentrale Botschaft des Paulus, daß Gott nicht durch gute Werke in seinen Gnadenentscheidungen zu beeinflussen sei.

Die Einfügung modaler Partikeln wie »allein«, »doch«, »eben«, »nur«, »nun«, »schon« usw. sind für Luthers an der gesprochenen Sprache orientierten Stil typisch. Sie lassen neben dem Satzrhythmus, klingenden Worteinheiten, Wiederholungen und anderen Stilmitteln den Predigtcharakter seiner Übersetzung deutlich werden. Er bemühte sich, das »Evangelium sprechen zu lassen«. An Klangfiguren bevorzugt er Alliterationen (»Der Herr ist mein Hirte«, »Dein Stecken und Stab«, Ps. 23; »Lasset euer Licht leuchten vor den Leuten«, Mt. 5,16) und durch Reim verbundene Worte (»Rat und Tat«, Spr. Sal. 8,14, »singen und klingen«, Sir. 39,20). Die Suche nach der optimalen Wortwahl begleitete ihn zeitlebens, und mehrfach revidierte er seine Übersetzungen; hatte er zunächst in der Passionsgeschichte formuliert (Mk. 14,33): »und er fing an zu erzittern und zu engsten«, so hieß es 1530: »zu zittern und zu zagen«. Ebenso vermied er den steifen Nominalstil: Lk. 21,16: »und sie werden euer etliche zum Tod helfen« (1520) änderte er 1530 zu: »und sie werden euer etliche töten«. Luthers Ringen um das rechte Wort trägt bis in die Gegenwartssprache Früchte: Wortneuschöpfungen wie »Denkzettel«, »Feuereifer«, »Herzenslust«, »Morgenland« sind noch heute geläufig, ebenso seine Redewendungen »ein Buch mit sieben Siegeln« (Offb. 5,1), »seine Hände in Unschuld waschen« (Ps. 26,6), »der Dorn im Auge« (2. Mos. 33,55) oder »im Dunkeln tappen« (5. Mos. 28,29).

Bibelübersetzungen von 1522 bis 1546

Am Anfang von Luthers Bibelübersetzungen stand die Übertragung des *Neuen Testaments* auf der Wartburg. Als Quelle diente ihm die 1519 in Basel in zweiter Auflage erschienene Ausgabe des griechischen Urtextes mit lateinischer Übertragung und *annotationes* (Anmerkungen) von Erasmus von Rotterdam; daneben benutzte er den vertrauten *Vulgata*-Text. Eine systematische Verwendung der früheren deutschen Bibeln ist nicht nachzuweisen, doch schloß er sich in seltenen Fällen an gebräuchlich gewordene altbekannte Formulierungen an. Die neue Leistung lag nicht nur in der Sprache, sondern auch in seinen interpretierenden Beigaben, in den Vorreden und den Randglossen. In seiner Vorrede grenzte er das Neue Testament deutlich vom Alten Testament ab, das »Lehre und Gesetz« sei, jenes dagegen sei »gute Botschaft / gute Mehre / gute newe Zeytung«, sei erzählte Predigt, die sich dem Glaubenden erschließe. Die Randglossen enthalten sprachliche Erläuterungen, Sacherklärungen und allegorische Auslegungen, die dem Wortsinn der Schrift eine übertragene Bedeutung zuerkennen. Am Gleichnis vom Himmelreich, das mit einem verborgenen Schatz im Acker oder einem Kaufmann, der gute Perlen sucht, verglichen wird (Mt. 13,44–46), erläutert Luther den Wert der Heiligen Schrift: »Der verborgene Schatz ist das Evangelium / das vns Gnade vnd Gerechtigkeit gibt on vnser Verdienst / darumb wenn mans findet macht es Freude / das ist / ein gut fröhlich Gewissen / welchs man keinen Wercken zu wegen bringen kan.« Aber auch die direkte Auseinandersetzung mit seinen Gegnern fließt in die Glossen ein, wenn er etwa bei denjenigen, welche die Gesetze auflösen und nicht befolgen (Mt. 5,19), auf der »Papisten Hauf« verweist.

Die Offenbarung des Johannes wird nur geringfügig kommentiert; die metaphorische Sprache jedoch durch einundzwanzig Illustrationen gedeutet, die aus Lucas Cranachs Werkstatt stammen. Sie schließen sich eng an Albrecht Dürers vierzehn Holzschnitte zur »heimlichen Offenbarung« (1498–1511) an, werden jedoch in entscheidenden ikonographischen Details verändert und stärker an den Wortlaut des Textes angepaßt. Sie erhalten eine scharfe antirömische Tendenz, die in der Gleichsetzung der babylonischen Hure (i.e. des Antichrists) mit dem Papst ihren polemischen Höhepunkt findet.

Im März 1522 verließ Luther die Wartburg und revidierte gemeinsam mit dem Professor für Hebraistik und Gräzistik Philipp Melanchthon (1497–1560) unmittelbar nach der Rückkehr in Wittenberg die Übersetzung. Nach fünfmonatiger Druckzeit in der Offizin von Melchior Lotther d.J. erschien *Das Neue Testament Deutzsch* im Verlag von Lucas Cranach und Christian Döring rechtzeitig zur Leipziger Herbstmesse (29. September bis 6. Oktober 1522) im Folio-Format und in einer Auflage von etwa 3000 Exemplaren. Der Preis für das sogenannte *Septembertestament* betrug (je nach Ausstattung, ob gebunden oder ungebunden) etwa einen Gulden, was dem Zweimonatslohn eines Schulmeisters oder dem Preis für ein Kalb entsprach. Dennoch konnten die Verleger unmittelbar nach Erscheinen mit dem Druck einer 2. Auflage beginnen, die am 19. Dezember 1522 fertiggestellt war (das sogenannte *Dezembertestament*); sie enthielt bereits mehrere hundert Besserungen in Wortwahl und Syntax, aber auch Ergänzungen bei den nachgewiesenen Parallelstellen in den Glossen. Im folgenden Jahr kamen in Augsburg, Basel, Grimma und Leipzig zwölf vollständige Nachdrucke des durch kein Privileg geschützten Werkes auf den Markt: 1523/24 erschienen 14 autorisierte Ausgaben und 66 Nachdrucke.
Noch während der Drucklegung des *Septembertestaments* begann Luther die Übertragung des *Alten Testaments*, wiederum aus dem Urtext und der *Vulgata*. Die Arbeiten zogen sich über zwölf Jahre hin, was sich durch den erheblich größeren Umfang, aber auch mit der Schwierigkeit einer Neuübersetzung aus dem Hebräischen erklärt. Nicht zuletzt spielten ökonomische Erwägungen eine Rolle, da die Einzeldrucke der Bücher des *Alten Testaments*, die seit 1523 auf den Markt kamen, viel preiswerter sein konnten als die erste vollständige Bibel, die dann 1534 bei Hans Lufft in Wittenberg erschien. Die bilderreiche hebräische Sprache schien Luther für eine Übertragung ins Deutsche besonders geeignet. Im Bemühen »rein und klar zu dolmetschen« erwuchsen jedoch mancherlei Schwierigkeiten; oft rang er mehrere Wochen mit seinen Mitarbeitern, besonders mit Melanchthon, um einen geeigneten Ausdruck und übersetzte in mehreren Monaten nur wenige Zeilen. Dem Leser stand dann aber ein problemlos und flüssig zu lesender Text zur Verfügung, dem man nicht mehr ansah, was für »Wackersteine und Klötze« da im Wege gelegen hatten: »Es ist gut pflügen, wenn der Acker bereinigt ist.« Wie um die Übersetzungsprämisse »Sinn zu Sinn« bemühte

sich Luther auch darum, die Stileigentümlichkeiten der jeweiligen Vorlagen deutlich werden zu lassen, etwa wenn er die Psalmen, ohne Kenntnis der hebräischen Metrik, in angemessenen freien Rhythmen und mit kunstvollen Klangfiguren wiedergab.

Der Gedanke einer Einheit der Heiligen Schrift wird in den Vorreden immer wieder betont: Im Alten Testament werden Christus und das Heil verkündet, die im Neuen Testament die Erfüllung finden; Personen und Geschehnisse werden als Präfigurationen des NTs gedeutet, nach dem Vorbild von Paulus (Röm. 5,14), der Adam als Typos Christi bezeichnet. Luther erläutert dies mit bildhaften Worten in der Vorrede zum Pentateuch:

> »Hie wirst du die Windeln vnd die Krippen finden / da Christus ynnen ligt / dahyn auch der Engel die hirten weysset / Schlechte vnd geringe Windeln sind es / aber theur ist der Schatz Christus / der drynnen ligt.«

Dem ersten Teil des ATs, den fünf Büchern Mose, der 1523 bei Melchior und Michael Lotther in Wittenberg erschien, wurden wiederum Holzschnittillustrationen aus der Werkstatt Lucas Cranachs beigegeben, die zur buchstabengetreuen Veranschaulichung des Textes dienen und etwa die Arche Noah, die Bundeslade oder den siebenarmigen Leuchter zeigen. 1524 erschienen noch die historischen Bücher (Josua bis Esther), die poetischen Bücher (Hiob, Sprüche, Prediger, Hoheslied) und der Psalter.

Alle Teilübertragungen und die revidierten Texte wurden schließlich 1534 in der ersten Vollbibel, der *Biblia / das ist / die gantze Heilige Schrifft Deudsch*, zusammengefaßt und die apokryphen Bücher (Judith, Tobias, Baruch, Makkabäer und Esther), die vor allem von Melanchthon und Justus Jonas (1493 bis 1555) übersetzt worden waren, neu aufgenommen. Insgesamt 118 Holzschnitte des Monogrammisten MS aus der Wittenberger Werkstatt Lucas Cranachs illustrieren den auch typographisch anspruchsvollen Band aus der Druckerei von Hans Lufft, der mit einem kurfürstlichen Privileg gegen unautorisierten Nachdruck geschützt wurde. In den Jahren 1535, 1536, 1539 und 1540 erschienen Neuauflagen mit nur geringfügigen Verbesserungen; eine grundsätzliche Revision der Jahre 1539 bis 1541 wurde in der Wittenberger Ausgabe vom Herbst 1541 realisiert (der sogenannten Medianbibel, benannt nach dem großzügigen Druckformat); die Illustrationen waren weitgehend vom Monogrammisten MS übernommen. Die Überarbeitung wurde auf dem Titelblatt angezeigt (»Auffs new zugericht«) und auf sorgfältigen und fehlerfreien Druck großen Wert gelegt. Luther führte darin in einer »Warnung« massiv Klage gegen die unberechtigten und noch dazu unzuverlässigen Nachdrucker:

> »Denn weil sie allein ihren Geitz suchen / fragen sie wenig darnach / wie recht und falsch sie es hinnach drucken / Vnd ist mir offt widerfaren / das ich der Nachdrucker Druck gelesen / also verfelscht gefunden / das ich meine eigen Arbeit / an vielen Orten nicht gekennet.«

Die »Ausgabe letzter Hand« ist die *Biblia: das ist: Die gantze Heilige Schrifft: Deudsch Auffs new zugericht. D. Mart. Luth.*, die Hans Lufft 1545 in Wittenberg herstellte. Da sie die letzte Ausgabe zu Luthers Lebzeiten war, erhielt sie beinahe kanonische Bedeutung und wurde – im Gegensatz zu Luthers eigenen Intentionen – jahrhundertelang kaum verändert. Einige Korrekturen Luthers wurden aber noch in die Ausgabe von 1546 aufgenommen, die postum erschien und deren Drucklegung sein enger Mitarbeiter und Korrektor Georg Rörer (1492 bis 1557) überwachte (vgl. Abb. 62).

Zwischen 1522 und 1546 kann man 430 Teil- und Gesamtausgaben nachweisen, so daß mit etwa einer halben Million Lutherbibeln bis zur Jahrhundertmitte gerechnet werden muß. Daneben gab es Versuche der »alten« Kirche, mit eigenen Übersetzungen die Wirkung Luthers einzudämmen. Auf Veranlassung von Herzog Georg von Sachsen (1471–1539), der bereits 1522 ein Verbot der Lutherbibel für seine Untertanen verkündet hatte, gab Hieronymus Emser (1477–1527) 1527 in Dresden bei Wolfgang Stöckel ein *Neues Testament* heraus, das er nach Luthers *Septembertestament*, älteren deutschen Bibeln und mit Rückgriff auf den Urtext verfaßt hatte; zur Illustration verwendete er die Holzschnitte des *Dezembertestaments*, die Cranach an ihn verkaufte. Im Nachwort rät Emser allerdings selbst von der Bibellektüre ab, die nichts für den Laien sei und nur in die Hände der Gebildeten gehöre, womit er in die Argumentation des 15. Jahrhunderts zurückfällt:

> »Darumb so bekömere sich nun eyn itzlicher Ley (der meinem Rat volgen wil) mehr vm eyn gut Gotselig Leben / dann vmb die Schrifft / die aleyn den Gelarten befohlen ist…«

Erfolgreicher wurde die *Biblia / beider Allt vnnd Newen Testamenten* des Dominikaners Johannes Dietenberger (um 1475 bis 1537), die – mit kaiserlichem Privileg ausgestattet – 1534, noch vor Luthers Gesamtausgabe, in Köln und Mainz erschien. Auch der Mainzer Professor für Theologie nutzte Luthers Übersetzung direkt und indirekt (durch den engen Anschluß an Emser) sowie ältere deutsche Übertragungen; er gab ebenfalls Inhaltsangaben der Bücher und glossierte Übersetzungsvarianten und Erklärungen am Rand, vermerkte dort auch »Verfälschungen« in Luthers Deutung. Dietenbergers Bibel erlebte bis 1776 insgesamt 46 Auflagen.

Um die Sprache der Lutherbibel ranken sich zahlreiche Legenden, die von der sprachgeschichtlichen Forschung in den letzten Jahren relativiert werden konnten. Festzuhalten bleibt, daß die weite Verbreitung der Flugschriften und der Bibelübersetzung, sein Bemühen, dialektale Ausdrücke zu vermeiden, und die Verwendung der Druckersprache des deutschen Südostens den bereits begonnenen Sprachausgleich innerhalb des deutschen Reiches und die Ausbildung einer gemeindeutschen Schriftsprache positiv förderten. Luthers eigene Hoffnung, mit der Sprache der sächsischen Kanzlei (*»Ideo est communissima lingua Germaniae«*, vgl. *Tischreden*, 1040 und 2758) überall verstanden zu werden, überschätzte allerdings die Rolle der Kanzleisprache. In den oberdeutschen Städten mußten seinen Übersetzungen Glossare, mitteldeutsch-oberdeutsche Wörterlisten, beigegeben werden, und in Norddeutschland entstanden in rascher Folge eigene niederdeutsche Fassungen. Neben den bewußten Ausgleichsbestrebungen wirkten auch seine Wortneuschöpfungen, Redensarten und metaphernreiche Sprache stilbildend. Neuere Forschungen betonen gegenüber der gängigen Verharmlosung seiner »volkstümlichen« oder schlichten Sprache, daß er sich um eine gehobene Sakralsprache bemühte, die von der klassischen Rhetorik geprägt ist und sich an die stilistische Qualität der Urtexte anschloß.

Der Einfluß von Luthers Sprache und Stil geht nicht nur auf die weitverbreitete Bibel selbst zurück, sondern auch auf seine theologischen Traktate, die Nachschriften seiner Schüler, zum Beispiel die *Tischgespräche*, schließlich auf die Kirchenlieder und die protestantische Predigt der nachfolgenden Jahrhunderte. Viele Autoren zitierten die Lutherbibel in ihren fiktionalen Texten, von Hans Sachs bis zur *Historia von D. Johann Fausten* (1587). Das Erbauungsschrifttum und das Bibeldrama im 16. und 17. Jahrhundert verwenden das »Luther-Deutsch«. Aufklärer und Klassiker von Hamann bis Klopstock und Goethe setzen sich im 18. Jahrhundert erneut eingehend mit der Sprache des Reformators auseinander, deren Nachwirkung bis ins 20. Jahrhundert zu Nietzsche, Thomas Mann und Brecht reicht. Reformation und Buchdruck sind somit an der Entstehung einer hochdeutschen Schriftsprache unmittelbar beteiligt.

Gutenberg goes electronic
Die anhaltende Medienrevolution

Gutenberg hatte es verstanden, in den vierziger Jahren des 15. Jahrhunderts bestehende technische Praktiken, wie den Hochdruck mit Stempeln in Ton oder zum Bedrucken von Bucheinbänden oder Tuchen, die Gußtechniken aus dem Glockenbau, die Gravurtechniken aus der Goldschmiedekunst und das Drucken und Prägen aus der Kraftumsetzung der Papier- und Weinpressen zu einer epochemachenden neuen Funktion zu führen, indem er das Gießen von theoretisch unbegrenzt vielen identischen Bleilettern erfand, die es dann ermöglichten, die Buchstaben beliebig oft zu drucken und damit eine Informationsvielfalt zu schaffen, wie sie die Epochen zuvor nicht kannten. Über viele Jahrhunderte blieb diese Erfindung beinahe unangetastet, erst fast vierhundert Jahre später mit der Produktion der Schnellpresse wurden andere Arbeitsabläufe eingeführt, die aber an seinen Druckprinzipien wenig änderten. Auch die Satztechniken Monotype und Linotype, die Einführung von Rollenpapieren oder die Berücksichtigung des Holzstiches für die Illustrationen brachten wenige grundlegende Veränderungen. Der Offsetdruck schuf dann die ersten Veränderungen in der Drucktechnik, da nun nicht mehr im Hochdruck oder bei Illustrationen im Tiefdruck wie bei den Kupferstichen gedruckt wurde, sondern mit einem Flachdruckverfahren. Der bedeutsamste Schritt, die Einführung des Fotosatzes, ist erst zwanzig bis dreißig Jahre her. Hatte über fünfhundert Jahre das Blei die Welt regiert, so traten an seine Stelle nun die belichteten Filme, wurden Bleitypen nicht mehr geschnitten und gegossen, sondern nach dem Entwurf direkt belichtet und in die Filme hineinkopiert. Gutenbergs erstes Ende fand 1971 statt, als sich – von der Öffentlichkeit völlig unbemerkt – der Verein der Schriftgießereien in Deutschland selbst auflöste. Die neuesten Entwicklungen überschlagen sich nun: Wir erleben im Moment die Digitalisierung der Druckprozesse und die Elektronisierung der Informationsverbreitung.

Gutenberg teilte die Texte in die vom Alphabet vorgegebene kleinste Einheit, nämlich in die 26 Buchstaben, die sich dann wiederum beliebig zusammensetzen ließen. Konsequent weitergedacht, gehen digitale Satz- und Drucksysteme auf eine noch weitergehende Atomisierung zurück, indem sie mit ihren binären Codes die Zeichen der Information auf zwei elektrische Impulse reduzieren. Auch hier ist es wiederum möglich, durch eine Neukomposition die gesamte Fülle der Information verfügbar zu machen (und dies unabhängig vom lateinischen Alphabet). Kennzeichen des digitalen Druckens sind vier notwendige Bestandteile:

- erstens die ausschließliche Verwendung von digitalen Daten als Druckvorlage (das sind die Daten, die z.B. am PC erstellt wurden),
- zweitens die Steuerung des Druckvorganges direkt aus dem Datenbestand heraus,
- drittes Kennzeichen ist das Fehlen eines Druckzylinders oder das Vorhandensein eines löschbaren, wiederverwendbaren Zwischenträgers,
- viertens die punktweise Übertragung des Druckbildes auf den Bedruckstoff.

Die digitalisierten Daten werden punktweise aus dem Datenspeicher direkt auf einen löschbaren Druckzylinder und ohne weitere Zwischenträger unmittelbar auf den Bedruckstoff übertragen; der gesamte Ablauf der Datenvorbereitung, Rasterung und Bebilderung wird von einem sogenannten Frontend-Gerät übernommen. Von den verschiedenen Technologien ist die Elektro-Fotografie die eindeutigste, sie wird auch in Laserdruckern und Kopierern eingesetzt. Dabei wird ein Fotohalbleiter verwendet, der die Eigenschaft hat, im Dunkeln nicht leitend zu sein, bei Lichteinfluß jedoch stromleitend zu werden. Ein mit diesem Fotohalbleiter beschichteter Zylinder wird mit Hilfe einer Corona-Strahlung statisch aufgeladen, so daß eine gleichmäßige Spannung erzeugt wird. Im Dunkeln behält der Zylinder diese Ladung. Dann wird mit einem Laser jeder einzelne Punkt des zu druckenden Bildes aus dem Datenbestand heraus auf den Zylinder übertragen. Durch diesen Lichteinfluß fließt die Ladung ab, und nur die der Vorlage entsprechenden Halbtonelemente (Texte, Bilder etc.) behalten ihre Ladung. Auf dem Zylinder entsteht ein latentes Ladungsbild. Dieses wird anschließend mit elektromagnetischem Toner eingefärbt, der nur an den geladenen Stellen haften bleibt. Das so erzeugte Bild wird entweder auf den Halbleiter fixiert (ein direktes Verfahren) oder auf den Bedruckstoff

übertragen und dort erst mittels Druck oder Hitze fixiert (indirektes Verfahren). Vor dem nächsten Druck wird der Zylinder gereinigt und entladen, das Druckbild wird von Druck zu Druck jedesmal neu erzeugt. Was zunächst als eine Arbeitserschwerung angesehen werden könnte, erweist sich für personalisiertes oder individualisiertes Drucken als großer Fortschritt.
Mußte bisher ein Text neu gesetzt werden, ob in Blei oder an einer Fotosatzmaschine, mußten Klischees und Filme hergestellt und die wiederum auf einen Druckzylinder übertragen werden, so entfallen nun alle diese Zwischenstufen, und der einmal erfaßte Text wird direkt aus der Datei auf den Druckzylinder gegeben. Dabei ist es möglich, jede einzelne Seite individuell neu zu gestalten, zum Beispiel mit einer Numerierung oder ähnlichem zu versehen. Vergleichbar arbeitet die Magnetographie oder auch das Inkjet-Verfahren, das vom Tintenstrahldrucker bekannt ist. Je nach Art dieser Druckverfahren und der jeweiligen Systemkonfigurationen spricht man heute von der Drucktechnik »Computer-to-paper«, »Computer-to-plate«, »Computer-to-press« oder »Computer-to-print«.

Der erste Vorteil digitalen Druckens gegenüber dem bisherigen Offsetdruck liegt in einer sehr rationellen Fertigung durch effizientes Arbeiten in der Druckvorstufe. Da die Daten direkt aus der angelieferten Datei übernommen werden, entfallen mehrere Arbeitsschritte, die Druckvorstufe wird deutlich entlastet, und die mögliche Fehlerzahl minimiert sich. Es sind keine Filme und keine Druckplatten mehr notwendig, damit verringern sich die herstellungsbezogenen Fixkosten drastisch, und es sind auch dadurch Kleinst- und Kleinauflagen möglich, während sich bei einem Offsetdruck die Auflagen häufig erst ab einer Auflage von über 1000 rechnen. Dadurch wird keinerlei Lagerplatz mehr benötigt, und die Verlage sind von der unsicheren Kalkulation der Auflagenhöhe befreit, da jederzeit Kleinauflagen nachgedruckt werden können.
Die Daten lassen sich extrem leicht speichern, archivieren, wieder aufrufen, gegebenenfalls aktualisieren und neu drucken, es besteht eine sehr einfache Korrekturmöglichkeit, Druckfehler können nun vollends vermieden werden, bei Geschäftspapieren, aktualisierten Listen etc. ist es möglich, immer nur so viele zu drucken, wie man benötigt. Ferner ist personalisiertes Drucken möglich, man kann in den Druckprozeß

47 Einblattholzschnitt Hl. Christophorus 1423. Faksimile nach dem Exemplar der John Rylands Library, Manchester.

48 Biblia Pauperum. Nürnberg: Hans Sporer 1471. Blockbuch. Ex.: Herzog August Bibliothek Wolfenbüttel, Sign.: 4 Xylogr. (2).

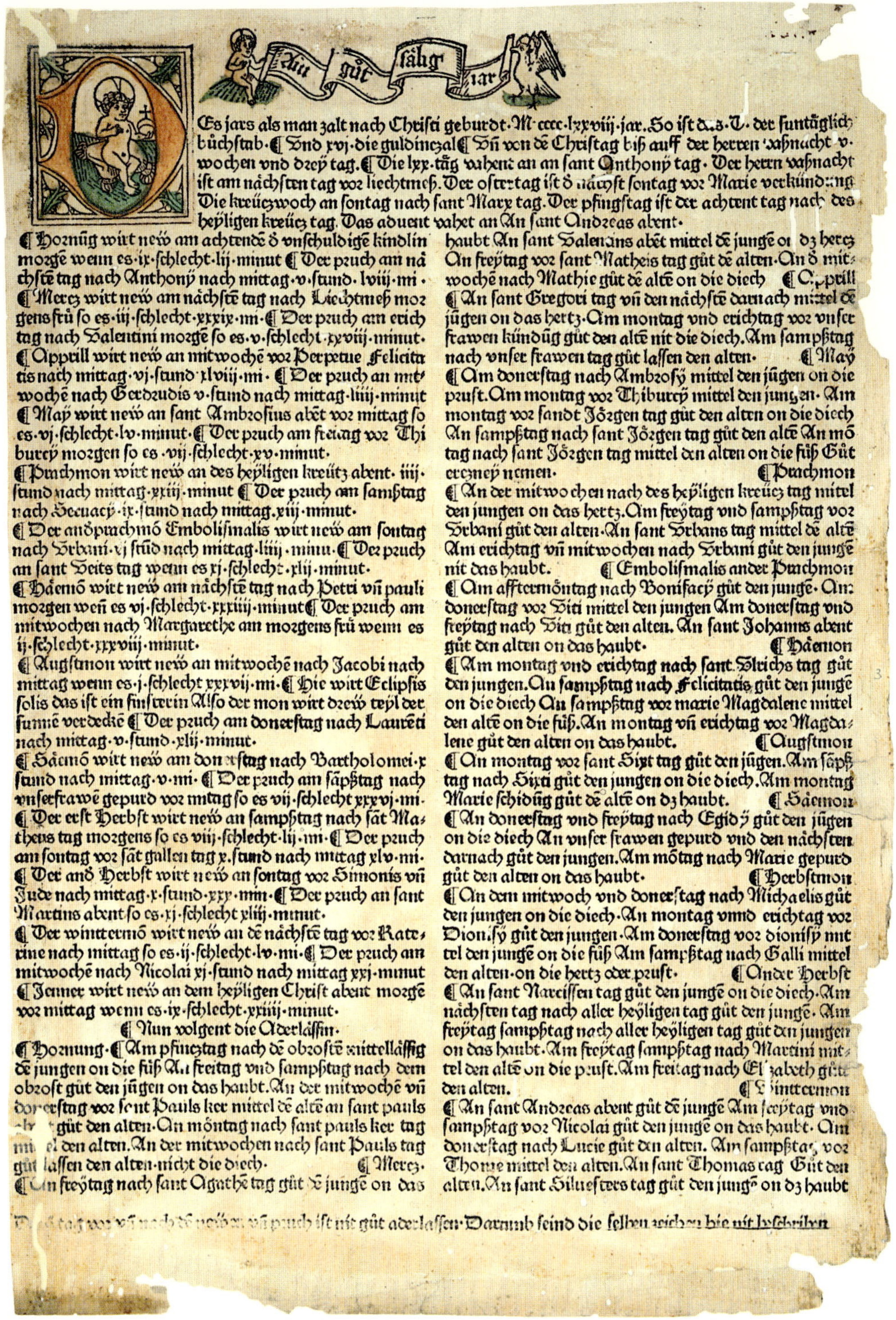

Des jars als man zalt nach Christi geburdt·M·cccc·lxxviij·iar. So ist d[a]s·D· der suntäglich bůchstab·¶ Vnd xvj·die guldinezal ¶ Vñ von dē Christag biß auff der herren vaßnacht v·wochen vnd drey tag. ¶ Die lxx·täg vahent an an sant Anthony tag· Der herrn vaßnacht ist am nächsten tag vor liechtmeß. Der ostertag ist d nächst sontag vor Marie verkünd[u]ng Die kreücżwoch an sontag nach sant Marx tag. Der pfingstag ist der achtent tag nach des heyligen kreücz tag. Das aduent vahet an An sant Andreas abent·

¶ Hornũg wirt new am achtendē d vnschuldigē kindlin morgē wenn es·ix·schlecht·lij·minut ¶ Der pruch am nächstē tag nach Anthony nach mittag·v·stund·lviij·mi·
¶ Mercz wirt new am nächstē tag nach Liechtmeß morgens frů so es·iij·schlecht·xxxix·mi·¶ Der pruch am erichtag nach Valentini morgē so es·v·schlecht·xxviij·minut·
¶ Appril wirt new an mitwochē vor Perpetue Felicitatis nach mittag·vj·stund·xlviij·mi· ¶ Der pruch an mitwochē nach Gerdrudis v·stund nach mittag·liiij·minut
¶ May wirt new an sant Ambrosius abēt vor mittag so es·vj·schlecht·lv·minut·¶ Der pruch am freitag vor Thiburcy morgen so es·vij·schlecht·xv·minut·
¶ Prachmon wirt new an des heyligen kreütz abent· iiij· stund nach mittag·xxiij·minut ¶ Der pruch am samßtag nach Seruacy·ix·stund nach mittag·xiij·minut·
¶ Der andprachmō Embolismalis wirt new am sontag nach Vrbani·xj stũd nach mittag·liiij·minu·¶ Der pruch an sant Veits tag wenn es xj·schlecht·xlij·minut·
¶ Häemō wirt new am nächstē tag nach Petri vñ pauli morgen weñ es vj·schlecht·xxxiiij·minut ¶ Der pruch am mitwochen nach Margarethe am morgens frů wenn es ij·schlecht·xxxviij·minut·
¶ Augstmon wirt new an mitwochē nach Jacobi nach mittag wenn es·j·schlecht xxxvij·mi·¶ Hie wirt Eclipsis solis das ist ein finsterin Also der mon wirt drew teyl der sunnē verdeckē ¶ Der pruch am donerstag nach Laurēti nach mittag·v·stund·xlij·minut·
¶ Säemō wirt new am don[e]rstag nach Bartholomei·x stund nach mittag·v·mi·¶ Der pruch am säpßtag nach vnserfrawē gepurd vor mittag so es vij·schlecht xxxvj·mi·
¶ Der erst Herbst wirt new an sampßtag nach sāt Matheus tag morgens so es viij·schlecht·lij·mi·¶ Der pruch am sontag vor sāt gallen tag x·stund nach mittag xlv·mi·
¶ Der and Herbst wirt new an sontag vor Simonis vñ Jude nach mittag·x·stund·xxx·min·¶ Der pruch an sant Martins abent so es·xj·schlecht xliij·minut·
¶ Der winttermō wirt new an dē nächstē tag vor Katerine nach mittag so es·ij·schlecht·lv·mi·¶ Der pruch am mitwochē nach Nicolai xj·stund nach mittag xxj·minut
¶ Jenner wirt new an dem heyligen Christ abent morgē vor mittag wenn es·ix·schlecht·xxiiij·minut·

¶ Nun volgent die Aderlässin·

¶ Hornung·¶ Am pfinztag nach dē obrostē mittelläßig dē jungen on die füß An freitag vnd sampßtag nach dem obrost gůt den jũgen on das haubt. An der mitwochē vñ don[e]rstag vor sent Pauls ker mittel dē altē an sant pauls [a]b[ent] gůt den alten·An möntag nach sant pauls ker tag mi[tt]el den alten. An der mitwochen nach sant Pauls tag gůt lassen den alten·nicht die diech· ¶ Mercz·
¶ [A]n freytag nach sant Agathē tag gůt [d]ē jungē on das haubt An sant Valentins abēt mittel dē jungē on dz hercz An freytag vor sant Matheis tag gůt dē alten·An d mitwochē nach Mathie gůt dē altē on die diech ¶ Apprill
¶ An sant Gregori tag vñ den nächstē darnach mittel dē jũgen on das hertz·Am montag vnd erichtag vor vnser frawen kündũg gůt den altē nit die diech. Am sampßtag nach vnser frawen tag gůt lassen den alten· ¶ May
¶ Am donerstag nach Ambrosy mittel den jũgen on die prust. Am montag vor Thiburcy mittel den jungen· Am montag vor sandt Jörgen tag gůt den alten on die diech An sampßtag nach sant Jörgen tag gůt den altē An mōtag nach sant Jörgen tag mittel den alten on die füß Gůt erczney nemen· ¶ Prachmon
¶ An der mitwochen nach des heyligen kreücz tag mittel den jungen on das hertz. Am freytag vnd sampßtag vor Vrbani gůt den alten·An sant Vrbans tag mittel dē altē Am erichtag vñ mitwochen nach Vrbani gůt den jungē nit das haubt. ¶ Embolismalis ander Prachmon
¶ Am afftermöntag nach Bonifacy gůt den jungē· Am donerstag vor Viti mittel den jungen Am donerstag vnd freytag nach Viti gůt den alten. An sant Johanns abent gůt den alten on das haubt· ¶ Häemon
¶ Am montag vnd erichtag nach sant Vlrichs tag gůt den jungen. An sampßtag nach Felicitatis gůt den jungē on die diech An sampßtag vor marie Magdalene mittel den altē on die füß. An montag vñ erichtag vor Magdalene gůt den alten on das haubt. ¶ Augstmon
¶ An montag vor sant Sixt tag gůt den jũgen. Am säpß tag nach Sixti gůt den jungen on die diech. Am montag Marie schidũg gůt dē altē on dz haubt. ¶ Säemon
¶ An donerstag vnd freytag nach Egid[i]y gůt den jũgen on die diech An vnser frawen gepurd vnd den nächsten darnach gůt den jungen. Am mōtag nach Marie gepurd gůt den alten on das haubt· ¶ Herbstmon
¶ An dem mitwoch vnd donerstag nach Michaelis gůt den jungen on die diech·An montag vnnd erichtag vor Dionisy gůt den jungen·Am donerstag vor dionisy mittel den jungē on die füß Am sampßtag nach Galli mittel den alten·on die hertz oder prust· ¶ Ander Herbst
¶ An sant Narcissen tag gůt den jungē on die diech·Am nächsten tag nach aller heyligen tag gůt den jungē· Am freytag sampßtag nach aller heyligen tag gůt den jungen on das haubt·Am freytag sampßtag nach Martini mittel den altē on die prust. Am freitag nach El[i]zabeth gůt den alten. ¶ [W]inttermon
¶ An sant Andreas abent gůt dē jungē Am freytag vnd sampßtag vor Nicolai gůt den jungē on das haubt· Am donerstag nach Lucie gůt den alten. Am sampßtag vor Thome mittel den alten. An sant Thomas tag Gůt den alten. An sant Siluesters tag gůt den jungē on dz haubt

[illegible] tag vor vñ nach dē new[en] vñ pruch ist nit gůt aderlassen·Darumb seind die selben wochen hie nit beschriben

49 Kalender auf das Jahr 1478: Ain gut sälig iar. Einblattdruck 390 × 275 mm. [Augsburg: Anton Sorg 1477]. Ex.: SuUB Göttingen, Sign.: 2° Hist. lit. libr. I, 751 Inc.

Von dem donnerstein gefallē jm xcij. iar: vor Ensisheim.

De fulgetra anni xcij. Sebastianus Brant.

D Erlegat antiquis miracula facta sub annis
Qui volet: et nostros comparet inde dies.
Visa licet fuerint portēta / horrēdaqz mōstra
Lucere e celo: flamma / corona / trabes /
Astra diurna / faces / tremor et telluris hyatus
Et bolides / Typhon / sanguineusqz polus
Circulus: et lumē nocturno tpe visum /
Ardentes clypei et / nubigeneqz fere.
Montibus et visi quondā concurrere montes
Armorū et crepitus / et tuba terribilis.
Lac pluere e celo visum est / fruges qz calybsqz
Ferrū etiam / et lateres / et caro / lana / cruor
Et sexcenta alijs / ostenta ascripta / libellis:
Prodigijs ausim vix simulare nouis.
Visio dira quidē Friderici tempore primi:
Et tremor in terris / lunaqz / sol qz triplex.
Hinc cruce signatus Friderico rege secundo
Excidit inscript° gramate / ab hymbre lapis.
Austria quē genuit senior Fridericus / in agros
Terci° hunc ppriōs. et cadere arua videt.
Nempe q̄dringētos / p° mille pegerat annos
Sol nouiesqz decem signifer / atqz duos.
Septē pterea dñs idus / metuenda nouēbris:
Ad mediū cursum tenderat illa dies.
Cum tonat horrēdū: crepuitqz per aera fulmē
Multisonū: hic ingens concidit atqz lapis.
Cui spēs delte est / aciesqz triangula: obustus
Est color / et terre forma metalligere.
Missus ab obliquo fertur: visusqz sub auris
Saturni qualem mittere sydus habet.
Sēserat hūc Ensheī. Sūtgaudia sēsit: i agros
Illic insiluit / depopulatus humum.
Qui licet in partes fuerit distractus vbiqz:
Pond° adhuc tamē hoc ptinet / ecce vides.
Qui mir est potuisse hyemis cecidisse dieb°:
Aut fieri in tanto frigore pgeries?
Et nisi anaxagore referant monimēta: molarē
Casurū lapidē. credere et ista negem.
Hic tū auditus fragor vndiqz littore Rheni:
Audijt hunc Vri prim° alpicola:
Norica vallis eū / Suevi / Rhetiqz stupebāt:
Allobroges timeant: Francis certe tremit.
Quicqd id ē / magnū portēdit (crede / futur
Omen: at id veniat hostib° oro malis.

Anno Dñi 1492:

S Ezit wündert mancher fremder gschicht.
Der merck vnd leß ouch diß bericht.
Es sint gesehen wunder vil
Im lufft / comet vnd fürin pfil.
Brinnend fackel / flammē vnd kron.
Wild kreiß vn d zirckel vmb den mon
Am hymel blůt / vnd fürin schilt /
Regen noch form der thier gebildt.
Stoß bruch des hymels vnd der erd /
Und ander vil seltzen geberd
Tratzlich zerstiessen sich zwen berg /
Grüßlich trümett / vnd harnesch werck /
Isen / milch / regen stahel korn
Ziegel / fleisch / woll / von hymels zorn
Als ouch ander der wunder glich
Dann by dem ersten Friderich
Noch ert bydem vnd finsternüß
Sach man drij sünn vnd mon gewiß
Und vnder keyser Friderich
Dem andern / fiel ein stein grüßlich
Sin form was groß / ein crütz dar jnn
Und ander geschrifft vnd heimlich synn
By wil des dritten Friderich
Geboren herr von Osterich
Legt har jn diß sin eigen landt /
Der stein der hie ligt an der wandt.
Als man zalt viertzehenhündert Jar,
Uff sant Florentzen tag ist war
Nüntzig vnd zwei vmb mittentag
Geschach ein grüsam donnerschlag /
Drij zentner schwer fiel diser stein
Hie in dem feld vor Ensißhein /
Drij eck hat der verschwertzet gar
Wie ertz gestalt vnd erdes var
Ouch ist gesehen in dem lufft
Glymbes fiel er in erdes klufft
Clein stück sint komen hin vnd här
Und wit zerfüert sust sichst in gar
Tünow / Necker / Arh / Ill / vnd Rin
Switz / Uri / hort den klapff der In /
Och doent er den Burgundern ver
In forchten die Franzosen ser
Rechtlich sprich ich das es bedüt
Ein bsunder plag der selben lut

Von Maximiliano. Romischem kuning:

Ich fur dich recht o Adler milt.
Erlich sint wapen in dim schilt
Brüch dich noch eren gen dim findt,
An dem all truw vnd ere ist blindt
Schlag redlich vnd mit froüden dran
Trib vmb das radt Maximilian.
In dim geuell das glück setzt stat
Ach süm dich nit / küm nit zů spat
Mit sorg den vnfal vff diß Jar
Mit vorcht din findt als vmb ein har
Sig / feld / vnd heyl von Osterich

Nüt on v sach
.I. .B.

Bürgundisch hertz von dir nit wich
Romisch ere vnd tütscher nacion
An dir o höchster künig stan
Nym war der stein ist dir gesant
Dich mant gott in dim eigen lant
Das dü dich stellen solt zů wer
O küning milt für vß din her
Ring harnesch vnd der büchsen werck
Trümit herschöl / französisch berck
Oüch mach den grossen hochmůt zam
Rett schirm din ere vnd gůtten nam.

50 *Sebastian Brant: Der Donnerstein von Ensisheim. 1492. Einblattdruck.*

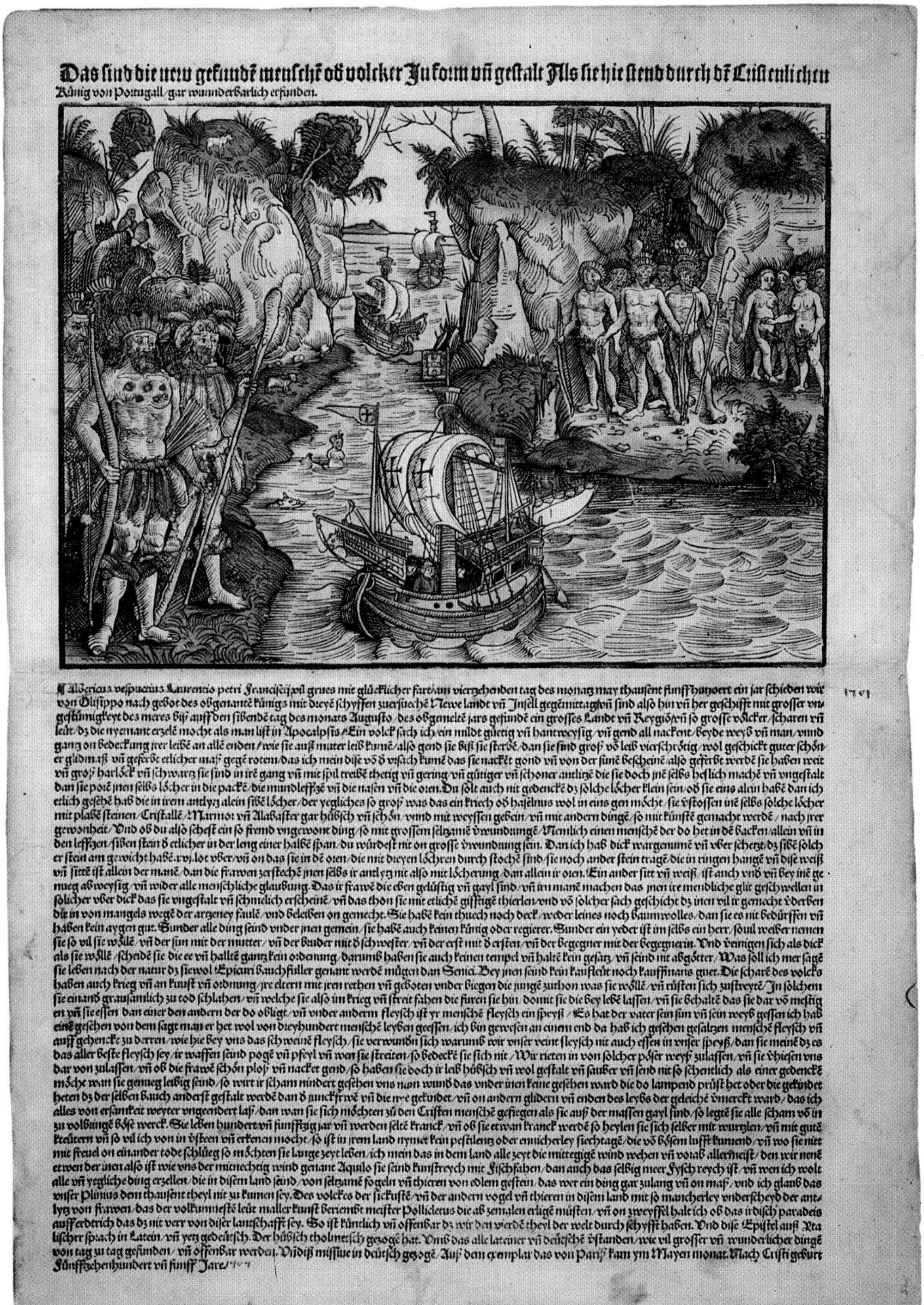

Das sind die new gefundē menschē od volcker Jn form vn̄ gestalt Als sie hie stend durch dē Cristenlichen Künig von Portugall/gar wunderbarlich erfunden.

¶ Albericus vespucius Laurentio petri Francisci/vil grues mit glücklicher fart/am vierzehenden tag des monatz may thausent funffhundert ein jar schieden wir von Olisippo nach gebot des obgenantē künigs mit dreyē schyffen zuersuechē Newe landt vn̄ Jnsell gegēmittag/vn̄ sind also hin vn̄ her geschifft mit grosser vngestümigkeyt des meres biß auff den sibendē tag des monats Augusto/des obgemeltē jars gefundē ein grosses Landt vn̄ Reygiō/vn̄ so grosse völcker/scharen vn̄ leüt/dz die nyemant erzelē mocht als man list in Apocalpsis/Ein volck sach ich/ein mildt güetig vn̄ hantweysig/vn̄ gend all nackent/beyde weyb vn̄ man/vnnd ganz on bedeckung jrer leibē an allē enden/wie sie auß muter leib kumē/also gend sie biß sie sterbē/dan sie sind groß vō leib vierschrötig/wol geschickt guter schönner gliedmaß vn̄ geferbt etlicher maß gegē rotem/das ich mein dise vō ď visach kumē das sie nacket gond vn̄ von der sunē bescheinē/also geferbt werdē sie haben weit vn̄ groß harlöck vn̄ schwartz sie sind in irē gang vn̄ mit spil treibē thetig vn̄ gering/vn̄ gütiger vn̄ schoner antlitzē die sie doch jnē selbs heßlich machē vn̄ vngestalt dan sie porē jnen selbs löcher in die packē/die mundleffzē vn̄ die nasen vn̄ die oren. Du solt auch nit gedenckē dz solche löcher klein sein/oď sie eins alein habē dan ich etlich gesehē hab die in irem antlytz alein sibē löcher/der yegliches so groß was das ein kriech oď haselnus wol in eins gen möcht/sie ďstossen inē selbs solche löcher mit plabē steinen/Cristallē/Marmor vn̄ Alabaster gar hübsch vn̄ schön/vnnd mit weyssen gebein/vn̄ mit andern dingē/so mit künstē gemacht werdē/nach jrer gewonheit/Vnd ob du also schest ein so fremd vngewont ding/so mit grossem selzamē ďwundungē/Menlich einen menschē der do het in dē backen/allein vn̄ in den leffzen/siben stein ď etlicher in der leng einer halbē span/du würdest nit on grosse ďwundung sein. Dan ich hab dick wargenumē vn̄ vber schetzt/dz sibē solcher stein am gewicht habē.xvj.lot vber/vn̄ on das sie in dē oren/die mit dreyen löchren durch stochē sind/sie noch ander stein tragē/die in ringen hangē vn̄ dise weiß vn̄ sittē ist allein der manē/dan die frawen zerstechē jnen selbs ir antlytz nit also mit löcherung/dan allein ir oren. Ein ander sitt vn̄ weiß/ist auch vnď vn̄ bey inē gemueg abweysig/vn̄ wider alle menschliche glaubung. Das ir frawē die eben gelüstig vn̄ gayl sind/vn̄ iren manē machen das jnen ire mendliche glit geschwellen in solicher vber dick das sie vngestalt vn̄ schmelich erscheinē/vn̄ das thon sie mit etlichē giffigē thierlen/vnd vō solcher sach geschicht dz inen vil ir gemecht ďderben die in von mangels wegē der artzeney faulē/vnd beleiben on gemecht. Sie habē kein thuech noch deck/weder leines noch baumwolles/dan sie es nit bedürffen vn̄ haben kein aygen gut. Sunder alle ding seind vnder jnen gemein/sie habē auch keinen künig oder regierer. Sunder ein yeder ist im selbs ein herr/souil weiber nemen sie so vil sie wöllē/vn̄ der sun mit der mutter/vn̄ der bruder mit ď schwester/vn̄ der erst mit ď ersten/vn̄ der begegner mit der begegnerin. Vnd ďeinigen sich als dick als sie wöllē/schedē sie die ee vn̄ halltē ganz kein ordenung/darumb haben sie auch keinen tempel vn̄ haltē kein gesatz/vn̄ seind nit abgöter/Was soll ich mer sagē sie leben nach der natur dz sie wol Epicuri bauchfuller genant werdē mügen dan Senici. Bey jnen seind kein kaufleüt noch kauffmans guet. Die scharē des volcks haben auch krieg vn̄ an kunst vn̄ ordnung/jre eltern mit jren rethen vn̄ geboten vnder biegen die jungē zuthon was sie wöllē/vn̄ rüsten sich zustreytē/Jn solchem sie einanď grausamlich zu tod schlahen/vn̄ welche sie also im krieg vn̄ streit fahen die füren sie hin/domit sie die bey lebē lassen/vn̄ sie behaltē das sie dar vō mestigen vn̄ sie essen/dan einer den andern der do obligt/vn̄ vnder anderm fleysch ist yr menschē fleysch ein speyß/Es hat der vater sein sun vn̄ sein weyb gessen ich hab einē gesehen von dem sagt man er het wol von dreyhundert menschē leyben gessen/ich bin gewesen an einem end da hab ich gesehen gesalzen menschē fleysch vn̄ auff gehenckt zu derren/wie hie bey vns das schweinē fleysch/sie verwundn sich warumb wir vnser veint fleysch nit auch essen in vnser speyß/dan sie meinē dz es das aller beste fleysch sey/ir waffen seind pogē vn̄ pfeyl vn̄ wen sie streiten/so bedeckē sie sich nit/Wir rieten in von solcher poser weyß zulassen/vn̄ sie ďhiesen vns dar von zulassen/vn̄ ob die frawē schön ploß vn̄ nacket gend/so haben sie doch ir leib hübsch vn̄ wol gestalt vn̄ sauber vn̄ send nit so schentlich als einer gedenckē möcht wan sie genueg leibig seind/so wirt ir scham mindert gesehen vns nam wunď das vnder inen keine gesehen ward die do lampend prüst het oder die gekindet heten dz der selben bauch anderst gestalt werdē dan ď junckfrwē vn̄ die nye gekindet/vn̄ on andern glidern vn̄ enden des leybs der geleichē ďmerckt ward/das ich alles von ersamkeit weyter vngeendert laß/dan wan sie sich möchten zü den Cristen menschē gefiegen als sie auß der massen gayl sind/so legtē sie alle scham vō in zu volbringē böse werck. Sie leben hundert vn̄ funffzig jar vn̄ werden seltē kranck/vn̄ ob sie etwan kranck werdē so heylen sie sich selber mit wurtzlen/vn̄ mit gutē kreütern vn̄ so vil ich von in ďsteen vn̄ erkenen mocht/so ist in jrem land nymer kein pestilentz oder einicherley siechtagē/die vō bösem lufft kumend/vn̄ wo sie nitt mit freuel on einander tode schlüeg so möchten sie lange zeyt leben/ich mein das in dem land alle zeyt die mittegigē wind wehen vn̄ vorab allermeist/den wir nenē etwen der inen also ist wie vns der mitnechtig wind genant Aquilo sie seind kunstreych mit Fischfahen/dan auch das selbig meer Fysch reych ist/vn̄ wen ich wolt alle vn̄ yegliche ding erzellen/die in disem land seind/von seltzamē fogeln vn̄ thieren von edlem gestein/das wer ein ding gar zulang vn̄ on maß/vnd ich glaub das vnser Plinius dem thausent theyl nit zu kumen sey. Des volckes der sickustē/vn̄ der andern vogel vn̄ thieren in disem land mit so mancherley vnderscheyd der antlytz von frawen/das der volkumnestē leüt maller kunst beriembt meister Pollicletus die ab zemalen erligē müsten/vn̄ on zweyffel halt ich ob das irdisch paradeis auff erdtrich das dz nit verr von diser lantschafft sey. So ist künlich vn̄ offenbar dz wir den vierdē theyl der welt durch schyfft haben. Vnd dise Epistel auß Italischer sprach in Latein/vn̄ yetz gedeütsch. Der hübsch tholmetsch gezogē hat. Vmb das alle lateiner vn̄ deütschē ďstanden/wie vil grosser vn̄ wunderlicher dingē von tag zu tag gefunden/vn̄ offenbar werden. Vn̄ diß missiue in deütsch gezogē/Auß dem exemplar das von Pariß kam ym Mayen monat. Nach Cristi geburt Funffzehenhundert vn̄ funff Jare/

51 *Amerigo Vespucci: Das sind die new gefunden menschen… [Leipzig] 1505.*
Ex.: Herzog August Bibliothek Wolfenbüttel, Sign.: QuH 26 (5).

Hie seind ze mercken die zeichen der falschen guldin ym
nyderland gemacht vñ seind Etliche minczer zu Göttin
gen yn sachssen/vnd yn andern stetten verbrant vnd auf
vier thunnen von yn geminczet·

Item die guldin auff der vier
herren schleg mit einem zwifal
tigen·w·Das stat oben an dem
menczer rad·Ist falsch·

Item die guldin mit einẽ apfel
vnd sant Johanns auff der andern seiten Ein schilt mit einem
leo·Etlich seind falsch·

Item die guldin mit einẽ apfel
vnd die ander seiten sant Peter
mit einẽ steren an der brust·solt
stan sant Johañs auf den heim
burger schlag·seind falsch·

Item die guldin mit dẽ bischoff
mit einẽ grossen schilt auff den
kölnischen schlag/vñ die ander
seitten bey dem haubt ein b·mit
einem tittel·Ettlich wöllent es
sey ein v·mit einem tittel seind
falsch·

Item die guldin mit einẽ apfel
vnd die ander seitten zwischen t
den füssen ein kreucz mit einẽ
stern auff den franckfurter sch-
lag·Ettlich wöllendt es sey ein
kron mit einẽ stern·oder ein gekrönter künig·sein falsch·

Item der vorgenanten guldin·Ist einer nitt besser/dann
fünff weißpfenning·vnd ist der raiff vmher guldin eins
halben halms dick Vnd das corpus ist gantz kupfferin/
vnd über gült·Vñ das kupffer ist so hart geminczet vñ
gesotten dz es wol klingt·Hierumb mag sy nyemant er
kennen an dem klang·noch an dem striche· Vlm

52 Warnung vor falschen Gulden. Einblattdruck. Ulm: Johann Zainer, ca. 1482.
Wiedergegeben nach Carl Wehner: Deutsche Buchdrucker des 15. Jahrhunderts. Wiesbaden 1971, Nr. 54.

116

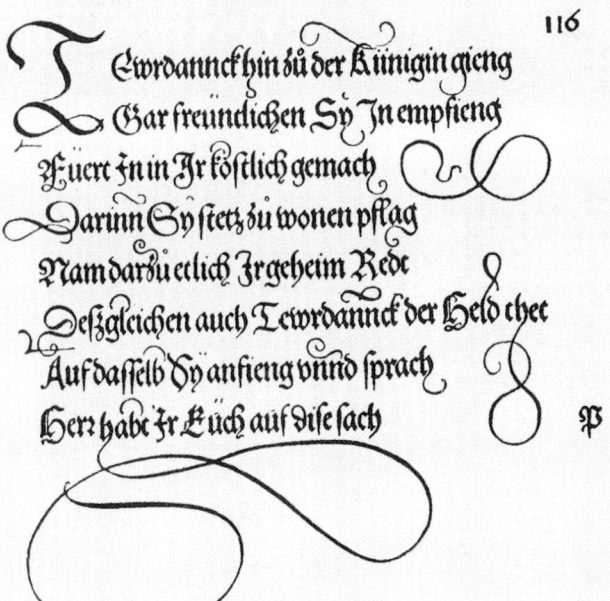

Tewrdannck hin zů der Küinigin gieng
Gar freündlichen Sy Jn empfieng
Füert Jn in Jr köstlich gemach
Darinn Sy stetz zů wonen pflag
Nam darzů etlich Jr geheim Rede
Deßgleichen auch Tewrdannck der Held thet
Auf dasselb Sy anfieng vnnd sprach
Herr habt Jr Euch auf dise sach P

53 Maximilian I.: Theuerdank. Augsburg. Johann Schönsperger 1517. Kap. 116: Eheschließung mit Maria von Burgund. Holzstich von Leonhard Beck. Faksimile von Simon Laschitzer im Jahrbuch der Kunsthistorischen Sammlungen des Allerhöchsten Kaiserhauses. Bd. 8. Wien 1888.

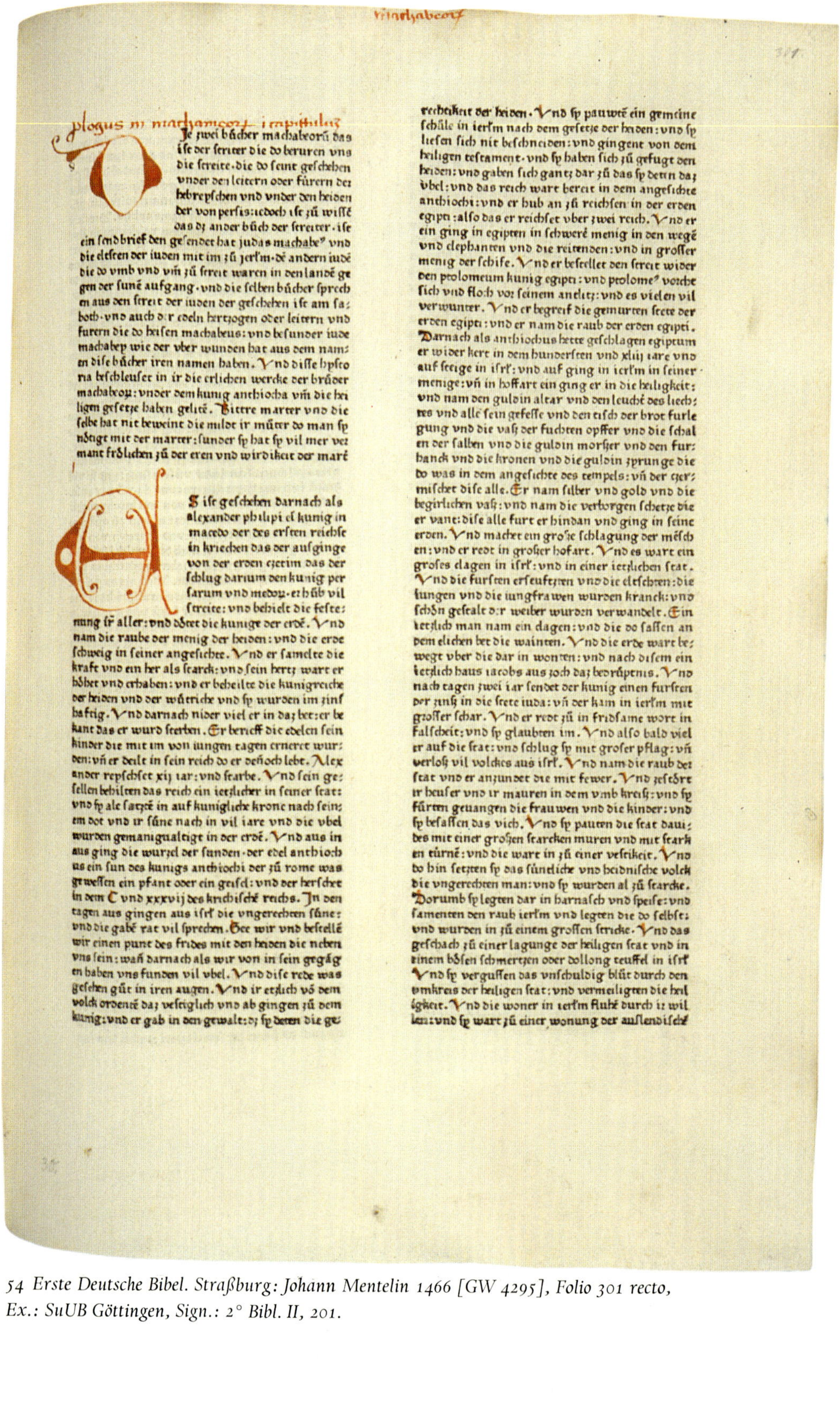

Die zwei bücher machabeorũ das ist der streiter die do beruren vns die streite · die do seint geschehen vnder den leitern oder fürern der hebreyschen vnd vnder den heiden der von persis: iedoch ist zů wissẽ das dz ander bůch der streiter · ist ein sendbrief den gesendet hat judas machabe⁹ vnd die eltsten der iuden mit im zů jerl'm · dẽ andern iudẽ die do vmb vnd vm̃ zů streit waren in den landẽ gegen der sunẽ aufgang · vnd die selben bücher sprechen aus den streit der iuden der geschehen ist am sabboth · vnd auch d:r edeln hertzogen oder leitern vnd furern die do heisen machabeus: vnd besunder iude machabey wie der vber wunden hat aus dem namen dise bücher iren namen haben. Vnd disse hystoria beschleuset in ir die erlichen wercke der brůder machabeoꝝ: vnder dem kunig anthiocha vm̃ die heiligen gesetze haben gelitẽ. Bittre marter vnd die selbe hat nit beweint die milde ir můter do man sy nötigt mit der marter: sunder sy hat sy vil mer vermant frölichen zů der eren vnd wirdikeit der martẽ

Es ist geschehen darnach als alexander philipi el kunig in macedo der des ersten reichset in kriechen das der ausginge von der erden cetim das der schlug darium den kunig persarum vnd medoꝝ · er hůb vil streite: vnd behielt die festenung ir aller: vnd dötet die kunige der erdẽ. Vnd nam die raube der menig der heiden: vnd die erde schweig in seiner angesichte. Vnd er samelte die kraft vnd ein her als starck: vnd sein hertz wart erhöhet vnd erhaben: vnd er beheilte die kunigreiche der heiden vnd der wůteriche vnd sy wurden im zinsbaftig. Vnd darnach nider viel er in daz bet: er bekant das er wurd sterben. Er berieff die edelen sein kinder die mit im von iungen tagen ernerett wurden: vñ er deilt in sein reich do er deñoch lebt. Alexander reyschset xij iar: vnd starbe. Vnd sein gesellen behilten das reich ein ietzlicher in seiner stat: vnd sy ale satztẽ in auf kunigliche krone nach seinem dot vnd ir sůne nach in vil iare vnd die vbel wurden gemanigualtigt in der erdẽ. Vnd aus in aus ging die wurtzel der sunden · der edel anthiochus ein sun des kunigs anthiochi der zů rome was gewessen ein pfant oder ein geisel: vnd der herschet in dem C vnd xxxvij des kriechischẽ reichs. In den tagen aus gingen aus isrl' die vngerechten sůne: vnd die gabẽ rat vil sprechen. Get wir vnd bestellẽ wir einen punt des frides mit den heiden die neben vns sein: wañ darnach als wir von in sein gegãgen haben vns funden vil vbel. Vnd dise rede was gesehen gůt in iren augen. Vnd ir etlich võ dem volck ordentẽ daz vestiglich vnd ab gingen zů dem kunig: vnd er gab in den gewalt: dz sy deten die gerechtikeit der heiden. Vnd sy pauwtẽ ein gemeine schůle in ierl'm nach dem gesetze der heiden: vnd sy liesen sich nit beschneiden: vnd gingent von dem heiligen testament · vnd sy haben sich zů gefugt den heiden: vnd gaben sich gantz dar zů das sy detten daz vbel: vnd das reich ware bereit in dem angesichte anthiochi: vnd er hub an zů reichsen in der erden egipti: also das er reichset vber zwei reich. Vnd er ein ging in egipten in schwerẽ menig in den wegẽ vnd elephanten vnd die reitenden: vnd in grosser menig der schife. Vnd er bestellet den streit wider den ptolomeum kunig egipti: vnd ptolome⁹ vorcht sich vnd floch vor seinem antlitz: vnd es vielen vil verwunter. Vnd er begreif die gemurten stete der erden egipti: vnd er nam die raub der erden egipti. Darnach als anthiochus hette geschlagen egiptum er wider kert in dem hundersten vnd xliij iare vnd auf steige in isrl': vnd auf ging in ierl'm in seiner menige: vñ in hoffart ein ging er in die heiligkeit: vnd nam den guldin altar vnd den leuchẽ des liechtes vnd alle sein gefesse vnd den tisch der brot furlegung vnd die vaß der fuchten opffer vnd die schalen der salben vnd die guldin morsser vnd den furhanck vnd die kronen vnd die guldin zyrunge die do was in dem angesichte des tempels: vñ der czerr mischet dise alle. Er nam silber vnd gold vnd die begirlichen vaß: vnd nam die verborgen schetze die er vant: dise alle furt er hindan vnd ging in seine erden. Vnd machet ein grosse schlagung der menschen: vnd er redt in grosser hofart. Vnd es wart ein groses clagen in isrl': vnd in einer ietzlichen stat. Vnd die fursten erseuftzten vnd die eltschten: die iungen vnd die iungfrawen wurden kranck: vnd schön gestalt d:r weiber wurden verwandelt. Ein ietzlich man nam ein clagen: vnd die do sassen an dem elichen bet die wainten. Vnd die erde wart bewegt vber die dar in wonten: vnd nach disem ein ietzlich haus iacobs aus zoch daz bedrůptnis. Vnd nach tagen zwei iar sendet der kunig einen fursten der zinß in die stete iuda: vñ der kam in ierl'm mit grosser schar. Vnd er redt zů in fridsame wort in falscheit: vnd sy glaubten im. Vnd also bald viel er auf die stat: vnd schlug sy mit groser pflag: vñ verloß vil volckes aus isrl'. Vnd nam die raub der stat vnd er anzundet die mit fewer. Vnd zestört ir heuser vnd ir mauren in dem vmb kreiß: vnd sy fürten geuangen die frauwen vnd die kinder: vnd sy besassen das vich. Vnd sy pauten die stat dauides mit einer grossen starcken muren vnd mit starcken türnẽ: vnd die wart in zů einer vestikeit. Vnd do hin setzten sy das sündliche vnd heidnische volck die vngerechten man: vnd sy wurden al zů starcke. Dorumb sy legten dar in harnasch vnd speise: vnd sameten den raub ierl'm vnd legten die do selbst: vnd wurden in zů einem grossen stricke. Vnd das geschach zů einer lagunge der heiligen stat vnd in einem bösen schmertzen oder dollong teuffel in isrl' Vnd sy vergussen das vnschuldig blůt durch den vmkreis der heiligen stat: vnd vermeiligten die heiligkeit. Vnd die woner in ierl'm fluhẽ durch ir willen: vnd sy wart zů einer wonung der auslendischẽ

54 Erste Deutsche Bibel. Straßburg: Johann Mentelin 1466 [GW 4295], Folio 301 recto, Ex.: SuUB Göttingen, Sign.: 2° Bibl. II, 201.

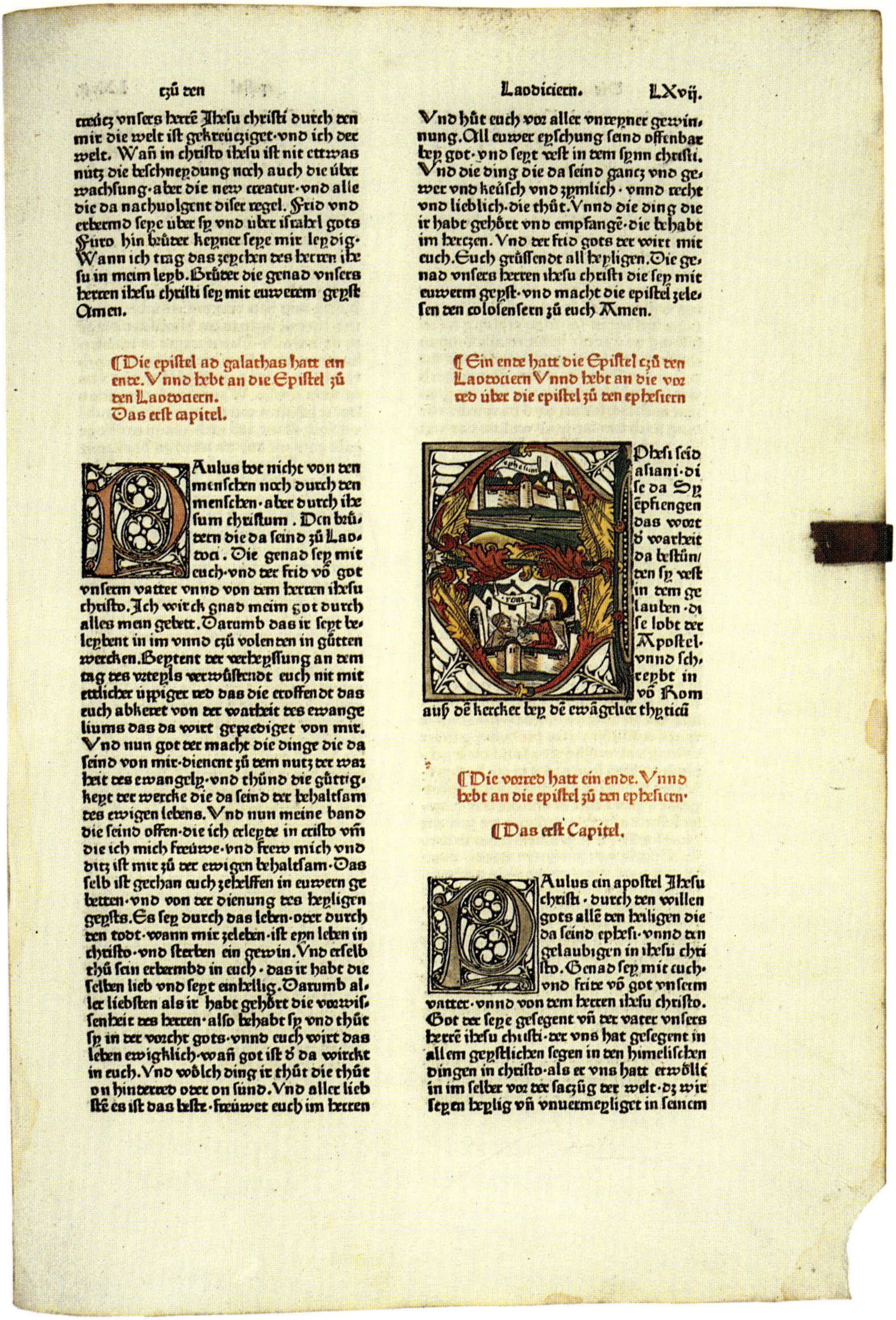

czů den | Laodicieren. | LXvij.

creücz vnsers herrē Jhesu christi durch den mir die welt ist gekreüziget·vnd ich der welt. Wañ in christo ihesu ist nit ettwas nütz die beschneydung noch auch die über wachsung·aber die new creatur·vnd alle die da nachuolgent diser regel. Frid vnd erbermd seye über sy vnd über israhel gots Furo hin brůder keyner seye mir leydig· Wann ich trag das zeychen des herren ihe su in meim leyb. Brůder die genad vnsers herren ihesu christi sey mit euwerem geyst Amen.

Die epistel ad galathas hatt ein ende. Vnnd hebt an die Epistel zů den Laodicern.
Das erst capitel.

PAulus bot nicht von den menschen noch durch den menschen·aber durch ihe sum christum. Den brů dern die da seind zů Laodici. Die genad sey mit euch·vnd der frid vō got vnserm vatter vnnd von dem herren ihesu christo. Ich wirck gnad meim got durch alles mein gebett. Darumb das ir seyt be leybent in im vnnd czů volenden in gůtten wercken. Beytent der verheyssung an dem tag des urteyls verwůstendt euch nit mit etlicher üppiger red das die eroffendt das euch abkeret von der warheit des ewange liums das da wirt gepredigt von mir. Vnd nun got der macht die dinge die da seind von mir·dienent zů dem nutz der war heit des ewangely·vnd thůnd die gůttig keyt der wercke die da seind der behaltsam des ewigen lebens. Vnd nun meine band die seind offen·die ich erleyde in cristo vñ die ich mich freüwe·vnd frew mich vnd ditz ist mir zů der ewigen behaltsam·Das selb ist gethan euch zehelffen in euwern ge betten·vnd von der dienung des heyligen geysts. Es sey durch das leben·oder durch den todt·wann mir zeleben·ist eyn leben in christo·vnd sterben ein gewin. Vnd erselb thů sein erbermbd in euch·das ir habt die selben lieb vnd seyt einhellig. Darumb al ler liebsten als ir habt gehört die vnderwis senheit des herren·also behabt sy vnd thůt sy in der vorcht gots·vnnd euch wirt das leben ewigklich·wañ got ist d' da wirckt in euch. Vnd wölch ding ir thůt die thůt on hinderred oder on sünd. Vnd aller lieb stē es ist das beste·freüwet euch im herren

Vnd hůt euch vor aller vnreyner gewin nung. All euwer eyschung seind offenbar bey got·vnd seyt vest in dem synn christi. Vnd die ding die da seind gancz vnd ge wer vnd keüsch vnd zymlich·vnnd recht vnd lieblich·die thůt. Vnnd die ding die ir habt gehört vnd empfangē·die behabt im herczen. Vnd der frid gots der wirt mit euch. Euch grüssendt all heyligen. Die ge nad vnsers herren ihesu christi die sey mit euwerm geyst·vnd macht die epistel zele sen den colosensern zů euch Amen.

Ein ende hatt die Epistel czů den Laodicern Vnnd hebt an die vor red über die epistel zů den ephesiern

Ephesi seid asiani·di se da Sy ēpfiengen das wort d' warheit da bestůn den sy vest in dem ge lauben·di se lobt der Apostel· vnnd sch reybt in vō Rom auß dē kercker bey dē ewāgelier thyticū

Die vorred hatt ein ende. Vnnd hebt an die epistel zů den ephesiern·

Das erst Capitel.

PAulus ein apostel Jhesu christi·durch den willen gots allē den heiligen die da seind ephesi·vnnd den gelaubigen in ihesu chri sto. Genad sey mit euch· vnd frid vō got vnserm vatter·vnnd von dem herren ihesu christo. Got der seye gesegent vñ der vater vnsers herrē ihesu christi·der vns hat gesegent in allem geystlichen segen in den himelischen dingen in christo·als er vns hatt erwöllt in im selber vor der saczüg der welt·dz wir seyen heylig vñ vnuermeyliget in seinem

55 Deutsche Bibel, Augsburg: Günther Zainer 1475/1476 [GW 4298], Folio LXVII.
Ex.: SuUB Göttingen, Sign.: 2° Bibl. II, 204.

Die vorreden habent ein ende. Vnd hebet
an der prophet ysaias.
Das erst capitel.

Je gesicht
ysaias des
sun Amos
die er sach
úß iudam
vñ úß ihe/
rusalem in
den tagen
ozie ioath/
an Achas
vñ ezechie
der künig
iuda. Ir hi
mel hörent
vñ du erde
empfach mit den oren. wann der herre hatt
geredt. Ich hab erzogẽ sün. vñ hab sy er hö
het. aß sy haben mich verschmäht. Der ochs
erkant seinen besitzer. vnd der esel die krüpp
seines herren. Aber jsrahel der erkant mich
nit. vnd mein volck das vernam mich nit
Wee dem sündigen volcke. dem schwären
volck vor missetat. dem schalckhafftigen sa
men. dẽ übeltättigen sünen. Sy habent ver/
laussen den herren. Sy habent gelösteret den
heyligen israel. sy seind abkeret hinder sich.
Warczů schlach ich euch fürohin. die ir zů/
legent die übergeung. ein yegklichs siechs
haubt. vnnd ein yegkliches traurigs hertz.

56 Deutsche Bibel, Augsburg: Günther Zainer 1475/1476, Initiale Stammbaum Jesse.

DJe born der ewy-
ger wijsheyt dat
woert gaedes in
dē hogesten spri
ket : als Johan-
nes in den vijfftē
Capittell schrifft
to den ioeden Vn
dersoeket die sch-
rifft in welker gi
meynet dat ewyge leuen to wesen·hijrumb
ouertredet dat boeck der bibelen hijr nae ge-
drucket alle mynschelicke ende werentliken
konsten Soe in geynen boeken off weten-
heyden des mynschen heyll ende selicheyt
geleghen is dan in wetenheyt sines gaedes
Alle ander koensten ende boeke leren kennē
dye creaturen: alleyn dat boeck der hilliger
schrifft vndersoeket·ende maket bekentelick
den schepper ende heylmaker alre creaturen
Hijrumb is dyt voerghenoemde boeck der
hilligher schrifft myt groeter ynnicheyt en
de werdicheyt thoe lesen eynen yegelicken
christen mynschen: want als Augustinus
spricket All sin all ander koenste ende weten
heyde nutte deme mynschen: yodoch en is
niet nutteliker vp deser erden dan to soeken
den ghennen daer hemmel ende erde ende
alle creaturen van ghemaket ende gescha-
pen sint Als Paulus spricket Vyt eme in em
doer em: sint alle dinghe: deme sy loff ende
ere ymmermer Als ouck Baruch spricket in
sinen derden Capittell Dyt is vnse god en̄
geyn ander en sall buten eme geachtet werden ende gheeret sijn Dese hefft vonden alle dye weghe der leringhe ende hefft sy ghe
geuen Jacob sinen knechte·nae desen is hy
ghesien vp erden· ende myt den myenschen
ghemeynschop ghehat Als Salomon spre
ket Ecclesiastici·xxiiij· in personen der got-
licker wijsheyt Jck byn vyt deme monde
des alreouersten ghegaenghen voer ghewon
nen voer allen creaturen: opghanck des vn-
uergenckeliken lichtes in dem hemmel heb
be ick ghemacket Want soe ouck Salomon spreket van der goetlicker wijesheyt·
Sy is eyn glans des ewigen lichtes: ende
eyn spyeghell der goetlicker moeghētheyt·
Des gelijkes ouck ander lerer seggen dat
dye goetlicke wijsheyt beschreuen in deme
boeke der bibelen eyn woert sij des ewighen
wordes·dorch welck wort dat ewige wort
verluchtende is alle mynschen koemende in
dese werlt·Dat woert als Jheronimus spre
ket in der voerreden der bybelen: heuet nyet
ghewoestet dye waelgheleerde Plato· dat
woert is vnbekant ghewesen den waelspre-
kende Demostenes Also oeck Paulus spre
ket thoe den Romeren· Alle hebben se bekant got: se en hebben en doch niet gheeret
ghelijck goede·mer se sijn verswonden in e-
ren ghedachten Hyerumme sall een yghe
lyck cristen mensche dyt boeck der hylliger
schrifften myt groeter aendacht ende vuy-
richeyt lesen Besonder als Salomon vns be
schriuende is Ecclesiastici xxiiij·als hi sprikt
dat boeck des leuents een testament des al-
rehogesten·een wetenheit der waerheyt be-
slutet offte begripet all dese dinck Dat boek
der hilliger schrifft die bibel is ein boeck des
leuendes als de hillige geyst schriuet allene
bouen alle wetenheyt leydende is to den leuē
welke vnsterfflyke ende geyn einde nemen
de en is Also Ezechiel sprikt inden·xx·inder
personen godes Jck hebbe en gegeuen mine
gerechticheyt dye dye mensche doen sall vp
dat he in der leue Sprikt Salomon in der
seluer gestalt der godlyker wijsheyt De mi
verclaren: dye sullen hebben dat ewyghe leuen Also Johannes in sinen Euangelio spre
ket in den lesten Dese dinghe sijn gheschre-
uen vp dat ghy ghelouen sult· ende ghelo
uende hebben moghet dat ewyghe leuen
Dye godlyke wijsheyt besloeten in den boec
ke der Bybelen: is oeck een testament offte een laetste wylle des alre ouersten des
almechtighen godes bestedyget van den sel
uen allene toe geseghelt ende besloten myt se
uen segelen Alsoe Johannes spreket in den
boeck sijnre heymelycheyden in den vijfften
Capittel·oeck bestedyget ende confyrmiert
doer den doet des genen dye dat gemaeckt
heuet· Als Paulus spreckt thoe den hebreen
in den·ix·Capittell·Dat paeusschelyke ende
dat keyserlyke recht vndersoeken dye testa
mente die dye mensche makende sint: allene
dyt boecke der godlycker schrifften sprikt
vyth dat testament des lesten wyllen des al
mechtigen godes· Hyerumb is dat boecke
der hyllyger schrifften hyer nae gedruckt:
bauen alle menschelyke vernofft ende verstā
teniss soe yd got allene gemaket heuet buy
ten willen des menschen als Petrus spreket
in sijnre Epystolen De prophecye vns niet
toekoemende is doer wyllen des mensche:
mer doer aenvanck des hyllyghen geystes

57 Niederdeutsche Bibel, Köln: Bartholomaeus von Unkell 1478 [GW 4308], Folio 2 recto. Ex.: SuUB Göttingen, Sign.: 2° Bibl. II, 212.

Hijr beghynt Geneſis dat erſte boeck der
vijff boeckere Moyſi Dat erſte capittel ys
van der geſchyppenis der werlt vnde aller creaturen vnde de wercke der ſees daghe

IN dem anbegynne ſchoep
god hemmel vnde erden·
Mer de erde was leddych
vñ de duſtermiſſe weren vp
deme antlate des affgron-
des dat ys vp deme ange
ſichte der elementen do vn
uerſcheiden vnde der geiſt
godes wart gevoert bouen
de watere· Vñ god de ſprak
dat licht werde: vñ dat licht ward: vñ got de
ſach dat licht dat dat gud was· vnde he delde
dat lycht vā der duſtermiſſe· vñ dat lijcht nom

de he den dach· vñ de duſtermiſſe de nacht· vñ
der auent vnde morgen wart een dach· Vnde
got de ſprak: dat firmamēt werde ī dem midde
le der watē vñ he ſchedde de watē vā dē wate
ren Vñ god makede dat firmamēt: vñ delde de
watere de dar werē vnder dem firmament vā
dē de dar werē bauē dem firmament vñ dat ge
ſchach alſo· Vñ got nomde dat firmament dē
hēmel vñ dat wart der auent vñ de morghen
de ander dach Vñ god ſprack euer De watere
de vnder dem hemele ſint werden vergaddert
an eene ſtede· vñ erſchyne de dorricheit· vnde
dat geſchach alſo· vñ god hete de dorricheyt
dat ertryke· vñ de vergaderinge der watere he
te he dat meer· vñ got ſach dat dat gud was
Vnde he ſprack· De erde groye groyende krut
vñ dat ſaet make· vñ holt dat appel drage nae
ſyme kunne· des ſaet ſij in eme ſulues vpp der

58 *Niederdeutsche Bibel, Köln 1478, Folio 5 recto. Ex.: SuUB Göttingen, Sign.: 2° Bibl. II, 212.*

Der Geschopf .V.

¶ Hie hebt sich an. Genesis das erst buch der fünff bucher moysi. ¶ Das erst Capitel ist vō der schöppfung der werlt vnd aller creaturen. vnd von den wercken der sechs tag.

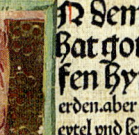

IN dem anfang hat got beschaf fen hymel vnd erden. aber dye erde was eytel vnd lere. vnd die vin/ sternus warn auff dē ant/ litz des abgrunds. vnd der geist gots swebet oder ward getragen auff dē wasern. Vñ got der sprach. Es werde dz liecht Vñ das liecht ist worden. vñ got sahe dz liecht das es gutt was. vnd er teylet das liecht vō der vinsternus. vnd das liecht hyeß er den tag. vnd die vinsternus die nacht. Vñ es ward abent vñ morgen eyn tag. Vnd got der sprach. Es wer/ de das firmament in dem mittel der wasser. vñ tayle die wasser vō dē wassern. Vñ got machet das firmament. vnd teylet die wasser. dy do wa ren vnder dem firmament. von dē dy do waren ob dem firmament. vnd es ist also geschehen vnd got hieß das firmament den hymel vnd es ist der abent vñ der morgē der ander tag wordē vñ got sprach aber. Es sullē gesamelt werdē dy wasser. die vnder dem hymel seynd. an eyn statt. vñ erscheyne die durre. vnd es ist also geschehē Vñ got hieß die dürre dz ertreich. Vñ dy sam nungen der wasser. hieß er die mere. vnd got sa he das es was gut. vnd sprach. Die erde gepere grunendt krawt. das do bringe den samen. vnd dy öpfelbawm. dz holtz. dz do bringe dy frucht nach seym geschlecht. des same sey in ym selbs auff der erde. vnd es ist also geschehen. vnd die erd bracht grunend kraut. vnd bringenden sa/

59 Neunte Deutsche Bibel. Nürnberg: Koberger 1483 [GW 4303], Folio 5 recto.
Ex.: SuUB Göttingen, Sign.: 2° Bibl. II, 208.

also das alle dinng wurden volbracht die lucas
schreybt.in dem buch actus apostolorum. Dar/
nach zu dē letsten gab paulus ein beschliessūg
vnd ein vollendung mit seiner predig desselben
buchs. Wañ den selbē der herr erwelt hat. Dar
nach als er lang het gestrytten.wider die anfech
tung des leybs. Vñ wiewol das ist. dz es nütz
wer den.die do gern lesen.vñ die gott den herrē
suchen.dz wir dē selben hetē besünderlich mer
vñ mer beschriben. Jedoch so wayß ich dz der
ackerman der do arbeyt des ersten soll essen vō
seinen früchten.vñ darumb habē wir vermiden
öffenlich fürwitzigkeit dz wir nit ersehen wür/
den.zeerzaigen den dy got wöllen.auch dē wöl
len got offenbarn.die in verschmehen.

Ein ander vorrede

WAnn vil habē sich
geflyssen zeordē die rede der
ding.die do sind erfült an vns
Als vns die gegeben habē. Dy
auch sy haben gesehen.vñ sind
gewesen diener der predig. Jst
auch mir geschehen wordē. der ich fleyssigklichē
von anfang alle ding begriffen hab ördenlich
zeschreyben.dir du allerliebster Theophile.daz
du erkennest die warheit.der wort.von den du
bist gelert.

Hie hebt an das buch lu ce des euangelisten.

Das erst Capitel.wy der
engel zacharie erschine. Zacharias dē engel nit
gelaubet.vñ darum erstūmet. Wy maria vō dē
engel gegrüst ward. vñ auß vermanūg des en/
gels elizabeth heisucht.vñ grüsset. vñ wy eliza
beth gepare.vñ zacharie sei mūd eröffent ward

ES was i dē
tagen hero
dis des künigs iudee
ein priester mit namē
zacharias. Von dem
geschlecht abia.vñ sei
eeweyb von den töch
tern aaron.vñ ir nam was elizabeth. Wañ beyd
warn sie gerecht vor got sie giegen in allen ge/
rechtigkeyten.vñ in den geboten des herren on
klag.vñ sie hetten keinen sun.darumb dz eliza/
beth was vnberhaftig.vñ beyde warn sie vber/
gangen in iren tagen. Vñ es geschah als brau/
chet zacharias die priesterschaft in d ordnung
seins ampts vor got.er gieng auß nach dē lose
das er legt das brinnend opfer.vñ gieng.in dē
tempel des herrē.vñ alle menig des volcks wz
außwendig bettend zu der stund des brinnen/
den opfers. Vnd der engel des herren erschyn
im.steend zu der gerechten des altars des wey/

60 *Neunte Deutsche Bibel. Nürnberg: Koberger 1483, Das Evangelium nach Lukas.*

Ein newer Spruch / Wie die Geystlicheit vnd etlich Handtwercker vber den Luther clagen.

Der geitzig clagt auß falschem můt /
Seit jm abget an Eer vnd Gůt.
Er zürnet / Dobet / vnde Wůt /
Jn dürstet nach des grechten plůt.

Die warheit ist Got vnd sein wort /
Das pleibt ewiglich vnzerstort.
Wie ser der Gotloß auch rumort /
Gott bschützt sein diener hie vnd dort.

Der Grecht sagt die Gotlich warheit /
Wie hart man jn veruolgt / verleit.
Hofft er in Gott doch alle zeit /
Pleibt bstendig in der grechtigkeit.

Die clag der Gotlossen.

Hör vnser clag du strenger Richter /
Vnd sey vnser zwitracht ein schlichter.
Eh wir die hend selb legen an /
Martin Luther den schedlich man.
Der hatt geschriben vnd gelert /
Vnd schir das gātz Teütsch land verkert.
Mit schmehen / lestern / nach vnd weit /
Die Erwirdige Gaistlichait.
Von jren Pfründen / Rent vnd zinst /
Vnd verwürfft auch jren Gotzdinst.
Der Vätter gepot / vnd auffsetz /
Hayßt er vnütz / vnd menschen gschwetz
Helt nichts von Aplaß vnd Fegfewr /
Die Meß kum̄ auch kainr Sel zu stewr.
All Kirchen Pew / zir / vnd geschmuck /
Veracht er gar / er ist nit cluck.
Des clagen die Prelaten ser /
Pfaffen / Münch / Stationirer.
Glockengiesser vnd Organisten /
Goltschlager vnd Illuministen.
Hādtmaler / Goltschmit vñ bildschnitzer
Ratschmit / Glaßmaler / seydenfitzer.
Stainmetzen / Zim̄erleüt Schreiner /
Paternoster / Kertzen macher.
Die Permenter / Singer vnd Schreyber /
Fischer / Zopffnun vnd Pfaffen Weyber.
Den allen ist Luther ein bschwert /
Von dir wirt ein Vrteil begert.
Sunst werdt wir weiter Appelliern /
Vnd dem Luther die Prend recht schirn /
Müß Prinnen / oder Reuocirn.

Antwort D. Martini.

Actuum.1. O du erkenner aller hertzen /
Hör mein antwort des ist kein schertzen.
Die schreyen fast ich thün mich jrren /
Vnd wöllen doch nit Disputirn.
Sonder mich mit worten schrecken /
Jn thut we das ich thu auffdeckn.
Jr grossen geytz vnd Simoney /
Jr falsch Gotzdinst vnd Gleissnerey.
Jr Bannen / Auffsetz vnd gepot /
Vor aller welt zu schand vnd spott.
Mit deinem wort / das ich denn ler /
Nun jn abgeet an gut vnd Eer.
So kunden sy dein wort nit leiden /
Dunt mich schelten / hassen vnd neiden.
Wenn ich hett gschriben vnd gelert /
Das sich jr Reicht umb het gemert.
So wer kein besser auff gestandn /
Jn langer zeit in Teutschen Landn.
Dis ist auch die vrsach ich sag /
Das gegen mir auch stent in clag.
Der Hantwercks leüt ein grosse zal /
Den auch abgeet in disem val.
Seyt diß Apgötterey entnimpt /
Also seynd vber mich ergrimt.
3. Regū.18. Von erst des Baals Tempel knecht /
Den jr jarmarck thut nimmer recht.
Actuū.19. Vnd Demetrius der werckman /
Dem sein handtwerck zu ruck wil gan.
Her durch dein wort das ich thů schraibn /
Jr drůen soll mich nitt abtreibn /
Bey deinem vrteil will ich pleiben.

Hans Sachs Schuster.

Das Vrteil Christi.

Joānis.5. Das mein gericht das ist gerecht /
Nū merck vermaints gaistliches geslecht.
Was ich euch selb beuolhen han /
Das jr in die gantz welt solt gan.
Mar. vltio. Predigen aller Creatur /
Das Euangeli rain vnd pur.
Dasselbig hant jr gar veracht /
Vnd vil newer Gotzdinst auff pracht.
Mathei.15. Der ich doch kein geheissen hab /
Vnd verkaufft sie vmb gelt vnd gab.
Mit Vigil / Jartāg vnd Selmessen /
Math.23. Den witwen jr die hewser fressen.
Vnd verspert auch das Himelreich /
Jr seyt den Doten grebern gleich.
Vñ schlacht zu dot auch mein Prophetn /
Der gleich die Phariseer thetten.
Also verfolgt jr die warhait /
Die euch teglichen wirt geseit.
Luce.13. Vnd so jr euch nit pessern wert /
Jr vmkum̄en. Darumb so kert.
Von ewerm falschen widerstreit /
Dergleichen jr handtwercks leyt.
Die jr mein wort veracht mit drutz /
Von wegen ewers aygen nutz.
Vnd hört doch in den worten mein /
Mathei.6. Das jr nit solt sorgfeltig sein.
Vmb zeitlich gůt / geleich den Haydn /
Sōder sucht das Reich gots mit freudn.
Das zeitlich wirt euch wol zufalln /
Sunst wert jr in der hellen qualln /
Das ist mein vrteil zu euch alln.

61 Hans Sachs: Ein neuer Spruch, wie die Geistlichkeit und etlich Handwerker über den Luther klagen. Einblattdruck (35 × 26 cm). Nürnberg: Hieronymus Höltzel 1524. Holzschnitt von Sebald Beham. Ex.: Nürnberg: Germanisches Nationalmuseum, Sign.: HB 26.

Biblia: das ist:
Die gantze Heilige
Schrifft: Deudsch
Auffs New zugericht.
D. Mart. Luth.
Begnadet mit Kür-
fürstlicher zu Sachsen Freiheit.
Gedrückt zu Wittem-
berg / Durch Hans Lufft.
M. D. XLI.

62 D. Martin Luther: Biblia: das ist: Die gantze Heilige Schrifft. Deudsch. Auffs New zugericht. Wittenberg: Hans Lufft 1546. Ex.: Herzog August Bibliothek Wolfenbüttel, Sign.: Bibel-S. 2° 276.

eingreifen und zum Beispiel für jede Abteilung eigene Informationen beigeben oder bei einer Lose-Blatt-Sammlung für unterschiedliche Benutzergruppen stets neue Informationen beifügen; drittens ist verteiltes Drucken möglich, das heißt, die Daten können über Netze an verschiedene Druckereien gegeben werden, die dezentral ausdrucken. Dieses Verfahren nutzen heute schon die großen Pressehäuser in aller Welt, da der Versand von Zeitungen in einer Datenleitung erheblich schneller und kostengünstiger ist als der Versand der gedruckten Ausgaben.

Digitale Drucke erreichen noch nicht die Qualität von Offsetdrucken und auch nicht die Stundenleistung einer leistungsfähigen Offsetanlage. Digitale Drucksysteme liegen zur Zeit allerdings bei Auflagenhöhen von unter 1000 Exemplaren deutlich günstiger als vergleichbare Offsetmaschinen. Da heute weltweit die Auflagen, gerade beim Fach- und beim wissenschaftlichen Buch, dramatisch sinken (etwa 50 Prozent der Auflagen von Büchern in den USA liegt unter 1000 Exemplaren) und auch in der Bundesrepublik die Auflagenhöhen drastisch zurückgehen (im wissenschaftlichen Bereich sind bei Monographien und auch bei Zeitschriften (!) Auflagenhöhen von vier bis sechshundert Exemplaren eher die Regel als die Ausnahme), entsteht hier eine neue Marktmöglichkeit für den digitalen Druck, der ein Überleben dieser Buchreihen und dieser Zeitschriften in Printform erst ermöglicht.

Fachzeitschriften müssen mit den Möglichkeiten digitalisierten Druckes nun nicht ausweichen auf eine reine elektronische Bereitstellung; digitalisiertes Drucken ermöglicht kleine Auflagen und eine gezielte, gegebenenfalls über das Netz distribuierte Verbreitung. Wurde früher erst gedruckt, dann verbreitet, so kann heute verbreitet und anschließend individuell gedruckt werden. Galt früher nur das als Besitz, das man auch wirklich in den Händen hielt (»Denn was du schwarz auf weiß besitzt, kannst du getrost nach Hause tragen«), so wird jetzt der Zugang zu den Daten das wichtigste, und derjenige, der Zugang zu einer Datenbank hat, ist in der Lage, sich diese Texte auch auszudrucken. Das digitalisierte Drucken ermöglicht es also, dem Buch in der Printform eine Gegenwart und eine Zukunft zu geben.

Internet-Nutzer

Nach der Studie *Elektronische Publikationen* der Abteilung Marktforschung des Börsenvereins des Deutschen Buchhandels leben 23 Prozent der deutschen Bevölkerung über 14 Jahre in Haushalten mit einem oder mehreren Computern. 71 Prozent der Computernutzer verfügen über ein CD-Rom-Laufwerk. Nach den neusten Zahlen (1999) nutzen bereits mehr als acht Millionen Deutsche (18 Prozent der Bevölkerung zwischen 14 und 60) das Internet: Die Steigerungsraten liegen zur Zeit bei 50 Prozent pro Jahr. Eines der interessantesten Ergebnisse dieser Zukunftsmarkt-Studie des Börsenvereins ist, daß Computernutzer ausgeprägte Leser sind, daß sie sogar sehr viele Bücher kaufen: Jeder vierte PC-Nutzer gehört mit über zehn gekauften Büchern pro Jahr zu der Gruppe der Vielkäufer, während dies sonst nur auf 14 Prozent der Gesamtbevölkerung zutrifft. PC-Nutzer gehören zu der gebildeten und informierten Elite, die in Staat, Wirtschaft und Gesellschaft bereits jetzt an wichtigen Schaltpositionen und künftighin im Zentrum der Informationsgesellschaft arbeiten werden. Es ist daher wichtig, daß sich der Buchmarkt darauf einstellt, Informationen in verschiedenen Medien zu einem jeweils klar definierten Zweck vorzuhalten. Die Stützfunktion der Medien untereinander muß erkannt und diskutiert werden.

Entscheidend wird daher für die Verlage sein, ihre Datenbanken so zu strukturieren, daß daraus Ausdrucke auf Papier ebenso möglich sind wie Online-Abrufe oder eine CD-Rom-Präsentation (Cross Media). Die Kombination einer Buchpublikation mit beigelegter CD-Rom und einer Aktualisierungsmöglichkeit über einen Online-Abruf ist eine der Zukunftsoptionen. Gerade bei Gegenstandsbereichen, die auf elektronischem Wege virtuelle Welten erzeugen können, ist das elektronische Medium rein darstellungstechnisch dem Buch überlegen. Ob man nun an Architekturausstellungen im dreidimensionalen Raum oder an die virtuelle Rekonstruktion archäologischer Funde denken mag, so ist eine gegenseitige Stützfunktion der elektronischen Bereitstellung neuer Sichtweisen in Kombination mit der bisher unerreichten Qualität von Farbdrucken im Buch durchaus denkbar.
Die Möglichkeit des Printing-on-demand, die gerade im wissenschaftlichen Buchbereich eine neue große Chance bieten mag, wird vereinzelt

schon im Zwischenbuchhandel praktiziert. Wichtig wurde auch, daß das größte wissenschaftliche Lektorat in Deutschland, die Deutsche Forschungsgemeinschaft in Bonn, bei der Publikation von Forschungsergebnissen nicht mehr in jedem Fall auf einem Papierausdruck besteht, sondern ebenso ein »Vorhalten« der Daten auf elektronischem Gebiet akzeptiert. Diese Entscheidung wird die Verlagsbranche der Bundesrepublik langfristig verändern. Auch in diesem Falle werden die Daten elektronisch zur Verfügung gestellt und können im Netz abgerufen bzw. später in einem Sortiment, das sich auf diese Bedingungen einstellt, ausgedruckt werden.

Der Zugang zu den Datenquellen wird künftighin wichtiger sein als der Besitz der Daten in ausgedruckter Form. Damit wächst den Bibliotheken eine völlig neue Aufgabe zu. Die Bibliotheken sind weltweit dabei, zunächst ihre Kataloge in die elektronischen Netze einzuspeisen, damit auf diese Weise zeitaufwendige Recherchen entfallen. In der Tat lassen sich im Moment bereits auf Knopfdruck bibliographische Recherchen in wenigen Minuten durchführen, für die man noch vor kurzem zeitaufwendige Fernleihbestellungen hat tätigen müssen. Der Umbruch bei dieser Informations-Beschaffung ist revolutionär und betrifft alle Wissensgebiete. Die Bibliotheken gehen nun noch einen Schritt weiter und werden sich als Dienstleister anbieten, die nicht nur die bibliographische Information, sondern auch die »Volltexte« selbst zur Verfügung stellen. Dies führt dazu, daß verschiedene Fachzeitschriften nur noch in einem elektronischen Exemplar vorgehalten und über den Server des Fachverlages oder einer damit beauftragten Bibliothek abgerufen und dort auch abgerechnet werden.
Die Bibliotheken sind darüber hinaus dabei, ihre »Alt«-Bestände selbst zu digitalisieren, und zwar sowohl Zeitschriften als auch Handschriften und alte Drucke, aber auch die Texte der Weltliteratur. Zum Beispiel ist die Bibliothèque Nationale in Paris dabei, viele Titel aus ihren Beständen (einhunderttausend Texte bis zum Jahr 2000) zu digitalisieren. Im »Projekt Gutenberg« entsteht ein elektronisches Textarchiv, das alle wichtigen literarischen Texte der Welt in das Internet einspeist.

Handschriften auf dem Bildschirm

Die Bibliotheca Apostolica Vaticana hat bereits sechzig der wichtigsten Handschriften der Kulturgeschichte der Menschheit digitalisiert, die nun über den Bildschirm abgerufen werden können. Man hat daher weltweit die Möglichkeit, sich mit Vergil-Handschriften aus dem 4. Jahrhundert oder Euklid-Handschriften aus dem 12. Jahrhundert direkt zu beschäftigen, in einer Auflösungs- und Druckqualität, daß auch wissenschaftliche Nutzer problemlos damit arbeiten können. Das Wort »Faksimile« bekommt eine völlig neue Bedeutung. Boten die Faksimiles im Druck schon eine Möglichkeit, die wertvollen Handschriften und alten Bücher zu schonen, so sind die elektronischen Faksimiles jederzeit und an jedem Ort abrufbar.

Die neue Flut von Informationen muß freilich geordnet, kanalisiert und systematisiert werden. Dies ist die wichtigste Aufgabe von Verlagen und auch Sortimenten der Zukunft, die sich weiterhin mit ihrer wertvollen Lektoratsarbeit Manuskripten zuwenden, nur geprüfte Texte in das Netz stellen und somit zu einem geordneten Wissenschaftsbetrieb beitragen werden.

Offline- und Online-Medien haben immer dann einen Sinn, wenn große Datenmengen bewegt werden und vor allen Dingen durch Suchprogramme aufgeschlüsselt werden können, also in den Fällen, in denen sie dem Buch gegenüber Zusatznutzen bieten, z.B. Video-Sequenzen und oder Audiodateien. Es gibt weitere Bereiche, wo in die bisherige Domäne des Buches eingegriffen wird, nämlich bei der Textarbeit der Philologen. Erst durch die neuen Medien haben die Wissenschaftler der klassischen Philologie jetzt die Möglichkeit, sich die vollständigen Texte der lateinischen und griechischen Antike auf je einer CD-Rom zu beschaffen. Zum Beispiel enthält eine CD-Rom mit dem *Thesaurus Linguae Graecae* alle griechischen Texte bis zum Jahre 600 n. Chr.: 3500 griechische Schriftsteller mit etwa 10000 Werken. Man findet darin auch anonym überlieferte Texte und Fragmente von Autoren, die sonst nicht einmal in größeren Literaturgeschichten erscheinen. Die gespeicherten Texte dienen nicht in erster Linie der Lektüre, sondern der Textrecherche: In Sekunden kann ein Wort oder eine Wortverbindung in einem Werk oder in einigen Minuten in der gesamten griechischen Literatur gefun-

den werden. Die Textstellen, die man zitieren möchte, lassen sich einfach in Dokumente einfügen und ausdrucken. Die neuen technischen Möglichkeiten setzen jetzt sehr viel kreative Zeit frei, die für die eigentliche Arbeit der Textkritik und der Interpretation genutzt werden kann.
Es zeichnet sich ab, daß elektronische Publikationen für die schnelle Information immer nützlicher werden, Bücher dagegen für die Hintergrundinformation und als »Gedächtnis der Menschheit« weiterhin ihre kulturtragende Bedeutung behalten.

Diese Neuentwicklung elektronischer Medien findet parallel zu einem stabilen Buchmarkt in der Bundesrepublik statt. Die Titelproduktion nimmt weiter zu und liegt mit etwa 70000 Titeln im Jahr im deutschsprachigen Gebiet an der Weltspitze. Die Deutsche Bibliothek in Frankfurt am Main ist darauf eingerichtet, täglich etwa 1000 Buchtitel aufzunehmen, und das Magazin ist auf diesen Zuwachs bis zum Jahr 2040 eingerichtet, gleichzeitig werden jetzt dort aber auch die elektronischen Medien gespeichert. Während die Bücher – zumindestens von der Idee her – für die Ewigkeit produziert werden, so ist die Frage der richtigen Speicherung der elektronischen Informationen noch nicht geklärt.

Wie jüngste Umfragen zeigen, haben sich die stürmischen Prognosen für die Entwicklungen der elektronischen Medien nicht bestätigt, auch in diesem Bereich geht man jetzt von ruhigeren, aber konstanten Zuwachszahlen aus. Fachverlage unterhalten bereits eigene Lektorate und Herstellungsabteilungen für elektronisches Publizieren und bieten einen Teil ihrer Publikationen in rein elektronischer Form an. Dies zeigt gleichzeitig, daß Verlage künftighin nicht überflüssig sein werden, sondern daß sie – nur in einem neuen Medium – ihre alten Aufgaben beibehalten, nämlich aus einer Vielzahl von Angeboten das wirklich Wichtige und Wertvolle herausfinden, dieses lektorieren, einem Publikum zur Verfügung stellen, gleichzeitig die Rechte der Autoren sichern und ihnen auch ein Honorar zukommen lassen. Das »wilde« Einstellen von Texten in die weltweiten Netze wird künftig einer geordneten Publikation weichen.

Die elektronischen Medien können das Buch mit seiner Praktikabilität, Disponibilität und seinen ästhetischen Qualitäten nur partiell ersetzen, allerdings sinnvoll ergänzen. Der vor zehn Jahren prognostizierte Verdrängungswettbewerb auf Kosten des Buches hat nur in vereinzelten Segmenten stattgefunden.

Man könnte über neue Buchformen spekulieren, die zur Zeit in verschiedenen Forschungszentren der Welt (u.a. unter dem Stichwort »rocket-book«) entwickelt werden: ein weiterentwickeltes Notebook, das in Buchform (sic!) zwei Bildschirmseiten enthält, das heißt äußerlich die praktischen Vorteile des Buches nachahmt, aber durch Speicherchips oder über das Internet aufgeladen werden kann. Ein anderes Experiment wählt ebenfalls die bewährte Buchform, um eine optisch leere Seite mit »digitaler Tinte« (einem engen Geflecht elektronischer Impulse auf jeder Seite) zu beschriften. Es muß die Entwicklung der nächsten Jahre zeigen, ob ein solches Buch-Substitut in der Lage sein wird, das Printmedium wirklich zu ersetzen.

Gutenberg digital

Das Internet ist in erster Linie ein Kommunikationsmedium, das heißt, über Grenzen und Nationen hinweg können Texte und Daten bereitgestellt werden, die sonst nur sehr schwer zugänglich gemacht werden könnten. Zum 600. Geburtstag von Johannes Gutenberg entstand die Idee, einige der noch vorhandenen 49 Gutenberg-Bibeln zu einer virtuellen Ausstellung im Internet zu versammeln. Daher wird das hervorragende Göttinger Pergament-Exemplar der B 42 digitalisiert im Internet bereitgestellt und mit anderen digitalisierten Gutenberg-Bibeln vernetzt, so daß Vergleiche der höchst unterschiedlichen Illustrationen und Rubrikationen im Netz vorgenommen werden könnten. Das kostbare alte Buch und das neue Medium gehen dabei eine wertvolle Symbiose ein.

Mit dem Namen Gutenberg verbinden wir eine bestimmte Phase der Drucktechnikgeschichte, vor allen Dingen aber auch einen deutlichen Aufbruch in der Geschichte der menschlichen Kommunikation. Die Zeitgenossen um 1450 begrüßten das neue Medium, da es nun auch »jedem Minderbemittelten« möglich würde, »höherer Bildung teilhaftig zu werden«. Wir haben in unserer Gegenwart die Chance, die bisher unübertroffenen Qualitäten des Buches weiterhin zu würdigen und zu pflegen, auf der anderen Seite aber völlig neue Arten von Kommunikation und Bereitstellung von Information als eine neue Zugangsmöglichkeit zum Wissen zu erfahren. Mag die Drucktechnik über Gutenberg hinausgewachsen sein, die mit seinem Namen verbundene Kommunikationsentwicklung hält dagegen an.

Bibliographie

Abkürzungen

GJ: Gutenberg-Jahrbuch. Begründet von Aloys Ruppel (1926). Hrsg. im Auftrag der Gutenberg-Gesellschaft von Stephan Füssel, Mainz.

GW: Gesamtkatalog der Wiegendrucke. Hrsg. von der Kommission für den Gesamtkatalog der Wiegendrucke. Bd. 1–8,1. Leipzig 1925–1940. 2. durchgesehener Neudruck Bd. 1–7. Stuttgart: Hiersemann 1968; Bd. 8ff. Stuttgart: Hiersemann 1978ff.

H: Hain, Ludwig: Repertorium bibliographicum, in quo libri omnes ab arte typographica inventa usque ad annum MD typis expressi ... recensentur. Stuttgartiae et Lutetiae Parisorum 1826–38. Reprint; Milano: Görlich 1966.

1. Bibliographie / Forschungsbericht

Corsten, Severin / Reinmar Fuchs unter Mitarbeit von Kurt Hans Staub: Der Buchdruck im 15. Jahrhundert. Eine Bibliographie. 2 Bde. Stuttgart: Hiersemann 1988/93.

Füssel, Stephan: Gutenberg-Forschung. Kulturwissenschaftliche Aspekte des frühen Buchdrucks. In: Von Gutenberg zum Internet. Akten des Dortmunder Bibliothekartages 1997, S. 13–30.

2. Gutenberg. Leben und Werk

Bechtel, Guy: Gutenberg et l'invention de l'imprimerie. Une enquête. Paris: Fayard 1992.

Dolgodrova, Tatiana: Die Miniaturen der Leipziger Pergament-Ausgabe der Gutenberg-Bibel – zur Zeit in der russischen Staatsbibliothek, Moskau. In: GJ 97, S. 64–75.

Füssel, Stephan: Johannes Gutenberg in Selbstzeugnissen und Bilddokumenten. Reinbeck: Rowohlt 1999 (=rororo Monographie 134).

Füssel, Stephan: Gutenberg and the advent of printing in Western culture. In: Hyphen Bd. 2. Athen 1998, S. 70ff.

Geldner, Ferdinand: Der Türkenkalender. Faksimile und Kommentar. Wiesbaden: Reichert 1975.

Hellinga, Lotte: Das Mainzer »Catholicon« und Gutenbergs Nachlaß. Neudatierung und Auswirkungen. In: Archiv für Geschichte des Buchwesens 40 (1993), S. 395–416.

Hoffmann, Leonhard: Die Gutenbergbibel. Eine Kosten- und Gewinnschätzung des ersten Bibeldrucks auf der Grundlage zeitgenössischer Quellen. In: Archiv für Geschichte des Buchwesens 39 (1993), S. 255–319.

Ing, Janet: Johann Gutenberg and his bible. New York: The Typophiles, 2nd printing 1990.
International Symposium on the printing history in east and west. Ed. by the Korean National Commission for Unesco. Seoul 1997.
Johannes Gutenberg – Regionale Aspekte des frühen Buchdrucks. Vorträge der Internationalen Konferenz zum 550. Jubiläum der Buchdruckerkunst 1990 in Berlin. Berlin 1993 (= Beiträge aus der Staatsbibliothek zu Berlin. Bd. 1).
Johannes Gutenbergs 42-zeilige Bibel. Ergänzungsband zum Faksimile von Paul Schwenke. Leipzig: Insel 1923.
Johannes Gutenbergs zweiundvierzigzeilige Bibel. Faksimile-Ausgabe nach dem Exemplar der Staatsbibliothek Preußischer Kulturbesitz Berlin. Kommentarband. Hrsg. v. Wieland Schmidt und Friedrich Adolf Schmidt-Künsemüller. München: Idion-Verlag 1979.
Johannes Gutenberg. Die 42-zeilige Bibel. Kommentar zum Faksimile des Exemplars in Burgos. Valencia: Vincent Garcia Editores 1997.
Kapr, Albert: Johannes Gutenberg. Persönlichkeit und Leistung. Leipzig: Urania 1986; 2. erw. Aufl. München: C.H. Beck 1988.
Kapr, Albert: Johannes Gutenberg. The man and his invention. Hants: Scolar Press 1996.
Köhler, Johann David: Hochverdiente und aus bewährten Urkunden wohlbeglaubte Ehren-Rettung Johann Gutenbergs (...). Leipzig: Fritsch 1741.
Köster, Kurt: Gutenbergs Straßburger Aachenspiegel-Unternehmen von 1438/40. In: GJ 1983, S. 24–44.
Lehmann-Haupt, Hellmut: Gutenberg and the Master of the Playing Cards. New Haven/London: Yale Univ. Press 1966.
Lehmann-Haupt, Hellmut: The Göttingen Model Book. Columbia: University of Montana Press 1972.
Mazal, Otto: Der Mainzer Psalter von 1457. Faksimile und Kommentar. Dietikon-Zürich: Stocker 1968.
Needham, Paul: The paper supply of the Gutenberg Bible. In: The Papers of the Bibliographical Society of America 79 (1985), S. 303–374 (mit Census).
Painter, George D.: The untrue portraits of Johann Gutenberg. In: GJ 1967, S. 54–60.
Powitz, Gerhardt: Die Frankfurter Gutenberg-Bibel. Ein Beitrag zum Buchwesen des 15. Jahrhunderts. Frankfurt/M.: Klostermann 1990 (= Frankfurter Bibliotheksschriften 3).
Ruppel, Aloys: Johannes Gutenberg. Sein Leben und Werk. Berlin: Gebr. Mann 1939. – 2. Aufl. Berlin 1947. – Nachdruck Nieuwkopp: de Graaf 1967.
Ruppel, Aloys: Gutenbergs Tod und Begräbnis. Mainz 1968 (= Kleiner Druck der Gutenberg-Gesellschaft Nr. 81).
Schneider, Heinrich: Der Text der Gutenberg-Bibel zu ihrem 500. Jubiläum untersucht. Bonn: Hanstein 1954 (= Bonner biblische Beiträge 7).
Schorbach, Karl: Die urkundlichen Nachrichten über Johannes Gutenberg. In: Festschrift zum fünfhundertjährigen Geburtstage von Johann Gutenberg. Hrsg. v. Otto Hartwig. Mainz 1900, S. 133–256.

Schorbach, Karl: Neue Straßburger Gutenberg-Funde. Gutenberg-Festschrift. Mainz 1925, S. 130–143.
Stüben, Jochen: Das Rendsburger Fragment der Gutenberg-Bibel. In: GJ 1998, S. 56–79.
Widmann, Hans: Der gegenwärtige Stand der Gutenberg-Forschung. Stuttgart: Hiersemann 1972.
Zedler, Gottfried: Die Mainzer Ablaßbriefe der Jahre 1454 und 1455. Mainz 1913.

3. Buch und Gesellschaft im 15. Jahrhundert

Blockbücher des Mittelalters. Bilderfolgen als Lektüre. Hrsg. v. Gutenberg-Gesellschaft und Gutenberg-Museum. Mainz 1991.
Brandis, Tilo: Die Handschrift zwischen Mittelalter und Neuzeit. Versuch einer Typologie. In: GJ 1997, S. 27–57.
Burger, Konrad: Buchhändleranzeigen des 15. Jahrhunderts. Leipzig 1907.
Eisenstein, Elisabeth L.: The printing press as an agent of change. Cambridge/Mass. 1979.
Febvre, Lucien / Martin, Henri Jean: L'apparition du livre. Paris 1958 (= L'évolution de l'humanité 49).
Febvre, Lucien / Martin, Henri Jean: The Coming of the book. London: NLB 1976.
Flasch, Kurt: Nikolaus von Kues. Geschichte einer Entwicklung. Frankfurt/M.: Klostermann 1998.
Fleischmann, Isa: Metallschnitt und Teigdruck. Technik und Entstehung zur Zeit des frühen Buchdrucks. Mainz: von Zabern 1998.
Füssel, Stephan (Hrsg.): Deutsche Dichter der frühen Neuzeit. Ihr Leben und Werk. Berlin: Erich Schmidt 1993.
Füssel, Stephan (Hrsg.): 500 Jahre Schedelsche Weltchronik. Nürnberg: Hans Carl 1994 (=Pirckheimer-Jahrbuch 1994).
Füssel, Stephan: »Dem Drucker aber sage er Dank…«. Zur wechselseitigen Bereicherung von Buchdruckerkunst und Humanismus. In: Artibus. Festschrift für Dieter Wuttke zum 65. Geburtstag. Wiesbaden: Harrassowitz 1995, S. 167–178.
Füssel, Stephan: Die Welt im Buch. Buchkünstlerischer und humanistischer Kontext der Schedelschen Weltchronik von 1493. Mainz: Gutenberg-Gesellschaft 1996 (= Kleiner Druck der Gutenberg-Gesellschaft 111).
Füssel, Stephan / Honemann, Volker (Hrsg.): Humanismus und früher Buchdruck. Nürnberg: Hans Carl 1997 (= Pirckheimer Jahrbuch 1996).
Geldner, Ferdinand: Inkunabelkunde. Eine Einführung in die Welt des frühesten Buchdrucks. Wiesbaden: Reichert 1978 (= Elemente des Buch- und Bibliothekswesens 5).
Gier, Helmut / Janota, Johannes: Augsburger Buchdruck und Verlagswesen. Wiesbaden: Harrassowitz 1997.
Giesecke, Michael: Der Buchdruck der frühen Neuzeit. Eine historische Fallstudie über die Durchsetzung neuer Informations- und Kommunikationstechnologien. Frankfurt/M.: Suhrkamp 1991.

Grenzmann, Ludger / Stackmann, Karl (Hrsg.): Literatur und Laienbildung im Spätmittelalter und in der Reformationszeit. Stuttgart: Metzler 1984 (= Germanistische Symposien. Berichtsbände 5).

Grimm, Heinrich: Die Buchführer des deutschen Kulturbereiches und ihre Niederlassungen in der Zeitspanne von 1450 bis um 1550. In: Archiv für Geschichte des Buchwesens 7 (1967), Sp. 1153–1772.

Gumbrecht, Hans Ulrich / Pfeiffer, K. Ludwig (Hrsg.): Materialität der Kommunikation. Frankfurt/M.: Suhrkamp 1988.

Gutenberg. 550 Jahre Buchdruck in Europa. Ausstellungskatalog der Herzog August Bibliothek. Hrsg. v. Paul Raabe. Wolfenbüttel 1990.

Hirsch, Rudolf: Printing, Selling and Reading 1450–1550. Wiesbaden: Harrassowitz 2. Aufl. 1974.

Inkunabel- und Einbandkunde. Beiträge des Symposions zu Ehren von Max Joseph Husung 1995 in Helmstedt. Wiesbaden: Harrassowitz 1996 (= Bibliothek und Wissenschaft Bd. 29).

Kind, Helmut / Rohlfing, Helmut: Gutenberg und der europäische Frühdruck. Zur Erwerbungsgeschichte der Göttinger Inkunabelsammlung. Göttingen: Wallstein 1995.

Kock, Thomas / Schlusemann, Rita: Laienlektüre und Buchmarkt im späten Mittelalter. Frankfurt/M., Berlin u. a. 1997.

Köhler, Hans-Joachim (Hrsg.): Flugschriften als Massenmedien der Reformationszeit. Stuttgart: 1981 (= Spätmittelalter und frühe Neuzeit 13).

Kleinschmidt, Erich: Stadt und Literatur in der Frühen Neuzeit. Köln / Wien: Böhlau 1982.

Krafft, Fritz / Dieter Wuttke (Hrsg.): Das Verhältnis der Humanisten zum Buch. Boppard: Boldt 1977 (= Kommission für Humanismusforschung, Mitteilung IV).

Kunze, Horst: Geschichte der Buchillustration in Deutschland. Das 15. Jahrhundert. 2 Bde. Leipzig: Insel 1975.

Lowry, Martin: The world of Aldus Manutius: Business and scholarship in renaissance Venice. Irhaca N.Y.: Cornell Univ. Press 1979.

Ludwig, Walther: Der Humanist und das Buch. Heinrich Rantzaus Liebeserklärung an seine Bücher. In: Illinois Classical Studies 19 (1994), S. 265–281.

Park, Seon Re: Six perspektives in the history of printing. In: GJ 1998, S. 42–47.

Schmidt-Künsemüller, Friedrich Adolf: Die Erfindung des Buchdrucks als technisches Phänomen. Mainz: Gutenberg-Gesellschaft 1951 (= Kleiner Druck 48).

Teichl, Robert: Der Wiegendruck im Kartenbild. In: Bibliothek und Wissenschaft 1 (1964), S. 201–265 mit 1 Karte.

Tiemann, Barbara (Hrsg.): Die Buchkultur im 15. und 16. Jahrhundert. Zwei Halbbände. Hamburg: Maximilian-Gesellschaft 1995/1999.

Widmann, Hans: Der deutsche Buchhandel in Urkunden und Quellen. Hamburg: Hauswedell 1965.

Widmann, Hans: Vom Nutzen und Nachteil der Erfindung des Buchdrucks – aus der Sicht der Zeitgenossen des Erfinders. Mainz: Gutenberg-Gesellschaft 1973 (= Kleiner Druck Nr. 92).

Widmann, Hans: Die Wirkung des Buchdrucks auf die humanistischen Zeitgenossen des Erfinders. In: Krafft/Wuttke: Das Verhältnis der Humanisten zum Buch. Boppard 1977, S. 63–88.

Wuttke, Dieter: Sebastian Brant und Maximilian I. Eine Studie zu Brants Donnerstein-Flugblatt des Jahres 1492. In: Die Humanisten in ihrer politischen und sozialen Umwelt. Hrsg. v. Otto Herding u. Robert Stupperich. Boppard: Bold 1976, S. 141 bis 176.

Wuttke, Dieter: Humanismus als integrative Kraft. Die Philosophia des deutschen ›Erzhumanisten‹ Conrad Celtis. Nürnberg: Hans Carl 1985.

Abbildungsverzeichnis

Autor und Verlag danken den besitzenden Bibliotheken für die freundliche Bereitstellung der Abbildungsvorlagen. Die Staats- und Universitätsbibliothek Göttingen stellte den größten Teil der Abbildungen zur Verfügung: 6–11, 15, 17, 22–30, 32, 33, 49, 54–57, 59, 60, die Bibliotheca Publica in Burgos die Abbildung 5, die Universitätsbibliothek in Leipzig die Abbildungen 19, 20, 37, 45, das Gutenberg-Museum in Mainz Abbildungen 1, 13, 16, das Germanische Nationalmuseum in Nürnberg die Abbildung 61, die Universitätsbibliothek in Tübingen die Abbildung 50, die Library of Congress in Washington die Abbildung 4 und die Herzog August Bibliothek in Wolfenbüttel die Abbildungen 14, 31, 42, 43, 48, 51, 62.